# Por falar em Preconceito e Gênero ...

JUSTINO VERO

# Por falar em Preconceito e Gênero ...

G|Z
EDITORA
Rio de Janeiro
2016

1ª edição – 2016



CIP – Brasil. Catalogação-na-fonte.
Sindicato Nacional dos Editores de Livros, RJ.

V628p

Vero, Justino

Por falar em preconceito e gênero... / Justino Vero. - 1. ed. - Rio de Janeiro: LMJ Mundo Jurídico, 2016.
263 p.; 24 cm.

Inclui índice
ISBN 978-85-62027-82-6

1. Homossexualismo - Aspectos sociais. 2. Homofobia. 3. Identidade de gênero. I. Título.

16-29876

CDU: 316.647.8



e-mail: contato@editoragz.com.br
www.editoragz.com.br
Av. Erasmo Braga, 299 – sala 202 – 2º andar – Centro – Rio de Janeiro – RJ – CEP 20010-170
Tels.: (0XX21) 2240-1406 / 2240-1416 – Fax: (0XX21) 2240-1511

Impresso no Brasil
*Printed in Brazil*

*Agradeço meus colegas e alunos pela contribuição na pesquisa e correção de texto. Sem esquecer o meu eterno amigo Inácio, mando um abraço carinhoso para Alcindo, João Batista e Wagno pela disponibilidade, e em particular, para Sérgio Luis que me colocou na fecunda pista do marxismo cultural.*

*Expresso meu sincero reconhecimento aos padres Paulo Ricardo e José Eduardo assim como à professora Fernanda Takitani, à doutora Isabela Mantovani e ao professor Felipe Nery cujas palestras, providencialmente disponibilizadas na Internet, indicaram o rumo da reflexão quando tudo ainda era só mistério e escuridão.*

*Aos filhos e netos, finalmente, meus calorosos agradecimentos por serem exatamente o que são. E para minha querida Valdeína, deixo o beijo mais terno pela incomparável meiguice e paciência.*

*Para Rosa que viveu como vivem as rosas ...*
*apenas o tempo de uma primavera,*

*E a José que morreu no mundo das águas*
*para logo renascer na paz eterna,*

## SIGLAS USADAS

| | |
|---|---|
| AAGLT | Associação Amazonense de Gays, Lésbicas e Travestis |
| AAP | American Academy of Pediatrics |
| AASA | American Association of School Administrators |
| ABGLT | Associação Brasileira de Gays, Lésbicas, Bissexuais, Travestis e Transexuais |
| ABI | Associação Brasileira de Imprensa |
| ACA | American Counseling Association |
| ACLP | Association of Gay and Lesbian Psychiatrists |
| ACLU | American Civil Liberties Union |
| ADI | Ação Direta de Inconstitucionalidade |
| AFT | American Federation of Teachers |
| AGGLT | Associação Goiana de Gays, Lésbicas e Travestis |
| AGLP | Association of Gay and Lesbian Psychiatrists |
| AIDS | Acquired Immunodeficiency Syndrome |
| ANJ | Associação Nacional de Jornais |
| ANTRA | Articulação Nacional de Transgêneros (ANTRA) |
| APA | American Psychiatric Association |
| APA | American Psychological Association |
| ASCA | American School Counselor Association |
| ASHA | American School Health Association |
| ATRAC | Associação de Travestis do Ceará |
| BAFTA | British Academy of Film and Television Art |
| BSA | Boy Scouts of America |

| | |
|---|---|
| CACP | Centro Apologético Cristão de Pesquisa |
| CBS | Columbia Broadcasting Sysytem |
| DOMA | Defense of Marriage Act |
| EXIMBANK | Export Import Bank of the United States |
| GGAL | Grupo Gay de Alagoas |
| GGB | Grupo Gay da Bahia |
| GHCP | Grupo Habeas Corpus Potiguar |
| CIM | Comissão Internacional da Mulher |
| CNJ | Conselho Nacional de Justiça |
| CNN | Cable News Network |
| CONAE | Conselho Nacional de Educação |
| GLAD | Gay&Lesbian Advocates&Defenders |
| GLAAD | Gay and Lesbian Association against Defamation |
| GLASS | Gay and Adolescent Social Services Association Inc |
| GLSEN | Gay, Lesbian, Straight Educational Network |
| GRAB | Grupo Resistência Asa Branca |
| GRID | Gay Related Immune Deficiency |
| GSA | Gay&Straight Alliance |
| G 7 | Grupo dos 7 |
| IBM | International Busisness Machines |
| IEN | Instituto Edson Néris |
| ILGA | International Lesbian and Gay Association |
| IPPF | International Planned Parenthood Federation |
| LEGAU | Lésbicas Gaúchas |
| LGBT | Lesbicas, Gays, Travestis e Bissexuais |
| MCM | Movimento Gay de Minas |
| MEL | Movimento do Espírito Lilás |
| NAMBLA | North American Men Boys Love Association |
| NARTH | National Association for Research and Therapy of Homossexualty |

| | |
|---|---|
| NASP | National Association of School Psychologists |
| NBC | National Broadcasting corporation |
| NCCL | Council for Civil Liberties |
| NEA | National Education Association |
| NLGJA | National Lesbian and Gay Journalists Association |
| OAB | Ordem dos Advogados do Brasil |
| OACDH | Oficina Del Alto Comissionado de lãs Naciones Unidas para los Derechos Humanos |
| OEA | Organização dos Estados Americanos |
| ONG | Organização Não Governamental |
| ONU | Organização das Nações Unidas |
| PCdoB | Partido Comunista do Brasil |
| PEC | Proposta de Emenda Constitucional |
| PFLAG | Parents and Friends od Lesbians and Gays |
| PIE | Paedophile Information Exchange |
| PMDB | Partido do Movimento Democrático Brasileiro |
| PNE | Plano Nacional de Educação |
| PNUMA | Programa das Nações Unidas para o Meio Ambiente |
| PP | Partido Progressista |
| PPS | Partido Popular Socialista |
| PR | Partido da República |
| PRB | Partido Republicano Brasileiro |
| PROS | Partido Republicano da Ordem Social |
| PSDB | Partido da Social Democracia Brasileira |
| PSOL | Partido socialismo e Liberdade |
| PT | Partido dos Trabalhadores |
| PTB | Partido Trabalhista Brasileiro |
| PV | Partido Verde |
| s/d | sem data |

| | |
|---|---|
| SDH/PR | Secretaria de Direitos Humanos da Presidência da República |
| SEE | Secretaria Estadual de Educação |
| SMED | Secretaria Municipal de Educação |
| SEPPIR | Secretaria Especial de Políticas de Promoção da Igualdade Racial da Presidência da República |
| SPPE | Secretaria de Políticas Públicas de Emprego |
| SSWAA | School SocialWork Association of America |
| STF | Supremo Tribunal Federal |
| UFRGS | Universidade federal do Rio Grande do Sul |
| UNESCO | United Nations Educational, Scientific and Cultural Organization |
| UNFP | United Nations Population Fund |
| UNICEF | United Nations Children´s Fund |
| UN WOMEN | United Nations Entity for Gender Equality and the Empowerment of Women |
| USAID | Unites States Agency for International Development |
| WEDO | Women´s Environment&Development Organization |

# SUMÁRIO

# INTRODUÇÃO

A julgar com base na articulação de conceitos e concatenação de ideias, o que impele a narrativa LGBT/gênero não está realmente no mundo, e o que de fato move o mundo não se encontra em tal imaginário. A assimetria entre substrato biológico e discurso, com efeito, é marca registrada de uma coautoria ideológica a integrar feminismo radical com gayismo na cultura de massa dos últimos anos.

Garantindo um dinamismo sociológico ímpar e uma capilaridade institucional inigualada na evolução societal moderna, o aparato televisivo-cinematográfico se entrega a um poderoso pensamento único que anestesia e manipula o público sem apelo. O homossexualismo político domina a telecomunicação audiovisual, incutindo percepções, balizando sensibilidades e inventando verdades a confundir o espírito desprevenido.

Nada fácil organizar o conhecimento no carnaval de imagens efêmeras e *flashes* fugazes a reinar nas telas. Diversão, vibração e adrenalina ocupam o terreno sem partilha e não deixam um milímetro de espaço mental ou um segundo de tempo para qualquer recuo crítico. Uma máquina de imbecilização, confeccionando afeto, induzindo reflexo, fabricando paixão e matando o discernimento...

Quem manda no coração tende a controlar a razão, pois a emoção leva o intelecto como o vento empurra o barco. Direciona o olhar e define o rumo. Por mais talentoso o timoneiro, a navegação permanece tributária do sopro primeiro. E por mais sensata a mente, o juízo sempre depende da impressão de início. Um raciocínio não é senão uma marcha da inteligência que parte de uma premissa para terminar numa conclusão por meio de operações lógicas. Basta, pois, sair torto para chegar errado. E a mídia cultiva precisamente esse "torto" na cabeça do mundo. Portanto, vale revisitar os pressupostos em prol de deduções erguidas num entendimento mais apurado.

A extensão do escopo analítico para além da fachada retórica revela, sem dúvida, um choque que em muito ultrapassa a ingenuidade festiva geralmente dedicada ao assunto. O que está em jogo é a escolha fundamental entre duas culturas, dois modos distintos de se relacionar com a realidade, duas formas diversas de lidar com a vida e duas maneiras opostas de entender a morte. Uma colisão e tanto de valores, de sistemas éticos e de ideais humanos ...

Releva lembrar, de saída, que existe fato e construção de fato. Todo relato é seletivo, e a compreensão que prevalece depende tanto do que se diz quanto do que se omite. Logo, para mensurar um conteúdo, é preciso investigar o contexto, o filtro mental usado para abordar o objeto e – sobretudo – a intenção final do argumento.

Tampouco a forma de falar é inocente. As palavras não têm vida autônoma, em tese. Possuem significado porque evocam algo no plano material, espiritual ou afetivo. Mas, vocábulos geram ideias das quais nascem mais ideias que tendem a distanciar-se da realidade para alimentar jogos de espelhos de coerência aparente, porém sem compromisso verdadeiro com o referencial de base. O intelecto se torna assim refém de uma "lógica de ideias" ou "ideologia" que ofusca, deforma ou interrompe de vez o caminhar da mente.

O desmonte da armadilha passa por um processo chamado de ruptura epistemológica a remontar a cadeia dos pressupostos para desvendar-lhes o substrato e aquilatar sua real consistência.

No caso em apreço, o itinerário começa com a acusação de preconceito a ecoar uma nomenclatura sistematicamente martelada no subconsciente popular por opção midiática irrestrita.

Gestão de opinião pública é fenômeno de sempre, mas os modismos hodiernos inundam o Planeta globalizado em questão de instantes via satélite. Importa, pois, examinar com cuidado o termo acima citado, porque perde o alvo semântico por um prefixo. Os idiomas do tronco indo-europeu têm efetivamente isso de perverso que mudam de positivo para negativo numa fração de segundo por modificação de raiz via acréscimo de afixos. Uma sílaba a mais ou a menos inverte por completo o recado e engana o interlocutor desatento. Assim, incorreto é todo o contrário de correto por duas letras, e substituição de "pós" por "pré" altera a mensagem praticamente pelo mesmo tanto.

A língua é sábia. O usuário é que desentende a lógica. Mas, preconceito equivale a uma visão que se tem de um objeto antes mesmo de conhecê-lo por experiência ou exame refletido. E o uso insistente que se faz da expressão para qualificar postura contrária à agenda gay/gênero é, no mínimo, preconceituoso, porque nega à metade da humanidade a inteligência e a capacidade de formar-se uma opinião filosoficamente embasada, reduzindo-a a cérebros robotizados desprovidos de pensamento próprio.

A posição das vertentes avessas às propostas em questão inspira-se, no entanto, em pós-conceito cuidadosamente formatado a partir de valores devidamente ponderados. Como outros segmentos – notadamente a comunidade gay/gênero – avaliam a oportunidade social dos fenômenos comportamentais e exteriorizam juízos fundamentados a respeito. Acusar quem discorda de tirar noções do nada reflete, pois, uma visão preconceituosa do discernimento alheio.

Porém, a armação terminológica da "diversidade" não limita nisso o próprio preconceito, porque arremata, qualificando a moral sexual clássica de homofóbica.

Rotulagem é astúcia inquisitória bem conhecido para interromper o processo cognitivo sempre que ameaça descer a um fato incômodo. Por mera desqualificação do interlocutor e sem qualquer investigação de conteúdo, interdita a crítica e proíbe o uso do entendimento com etiquetas que apagam a luz da razão para deixar a realidade no escuro.

O movimento LGBT/gênero se sobressai com particular maestria nessa forma de obscurantismo, distribuindo atributos pejorativos a quem não pensa, age ou simpatiza como deveria pensar, agir ou simpatizar. Complicado, deveras, saber o que se quer dizer com o adjetivo. Contudo, é fácil entender o que se quer fazer, pois funciona claramente para abortar o debate, como a vaga noção de comunismo noutros tempos, a heresia da Idade Média ou o terrorismo na América do Norte.

A expressão é de uso recente. Existia desde muito na gíria da categoria, mas não apresentava significado culturalmente difuso. Foi oportunamente propagada para desumanizar o oponente e desautorizar qualquer posicionamento adverso. O achado terminológico é desdenhoso e ofensivo. Soa como insulto para as famílias, as comunidades religiosas ou para quem simplesmente responde a um senso tradicional de pudor. No entanto, é central na mecânica mental em pauta, visto que permite deletar meia sociedade no momento de somar prerrogativas e deveres na conta das injúrias e dignidades feridas. Homófobo, com efeito, não merece espaço na equação assim maquinada. E quem não existe, também não faz jus a consideração, sequer causa desconforto psicológico e tampouco é digno de direitos.

Muitos não cabem, desde então, na cidadania, tolerância e diferença mão-única sugeridas, mas a maioria não sabe vocalizar o desgosto, enquanto outros nem ousam conceituá-lo. As páginas a seguir tencionam rasgar a camisa de força e romper o silencio.

O que gay, bi, trans, intersexual, lésbica, travesti ou *queer* chama de estereótipo é, na realidade, uma civilização de 3.000 anos que nutre o legítimo orgulho dos próprios princípios e modelos.

Resgatar a herança implica, contudo, defender a liberdade individual. A democracia, por certo, abre uma ampla esfera de livre arbítrio onde o Estado não se intromete sob a pena de resvalar para o totalitarismo. Logo, o exame abstém-se de qualquer juízo sobre condutas sexuais em recinto privado. Limitando o foco à esfera pública, questiona a conveniência da chamada manifestação homoafetiva em ambientes socialmente compartilhados, os atentados à liberdade de expressão e de religião ou a pertinência das propostas de mudança dos conceitos de homem e mulher assim como do quadro institucional em que se organiza casamento, reprodução, filiação, educação e feições conexas.

A primeira parte adentra a construção ideológica e a gênese histórica do movimento nos Estados Unidos, Meca inconteste da tendência e terra dos mais relevantes profetas. Ressaltando os mecanismos de colonização cultural e o mimetismo "centro-periferia" de sempre, mostra a incubação e normatização de um estilo de vida no plano interno estadunidense para subsequente projeção na ONU e irradiação pelo mundo afora via maquinaria internacional de proteção dos Direitos Humanos.

O papel do feminismo antimaterno na formulação do corpo conceptual de base, bem como a contribuição da teoria desconstrutivista no processo de elevação do aborto ou da sodomia e costumes afins a estatuto de direitos fundamentais, são postos em paralelo com a carona na noção de minoria então providencialmente disponibilizada na campanha para a igualdade civil dos negros norte-americanos.

O texto segue para a análise dos métodos de militância, das estratégias de *lobbying* legislativo, da conquista de espaço na imprensa audiovisual e escrita, dos avanços em Hollywood bem como da penetração nas escolas e nos programas educacionais.

Atenção particular é dada às práticas de amedrontamento acadêmico, assédio judiciário, perseguição administrativa, cristofobia e outras formas desde já bem documentadas de homofascismo. A instrumentalização das associações profissionais de psicologia e medicina, o patrocínio das fundações filantrópicas e das empresas multinacionais bem como os investimentos públicos na promoção da causa não ficam de fora.

A pesquisa alimenta-se de fontes essencialmente bibliográficas no estudo da matriz ideológica e da plataforma política. Porém, a maior parte da informação é extraída de *websites* governamentais, *blogs* especializados, reportagens jornalísticas, anais judiciários, artigos acadêmicos e da Internet em geral.

A forma, por outro lado, busca simplicidade e clareza. Fugindo do tecnicismo e intelectualismo, usa uma linguagem universal de fácil acesso. E, prevenindo a diluição do estrutural no contingente, o conteúdo focaliza os pontos principais, evitando a acumulação de detalhes.

No total, a argumentação segue um padrão essencialmente hipotético-dedutivo. Postulando um produto cultural *made in USA* a confiscar o espaço mental do Ocidente com crescente autoritarismo, empreende de verificar a concordância da opinião de partida com a realidade dos fatos.

A comunhão com a postura implica naturalmente disciplina, independência de espírito e, sobretudo, descondicionamento, porque campo ideologizado não se deixa penetrar sem distanciamento filosófico. Para diagnosticar acertadamente o fenômeno, é preciso recolocar o taxímetro a zero, quebrar as barreiras psicológicas, remover as falácias, ignorar a patrulha politicamente correta e explorar o universo entre Céu e Terra sem tabus ou complexos e de costas viradas para a acusação suprema de preconceito sexista-homofóbico.

Em síntese, o trabalho convida a refletir sem censura sobre a proposta antropológica e política por trás do biombo oratório do estereótipo, da discriminação, do preconceito, da intolerância, da igualdade, do androcentrismo, da homofobia e de toda a fraseologia desde já clássica a ocultar a arquitetura global de uma engenharia cultural sem precedente na história.

Aborda a negação da natureza no mais profundo e íntimo plano da sexualidade humana, a rejeição das noções de homem e mulher, a indiferenciação do masculino e do feminino, a adulteração do casamento, os ataques à família, a desfiguração dos conceitos sociais estruturantes, a afirmação do direito ao aborto, o desprezo pela complementaridade dos sexos, a celebração do antagonismo macho/fêmea, o descaso pela vida, a desvalorização da maternidade e a reinterpretação das pautas morais a alicerçar a maior parte das civilizações presentes e passadas.

Versa, outrossim, sobre a manipulação da linguagem bem como sobre as dinâmicas e os meios em operação na revisão dos parâmetros sócio-psicológicos, na contrafação da essência do homem e na idealização de um ser sem igual entre as criaturas que até hoje povoaram o planeta Terra.

A obra ultrapassa, pois, o inventário de ocorrências bizarras e o reflexo de indignação desde já comuns no tratamento da matéria para buscar o fio condutor, o substrato causal e o nexo explicativo de um sistema político.

Embora rigorosamente alicerçada em fatos e citações jornalísticas ou bibliográficas nos moldes clássicos da produção científica, a redação não é filosoficamente neutra. Assume antes a defesa daquilo que a proposta LGBT/gênero agride. Veicula, portanto, a intenção dupla de transmitir um conhecimento e induzir a reação política, somando as feições de um texto de opinião à perspectiva de interpretação teórica.

O assunto, finalmente, não é de tranquila comunicabilidade. Algumas dimensões do pensamento sob análise exteriorizam ajustes políticos oportunísticos e pecam por incoerência sistêmica. Outras frisam o delírio e mal se deixam explicar no quadro da racionalidade compartilhada em ambientes minimamente equilibrados. E, de qualquer forma, os postulados e argumentos fogem constantemente à lógica terráquea para tomar o rumo da lua. A exploração do ideário e do labirinto fático não prescinde, pois, de um bom método. E a tradução de tudo aquilo em expressão clara não vai sem esforço didático. A exposição, desde logo, se vale ocasionalmente da anedota, ironia ou analogia, mas recorre também a diálogos intermitentes em linguagem coloquial com personagens imaginários a proporcionar um conveniente eixo de reflexão paralelo.

# Capítulo I

# A CONSTRUÇÃO IDEOLÓGICA

## 1. O Mito da Minoria

O edifício ideológico gay é rico e multifacetado. Não nasce de um dia para outro. Feito de alguns recuos e muitos avanços, representa basicamente o maior sucesso de engenharia humana da história moderna. A capacidade de manipulação subjacente às campanhas de legitimação é digna de admiração. Mistura chantagem emocional e diabolização de adversário com a virtuosidade de Mozart, com a inteligência de Einstein e com o talento de Picasso. Entretanto, a usurpação do conceito de minoria concentra o maior mérito e vale sinceramente um Prêmio Nobel publicitário.

A operação foi conduzida com extremo senso de oportunismo. Capitalizou com perícia a simpatia da opinião pública pela causa afro-americana, deixando negro marchar e apanhar da polícia para passar no caixa em fim de jornada e embolsar os frutos de graça.

A guerra pela igualdade racial começou na década de 1950 para culminar no discurso de Martin Luther King em Washington no dia 28 de agosto de 1963[1]. Uma fala perfeita. Irresistível até para a elite branca. O pastor se expressou com o calor das igrejas negras. Alternou ênfase com silêncio. Emoção com razão. Movimento com inércia. Uma gesticulação e tanto que virou de vez uma página de história (HANSEN, 2003).

O refrão *I have a dream* ritmava o relato de um sonho com intenso vigor retórico. Entre "as crianças negras de mãos dadas com crianças brancas e o homem julgado pelo caráter e não pela cor da pele", o reverendo King fazia-se precursor de uma leitura filosófica que o mundo, na sequência, passaria a condensar na noção de Direitos Humanos (JACKSON, 2007). A expressão não fazia parte do cotidiano na época. Falava-se então em *civil rights* – atributos fundamentais constitucionalmente reconhecidos a todo cidadão – mas o conceito era próximo em substância e dizia que todo homem possui direitos

1 Discurso COMPLETO de Martin Luther King – Eu tenho um sonho (I Have a Dream) Legendado em Português, https://www.youtube.com/watch?v=-QT1IogxcZo.

inalienáveis de nascença, independentemente dos subsequentes méritos ou desmerecimentos comportamentais (HURST, 2006).

Não que o indivíduo fique livre de punição ou até perda de prerrogativas por conduta errada. Mesmo assim, retém alguns direitos básicos que nem o Estado lhe pode negar, simplesmente porque são inerentes à própria essência humana. E o negro, historicamente privado de tais garantias, está naturalmente titulado a regime diferenciado e reparação compensatória (ARAÚJO&MAESO, 2011).

O entendimento haveria de traduzir-se em sólida legislação antidiscriminatória. Mas, como toda lei no mundo governado pela democracia parlamentar, a normativa exigia formulação geral e abstrata. A lógica jurídica não admite restrição de proteção a um grupo racial particular. Pede antes extensão de escopo, de maneira a beneficiar toda e qualquer categoria social presente ou futura em situação similar à comunidade afro-americana.

Eis onde brota o conceito de minoria.

O termo pertence ao campo semântico da quantidade, porcentagem, escala ou porção e tem dimensão numérica. Apresenta, outrossim, uma faceta relacional, adquirindo sentido por oposição à noção de maioria. Sugere, enfim, uma parcela menor em relação a outra grande. De forma que minoria – nos termos da legislação em questão – configura uma fração pequena de população que possui características distintas do grupo maior.

Essa particularidade, todavia, não completa a definição legal, pois se assim fosse, a minoria branca da África do Sul no tempo do *apartheid* estaria no direito de reivindicar guarida especial. E por que não banqueiro ou narcotraficante?

Percebe-se que o conceito assim construído não gera os efeitos almejados, e entende-se intuitivamente que falta um elemento constitutivo, uma vez que segmento dominante ou delinquente não chama amparo singular. Além do aspecto quantitativo, portanto, o significado jurídico insinua uma posição de fraqueza. Minoria, desde então, é um grupo humano que, dominado e desprovido de meios de emancipação por falta de poder econômico ou educação adequada, necessita a intervenção corretiva do Estado para reverter um quadro injusto (SCHAEFER, 1993).

Ademais, a população alvo deve necessariamente ser vítima de discriminação decorrente de carga genética e feições físicas imutáveis, a ideia sendo neutralizar o fator aparência no mérito e recompensar ou penalizar o ângulo comportamental.

O juízo é correto. Manter um critério de exclusão baseado em dado irreversível equivale a cultivar uma fonte eterna de discórdia, já que ninguém mesmo pode trocar de pele por ato voluntarista. Enquanto reter parâmetros de excelência esteados na conduta permite induzir modos socialmente operacionais.

Eis a filosofia que cristaliza a visão das crianças vivendo numa nação ... " ... *where they will not be judged by the color of their skin but by the content of their character* "[2].

Releva notar a dicotomia entre ser e fazer a amparar a visão em pauta: sou homem e possuo prerrogativas inatas, enquanto faço a coisa certa ou errada, adquirindo mais ou menos direitos na vida. Com muita habilidade, o ideário gay vai maximizar o primeiro elemento da equação em proveito próprio e minimizar o segundo.

Foi um percurso sem falha que começou no dia 28 de junho de 1969 com o episódio de Stonewall, quando os frequentadores de uma boate gay de Nova Iorque reagiram a um constante assédio policial, logrando o recuo das forças da lei e conquistando o direito à privacidade após dias de tumulto. Um fato emblemático, invariavelmente citado na historiografia LGBT como momento de virada em que um mundo travado na intolerância repentinamente iniciava a marcha rumo ao reconhecimento cultural e jurídico da classe[3].

A subsequente década de 1970 registrou notórias vitórias, e a maior delas planta raiz na prodigiosa flexibilidade das palavras. A assimilação do pleito LGBT à causa negra equivalia em arrecadar instantaneamente os dividendos legais da luta pela igualdade racial em benefício da "igualdade sexual". Operava já uma rica legislação antidiscriminatória respaldada por um poderoso aparato institucional que a militância aspirava abocanhar. Surfe em onda emprestada, no entanto, implicava confisco de estatuto alheio. E eis onde gay entrou de penetra numa festa que não lhe pertencia de primeira.

O plano não era de fácil execução. Implicava convencer o público de que os adeptos da sodomia e práticas afins formavam uma comunidade de características próximas à recém construída noção de minoria (SORBA, s/d).

Para tanto, o movimento contava com o aporte estatístico dos famosos Relatórios Kinsey[4] que sugeriam uma massa gay equivalente a 10% da população total. A investigação fora conduzida aproximadamente entre 1947 e 1953 por um entomologista homônimo, com financiamento da Fundação Rockefeller, no Instituto para Pesquisa em Sexo, Gênero e Reprodução[5] acomodado na Universidade de Indiana para os fins do estudo.

---

2 « ... onde não serão julgadas pela cor da pele, mas antes pelo caráter». Veja Discurso COMPLETO de Martin Luther King – Eu tenho um sonho (I Have a Dream) Legendado em Português, https://www.youtube.com/watch?v=-QT1IogxcZo.

3 Stonewall Riots, https://en.wikipedia.org/wiki/Stonewall_riots.

4 KINSEY INSTITUTE, Data from Alfred Kinsey´s Studies, disponível em http://www.kinseyinstitute.org/research/ak-data.html, acessado em 14/12/2014..

5 Kinsey Institute in Research, Gender and Reproduction, http://en.wikipedia.org/wiki/Kinsey_Institute_for_Research_in_Sex,_Gender,_and_Reproduction.

O relatório, desdobrado em dois livros, respectivamente intitulados "Comportamento Sexual do Homem" (1948)[6] e "Comportamento Sexual da Mulher" (1953)[7], tinha cara de ciência baseada em equações, tabelas, gráficos e curvas. No entanto, o método subjacente era falho e foi subsequentemente desacreditado pela Associação Americana de Estatísticas[8]. Na realidade, Alfred Kinsey era um homossexual pedófilo que tinha interesse pessoal em inchar os números para legitimar o próprio vício. Como era complicado achar gente disposta a escancarar a vida, recorreu não somente a uma atípica amostragem de prostitutos, mas ainda à população carcerária local que – privada de contraparte feminina – tendia a buscar outras formas de consolo. Portanto, o universo em análise não era representativo do americano médio. Mas, não satisfeito com essa distorção, Kinsey manipulou e forçou os dados de vários modos para chegar à conclusão que tanto queria[9].

Os resultados nunca foram replicados. E, embora ulteriormente desmentidos por estudos mais rigorosos a indicar porcentagens de 1 a 2%, os míticos 10% passaram intactos para a posteridade por mera conveniência política da classe (BURROWAY, 2008).

A cifra era cômoda, porque correspondia *grosso modo* à fração demográfica afro-americana que acabara de alçar-se à condição almejada. Logo, a associação ia por si. Era um cômputo à altura da noção de comunidade que, pela importância numérica, descartava a ideia de patologia.

A estratégia venceu o teste matemático por embromação, mas restava a mais complicada prova física. Eis que o conceito de minoria recuperado da luta afro pressupunha um determinismo genético irreversível. Negro nascia negro sem culpa para morrer negro sem mais culpa, mas a contingência por si só lhe valia o opróbrio. E o sentimento de injustiça a despertar a simpatia emanava precisamente desse fato.

Uma transferência do entendimento para a questão gay ocasionava um problema de coerência, porque a legitimação do homossexualismo encontrava fundamentação no construtivismo cultural herdado do feminismo radical[10].

---

6 KINSEY, Alfred *et al.*, *Sexual Behavior in the Human Male*, Indiana University Press, reprint edition, 1998.

7 KINSEY, Alfred *et al.*, *Sexual Behavior in the Human Female*, Indiana University Press, 1953.

8 American Statistical Association, http://www.amstat.org/.

9 REISMAN, Judith, The Kinsey Cover-Up, s/d, disponível em http://www.drjudithreisman.com/the_kinsey_coverup.html, acessado em 25/07/2015.

10 Em resumo, a tese construtivista defende a ideia que o gênero é um construto social sem relação com a base biológica. Portanto, não se nasce homem ou mulher. Cada um pode construir a própria sexualidade de forma autônoma. O essencialismo, pelo contrário, argumenta que o gênero é antes expressão culturalmente codificada de um fundamento biológico imutável. Veja Cap. I, 6-A Ideologia de Gênero, pp. 75-108.

A contestação de qualquer razão biológica para a camisa de força binária do masculino e feminino é que dava sustentação às propostas de revisão do modelo heteronormativo e à inserção de identidades intermediárias. Ora, o encaixe no conceito de minoria exigia, de repente, a negação do credo em cuja base o movimento LGBT prosperara e implicava um retorno simultâneo à compreensão essencialista que combatera (SORBA, s/d).

O dilema gerou o mais bizarro aspecto do pensamento gay e permanece até hoje como marca suprema de incongruência. Embora impugnada por correntes construtivistas puristas, a acomodação final tende a rejeitar a ideia de causalidade natural para a masculinidade ou feminilidade ... mas a ressuscitá-la oportunisticamente para os matizes do leque LGBT. Em síntese, macho ou fêmea não nasce obrigatoriamente como tal e pode escolher o que deseja vir a ser conforme a própria subjetividade. Mas, gay nasce gay, vive gay e morre gay sem opção identitária outra que avanços ou recuos na escala LGBTPTQQIIAA. Porém, com exclusão das extremidades representadas pelo homem e pela mulher de verdade.

> " ... para todos os efeitos, gays nascem gays ... mesmo se a orientação ... parece ser o produto de uma complexa interação entre predisposições inatas e fatores sociais durante a infância e a adolescência ... [mas] sugerir que homossexualidade possa ser uma escolha é abrir o flanco para a espinhosa questão das opções morais e do pecado e oferecer argumento à intransigência religiosa. Deve-se afirmar que é tão natural para alguns serem homossexuais quanto para outros serem heterossexuais, e que isso nada tem a ver com perversão ou aliciamento" (KIRK&MADSEN, 1989).

Não há nada em ciência para sugerir a existência de um gene gay, de uma mutação cromossômica ou de uma particular configuração cerebral indicativa de tendência (HARRUB, 2012; LEVAY, 1993). Embora costurada com fio grosso, entretanto, a crença se instalou por assídua repetição. E o que era inato já não é, enquanto o que não era natural já o é. O mundo de cabeça para baixo. Uma subversão total de conceitos. E também uma facada na ortodoxia primeira. Entretanto, um passo rumo ao estatuto cobiçado. O objetivo, afinal, justifica os meios.

A partir daí, gay é alguma coisa, mas não faz mais nada. Primeiro porque os direitos fundamentais ambicionados protegem uma minoria, e não uma conduta. Mas, também porque é eminentemente mais proveitoso encobrir a prática, já que a ideia de sodomia pode parecer repulsiva. Assim sendo, é preferível esquecer o ato para falar de condição social ou estado. O discurso oficial, desde então, obsta pudicamente qualquer referência comportamental explícita para enfatizar qualidade, estatuto, atributo, identidade, peculiaridade, categoria, comunidade, enfim, o ser antes que o fazer (MILLAD, 2013).

Faltava mais uma condição, já que a caracterização como minoria implicava desfavorecimento econômico e fraqueza política. Um requisito francamente difícil de preencher para uma classe notoriamente próspera e dotada de poderes políticos desproporcionais. A extraordinária influência na mídia, na indústria do entretenimento e no sistema educacional não é segredo para ninguém. A televisão simpatiza e veicula, sem qualquer contraditório, uma imagem positiva do homossexualismo. A Globo em particular – com uma força persuasiva capaz de fazer ou derrubar um Presidente da República – assume um papel proativo que frisa o fundamentalismo. A imprensa escrita se abstém de qualquer comentário crítico, acolhe os defensores de braços abertos e filtra cuidadosamente as opiniões dissidentes. A produção cinematográfica funciona de forma análoga. O Ministério da Educação, a escola e a academia badalam a agenda LGBT sob o disfarce da tolerância. A opinião pública está no bolso. A OAB é terra conquistada. De forma que – salvo as Igrejas ... e assim mesmo, nem todas – o aparato cultural de massa está por inteiro a serviço da causa.

O Ministério Público exerce uma vigilância feroz. Os juízes estão entregues e restabeleceram a censura por via judiciária. O executivo multiplica comissões e secretarias de Direitos Humanos dedicadas a uma verdadeira caça às bruxas. A União, os Estados e os municípios gastam rios de dinheiro público com ONGs e paradas. O Supremo Tribunal Federal mudou a Constituição, reinventando o casamento e a família para agradar a categoria. O Conselho Nacional de Justiça deu um golpe de Estado e passou por cima do legislativo, mandando cartório celebrar casamento homoafetivo. A Procuradoria Geral propõe assimilar "homofobia" a crime de racismo. Sem contar com o Conselho de Psicologia que proíbe o tratamento. O Brasil é, pois, uma república gay que recompensa ou pune o cidadão segundo o posicionamento frente à dogmática LGBT.

Logo, a imagem do mísero indefeso a embasar a noção jurídica de minoria construída na luta negra não coaduna com a realidade vivenciada. Gay é antes opressor que oprimido e, politicamente falando, vai muito bem, obrigado.

O quadro acima retratado será esmiuçado com suporte bibliográfico e referencial jornalístico em capítulos próprios. É suficientemente óbvio para integrar o raciocínio neste ponto à espera de demonstração mais rigorosa.

Releva, no entanto, consagrar umas linhas à faceta econômica do conceito. O grupo humano visado pela legislação antidiscriminatória, com efeito, padece necessariamente de depauperação e fragilidade financeira. Ora, a população LGBT aparenta todo o contrário.

Sintomaticamente, as companhias estadunidenses disputam espaço comercial nas revistas homossexuais e multiplicam as iniciativas de propaganda radiofônica e televisiva, dotando-se crescentemente de orçamentos de *marketing* tipicamente voltados para a diversidade (PERTMAN, 2001). O filão mercadológico é objeto de uma riquíssima reflexão acadêmica com centenas de publicações especializadas (SENDER, 2002). É, sem dúvida, coisa séria com cara de *big business*. A exploração do nicho virou *fashion*, e se tornou comum propagandear a agenda gay junto com produtos de consumo, contratando inclusive agências de publicidade especificamente LGBT para a produção de comerciais (DONALDSON-EVANS, 2004).

A American Airlines entendeu espontaneamente o interesse de bajular dólar gay, ao passo que a United Airlines resmungou em estender benefícios previdenciários a companheiro de funcionário homossexual como mandava uma lei municipal de San Francisco, e levou um puxão de orelha do executivo local que ameaçou revogar a concessão de uso do aeroporto. O susto foi tão grande que, não somente se dobrou à exigência (EPSTEIN, 1999), mas ainda achou prudente demonstrar apoio incondicional com passagens de graça e descontos para viagens relacionadas a eventos LGBT. O mais estranho é que a companhia adotou a política justamente numa hora em que recebia subvenções governamentais para evitar a falência. E vale perguntar o que aconteceria se, em tais circunstâncias, distribuísse vantagens promocionais para uma organização religiosa ou pró-família. Com certeza, haveria piquetes na frente da sede e notificação por parte das autoridades (SEARS&OSTEN, 2003). Mas, quando gay rosna, o mundo se curva.

O lado mais estranho da pressão está no *Corporate Equality Index*[11], uma espécie de ISO gay que cataloga as empresas em função da política de diversidade sexual. A *Human Rights Campaign*[12] publica anualmente uma lista classificatória que – a julgar pela evolução do quadro – deixa os acionistas em alvoroço. A *rating list* de 2002 atribuía certificados de conformidade a 13 companhias, enquanto o ano de 2015 já registra 336 laureadas e mais de 500 aprovadas com média satisfatória ... o que mostra o medo de levar nota vermelha e a consequente corrida para atender os critérios de excelência. E, para quem quiser saber, as primeirinhas de classe – *the gayest companies*, no texto original – foram a Chevron, Apple, General Motors, General Electric, Ford, AT&T, Hewlett-Packard, United Health Group e JP Morgan Chase[13].

O esporte profissional não ficou para trás. Assim, a presidência da *Women´s National Basketball Association* – com vasta torcida lésbica (BERKOW, 2002) – fez questão de tomar partido publicamente junto a vários clubes (SEARS&OSTEN, 2003). O mercado turístico gay, por sua vez, está em plena ascensão, e são comuns os *folders* a divulgar programas de interesse

11 Corporate Equality Index 2015: Rating American Workplaces on Lesbian, Gay, Bisexual and Transgender Equality, disonível em http://hrc-assets.s3-website-us-east-1.amazonaws.com//files/documents/CEI-2015-rev.pdf, acessado em 12/06/2015.

12 Human Rights Campaign, http://www.hrc.org/.

13 Top US Companies at War with Religious People, WND, s/d, disponível em http://www.wnd.com/2015/09/top-u-s-companies-at-war-with-religious-people/, acessado em 02/10/2015.

exclusivo (BELL, 2002). As cidades projetando-se como *gay friendly*[14] ou as agências a produzir *gay guides*[15] são muitas (SEARS&OSTEN, 2003). Disney World em Orlando hospeda anualmente um *Gay Day* que acolhe mais de 100.000 foliões (SCHNEIDER, 2002).

Uma avaliação do *Los Angeles Times* resume assim as vantagens do nicho: homo viaja mais que hétero tanto no plano nacional quanto internacional e dispõe de renda mais elevada[16]. A força do consumidor gay manifesta-se de tantas formas que a análise exaustiva chamaria um estudo à parte (LAVY, 2015), mas uma coisa é pacífica: não é pobre.

Também não é burro, visto que as estatísticas o colocam em faixas superiores de educação (KURTZLEBEN, 2013). De sorte que não atende os quesitos de vulnerabilidade social e impotência política inerentes à noção de minoria. O movimento LGBT é sim elemento dominante. Os opositores é que se encontram em condição de inferioridade.

Contudo, estudar o fenômeno é preconceituoso. Ensiná-lo é homofobia pura com agravante de Lesa Majestade. Todavia, a verdade por trás do espelho indica claramente que gay não é um coitado desamparado.

Houve sim apropriação indevida de conceito. O público norte-americano se deixou levar. O legislador acompanhou. O juiz se rendeu. A força de Washington projetou a falácia para a esfera internacional. A maquinaria da ONU comprou a ideia. Modismo sexual virou Direito Humano. A vassalagem intelectual fez o resto. E o Brasil importou o equívoco por imitação primária.

Gosto de poderoso vira ideologia. E esta vira lei, porque dinheiro carrega as ideias pelo mundo. É mecanismo bem conhecido. Hoje, gay e negro são entregues em pacote conceptual único. Minoria sexual e racial no mesmo saco. O discurso LGBT cultiva o engano e não perde uma oportunidade de organizar a confusão, associando o próprio destino à causa afro (CONSELHO NACIONAL DE COMBATE À DISCRIMINAÇÃO, 2004).

Nota-se a tendência em estender o *blend* gay/negro para a mulher. A associação é comum nos Estados Unidos. O Brasil mostra uma inclinação em acrescentar os índios.

---

14 O termo se tornou comum nos Estados Unidos. Denota uma postura favorável à causa LGBT, combinando o vocábulo gay com "friendly", a saber, amigável, amistoso ...

15 Guias Gays.

16 LOS ANGELES TIMES, News, Tips & Bargains/Just the Facts: Gay Travelers, equipe editorial, January 23, 2000, disponível em http://articles.latimes.com/2000/jan/23/travel/tr-56646, acessado em 28/02/2015.

*– Quem não tem muita vez, em tudo isso, é o homem branco! Correto?*
*– Mais ou menos, Rosa. Quem não tem espaço na conversa é o mundo produtivo. Sem muita distinção de raça. Eis que alguém tem que bancar tudo isso. E, nessas horas, ninguém pergunta a cor do dinheiro. Mas, é verdade que o homem branco proprietário se tornou alvo das invectivas do feminismo por encarnar o poder econômico a reprimir a mulher por meio da família patriarcal heteronormativa.*
*– Caramba !?*
*– Como você disse, José. É um pouco esotérico à primeira vista. É coisa que lhe explicarei no capítulo consagrado à ideologia de gênero. Você vai ver que a postura encerra uma certa forma de racionalidade.*
*– OK. Vamos esperar, então. Mas ... e a violência homofóbica? Vá lá que gay não é coitadinho. Posso até admitir que tem poder e dinheiro. Mas ... as agressões? Os números são claros. Isso não justificaria por si só uma proteção redobrada do Estado?*
*– Errado, José. As estatísticas são fabricadas para as necessidades da causa. Mentira repetida 10 vezes de manhã e o mesmo tanto de tarde vira verdade no fim do dia.*
*– Você diz que aquilo é montagem?*
*– Intoxicação pura. O problema é que – mais uma vez – é proibido explicar. É discriminação. Entende? Você não pode falar. O discurso LGBT criou suas defesas. Trava tudo com uma palavrinha mágica. Opinião contrária não passa.*
*– Uma lorota entrincheirada no tabu das falácias, então?*
*– Isso mesmo. Quer ver? Vamos desenterrar a verdade ...*

## 2. A Vitimologia Gay

A ideologia LGBT não tomou corpo por acaso. Nasceu de cálculos racionais inspirados por objetivos políticos precisos. É maquinação orquestrada com talento para anestesiar o intelecto e conquistar o coração.

Contestar o modelo heteronormativo, discursar sobre construtivismo e essencialismo, teorizar o masculino e o feminino ou dar piruetas filosóficas para encaixar travesti no conceito de minoria junto com os índios é diversão para acadêmico em busca de temática inútil para teses doutorais e palestras. No entanto, não atinge as massas movidas a emoção. A universalização da causa requer antes algo que provoca desgosto, mágoa, tristeza e revolta, porque importa trabalhar o envolvimento afetivo onde não prima a razão. É preciso oferecer uma motivação legítima, fabricar um inimigo malévolo, induzir a íntima convicção de uma guerra justa. E gay vitimizado por homófobo perverso é receita ideal, porque desperta o instinto de proteção da população hétero.

O mecanismo psicológico aventado não fugiu à percepção de dois professores homos de Harvard no auge da militância dos anos 80. Um era doutor em relações públicas. O outro, PhD em neuropsiquiatria. Juntos estudavam tudo o que se podia estudar sobre a mente humana. Somados, sabiam tudo o que era possível saber de técnica persuasiva.

Hunter Madsen[17] e Marshall Kirk[18] tiveram papel fundamental na concepção da estratégia a balizar a conduta ativista. Coautores em 1987 de um livrete panfletário desdobrado dois anos mais tarde em obra bibliográfica, produziram, no total, uma espécie de cartilha militante que diz exatamente o que falar e não fazer para tirar nota 10 no subconsciente coletivo. O livro editado em segundo sob o sugestivo título de "Depois do Baile: como a América vencerá o Medo e Ódio dos Gays nos Anos 90"[19] não é senão um aprofundamento do pensamento exposto de forma sintética no primeiro trabalho. De maneira que a leitura do resumo denominado "A Revisão (ou o Conserto, Reforma, Remodelação) da América Heterossexual"[20] revela com suficiente precisão o teor todo da empreita.

> "É preciso" – diz o documento – "retratar gay como vítima ... assim o público hétero será inclinado ... a assumir o papel de protetor ... se gay for apresentado como um anticonformista convencido ... haverá resistência ... por isso, deve abster-se de arrogância ... toda campanha midiática ... deve fazer uso de símbolos que reduzem o senso de ameaça para o público ... fazer com que abaixe a guarda ... potencializar a plausibilidade de vitimização, evitando imagens de homossexuais musculosos ... apresentando, pelo contrário, jovens simpáticos e mulheres atraentes ... pedófilos e personagens situados no limite extremo do aceitável não devem aparecer, já que quem molesta criança não será percebido como vítima ... mas [além de apresentar gay como vítima de violência física ou moral] é preciso retratá-lo como vítima do destino que nunca teve escolha de aceitar ou rejeitar a preferência sexual ... que nasceu assim ... como se nasce branco, negro, atlético, esperto ... que ninguém o seduziu ... que nunca optou ... é natural ... não é moralmente culpado ... é apenas o acaso ... pode acontecer com qualquer um ... gay [deve] despertar compaixão ... deve ser apresentado como vítima da sociedade que não reconhece seu sofrimento ... é preciso mostrar fotos de gays brutalizados ... dramatizar a discriminação no trabalho ... a humilhação ... Importa encorajar heterossexual a posar de protetor ... no entanto, poucos irão querer defender o

---

17 Hunter Madsen, http://www.open-insights.com/enSP/Hunter_Madsen,_Ph.D._.html.

18 Marshall Kirk, https://en.wikipedia.org/wiki/Marshall_Kirk.

19 KIRK, Marshall & MADSEN, Hunter, After the Ball: how America will conquer its Fear and Hatred of Gays in the ´90s, Doubleday, New York, 1989.

20 KIRK, Marshall & PILL, Erastes, The Overhauling of Straight America, *Guide Magazine*, November 1987, disponível em http://library.gayhomeland.org/0018/EN/EN_Overhauling_Straight.htm, acessado em 16/03/2015 (Hunter Madsen costumava assinar sob o pseudônimo de Erastes Pill. Erastes é nome criado a partir da raiz "eros", ou seja, amor em grego. O significado todo parece, portanto, ser "Pílula de Amor").

> homossexualismo como tal ... muitos estarão mais dispostos a mobilizar-se na defesa de um princípio de justiça e igualdade ... por isso, uma campanha não deve pedir aprovação de práticas homossexuais, mas antes evocar a não discriminação ... liberdade e igual proteção ... [deve-se citar] princípios legais aceitos, de forma a sempre opor uma lei aos argumentos morais do inimigo ... e princípios a dogmas religiosos." (Arranjo do autor.)

Gay, finalmente, tem que aparentar bem e opositor precisa parecer ruim.

> "A população LGBT deve ser retratada como elite da sociedade, citando celebridades históricas gays como Alexandre o Grande ... intelectuais eminentes como Shakespeare ... artistas como Michelangelo ... e apresentando a comunidade gay como pedestal da civilização ocidental ... oponentes devem ser vilipendiados (*vilified*, no texto original) de maneira a criar rejeição por parte do cidadão médio assim como sentimento de culpa e vergonha pela postura homofóbica ... devem ser associados a coisas que a opinião pública desaprova ... por exemplo, um membro do Ku Klux Klan ameaçando ... gay ... ou um pastor babando ... um criminoso vangloriando-se de violência homofóbica ... um campo de concentração nazista onde homossexuais foram mortos " (Arranjo do autor.)

A sequência diz respeito à necessidade de mobilizar o poder econômico, político e midiático em apoio à causa. Mas, esses pontos serão tratados em capítulos próprios. Por enquanto, vale considerar o conteúdo acima, porque explica muitas facetas do comportamento gay e esclarece sobre os bastidores do autoritarismo em gestação.

Na medida do possível, as táticas usadas no mundo todo sempre acataram os conselhos dos gurus pioneiros. Reduzindo a questão a mera busca de liberdade pessoal, igualdade e autorealização, excluíram o problema moral da equação. Distinção entre certo e errado tornou-se tópico antiquado. A simples afirmação de direitos individuais virou pivô de uma artimanha muito bem torneada (MOHLER, 2004). Faltava, todavia, uma ocorrência emblemática para validar de vez o método. O selo de qualidade ainda pedia um mártir. Era preciso ter um exemplo palpável de crime homofóbico para esfregar no nariz da sociedade. Um fato bárbaro. Um insulto à consciência do mundo.

O caso Matthew Shepard[21] parecia talhado sob medida para uma beatificação. Aconteceu no Wyoming perto da cidade de Laramie e resultou na maior comoção jamais registrada em toda a história LGBT. Provocou passeatas, foi tema de canção, inspirou peça de teatro e seriado televisivo, animou centenas de palestras, alimentou os noticiários durante anos, cativou a

21 Matthew Shepard, https://en.wikipedia.org/wiki/Matthew_Shepard.

opinião pública, motivou a criação de uma fundação beneficente e, por fim, ensejou uma revisão legislativa de consequências profundas[22].

Matthew era gay. Tinha 21 anos. Era estudante universitário, franzino e indefeso. Na noite do dia 06 de outubro de 1998, saiu de um bar em companhia de dois jovens da mesma faixa etária. Na manhã seguinte, foi encontrado em estado de hipotermia, amarrado numa cerca com o crânio arrebentado. Não resistiu aos ferimentos. Morreu uma semana mais tarde no hospital de Fort Collins no Colorado. Começava então uma saga que, entre meia verdade e paixão dobrada, prontamente virou lenda.

Tecnicamente falando, o caso foi simples, porque os culpados se envolveram numa briga na mesma noite e foram presos poucas horas depois do crime. Um deles carregava uma arma manchada de sangue, e a polícia não teve dificuldade em relacionar os fatos ao achar Shepard no dia seguinte. Na sequência, confessaram o crime em troca de comutação da pena de morte em prisão perpétua. Em função disso, o julgamento foi rápido. Não houve necessidade de investigar a vida de cada um, uma vez que o que tinha de ser demonstrado já estava provado[23].

Não havendo informação sobre o caráter da vítima, sobre sua moral ou sobre um eventual relacionamento prévio com os assassinos, as ONGs e a mídia escreveram a estória numa página em branco sem qualquer forma de contraditório, compondo um ícone imaculado a inspirar a ação política e as iniciativas legislativas.

A lei, naquela época, não assimilava a violência homofóbica ao conceito de crime de ódio[24] a amparar as minorias étnicas. As propostas visavam, pois, uma extensão de abrangência para incluir a categoria LGBT. Várias tentativas tinham fracassado sob as presidências Clinton (BARRETT, 2000) e Bush, tanto por oposição das vertentes conservadoras quanto por um toma lá dá cá de intrigas envolvendo opções militares e questões orçamentárias (WOOTEN, 2008). O processo finalmente desencalhou com Obama, que assinou a normativa sob o nome de *Matthew Shepard Act* em 28 de outubro 2009 (PERSHING, 2009).

Foram 10 anos de empurra-empurra. Políticos e jornalistas construíram um nome na versão vendida ao público. As ONGs viviam disso. A emoção voava alto. Matthew já era mito, e ninguém tinha interesse em voltar para a realidade, porque verdade onde fábula impera simplesmente não dá lucro.

Porém, alguém amolava com uma interpretação um pouco distinta dos fatos. Todos boicotavam naturalmente a voz dissidente. A Associação Gay/

---

22 BRAVENET, Matthew Shepard, disponível em http://www.matthewshepard.jeff-reys.com/, acessado em 01/12/2014.

23 *Ibidem*.

24 Hate crime.

Lésbica contra a Difamação-GLAAD[25] falava em calúnia e tentava colocar defeito. Legislador não queria ouvir por medo de perder voto. A imprensa não concordava em rever a narrativa primeira. Stephen Jimenez teimava, todavia, em nadar contra a correnteza bem pensante com uma nova leitura (NICHOLS, 2013).

Jornalista investigativo gay de Nova Iorque, viajara para o Wyoming no intuito de estudar os detalhes da ocorrência. É de se imaginar – até pela própria condição – que se deixou inicialmente levar pelo entendimento do momento. Vinha, pois, estudar um crime homofóbico. Porém, as primeiras entrevistas logo desmentiram o fato. Shepard não parecia ser o menino comportado do conto midiático. Era usuário de droga e provavelmente traficante de metanfetamina. Frequentava o inferno e, naturalmente, não andava com anjos. Morreu, pois, numa cilada de maconheiros por entorpecentes e dinheiro (PEYSER, 2013).

O caso não é simples. Um dos acusados chegou a alegar pânico homofóbico – uma espécie de ira extrema decorrente de cantada – de forma a provar insanidade e aliviar a pena. Retratou-se, contudo, quando viu que não levava a nada. A namorada dele também confirmou e depois negou a explicação. Houve assim certa confusão inicial na argumentação. Porém, os condenados assim como vários policiais e o promotor[26] foram categóricos nas consultas: homofobia não foi o motivo (GUMBEL, 2013).

Jimenez dissecou o caso durante anos e falou com centenas de pessoas. Em 2013, publicou um livro intitulado "O Livro de Matt: Verdade Oculta por trás do Assassinato de Matthew Shepard"[27], que lhe valeu a etiqueta de traidor por parte dos congêneres. Como não tinha poder de polícia para conduzir interrogatórios, teve que trabalhar por dedução e, às vezes, por especulação. Porém, o conteúdo geral da obra não deixa dúvida sobre o estilo de vida de Shepard e as reais circunstâncias da morte.

O caso Shepard não deve ser encarado como isolado. É antes paradigmático e revelador dos artifícios subjacentes à indústria LGBT do lamento. A denúncia sistemática de violência homofóbica fictícia fornece a matéria prima de representações mentais a direcionar o eleitor e as iniciativas legislativas em conformidade com os interesses da categoria. Alguns alaridos alcançam um eco particular nas caixas de ressonância midiática quando existe expectativa de ganho excepcional, mas o procedimento se repete diariamente com

25 Gay and Lesbian Association against Defamation-GLAAD, http://www.glaad.org/.

26 Para espanto dos pais de Matthew, o promotor, Cal Rerucha, recusou um convite do presidente Obama para a cerimônia de assinatura da Lei de 2013, porque não queria fazer parte de uma farsa.

27 JIMENEZ, Stephen, *The Book of Matt: Hidden Truths About the Murder of Matthew Shepard*, Steerforth Press, Hanover-NH, 2013.

maior ou menor intensidade nos quatro cantos do mundo. Em termos claros, o movimento confecciona casos que a opinião pública compra como autênticos. E com adicional de zelo onde há resistências inabituais para vencer.

A Uganda é alvo predileto desse tipo de ataque, porque se dotou de leis visando coibir o comportamento homoafetivo. Pobre e singularmente exposto ao turismo sexual infantil, o país africano resolveu mostrar quem é dono da casa com uma legislação tolerância zero que deixou o planeta gay em alvoroço (BOWN, 2013). Não demorou para a Casa Branca se pronunciar (BUCKER, 2012), para o Departamento de Estado ameaçar (PETRELIS, 2011), para o Banco Mundial suspender os investimentos (CUNNIGHAM, 2014), para *Amnesty International* resmungar[28] ... para a Holanda, Dinamarca e Noruega cortarem a ajuda econômica ... (ALLEN, 2014) ... para os Estados Unidos imporem restrições sobre vistos[29], para o Canadá reclamar (BAKLINSKI, 2012) ...

A geopolítica gay entrou em ação com um verdadeiro tsunami de intimidação que evidenciou um inédito controle da decisão institucional internacional bem como das opções diplomáticas de Washington e Londres. Foi uma arrogante expressão de imperialismo cultural com gosto de expansionismo jurídico em que o abandono de valores tradicionais e a importação de princípios normativos *made in USA* se tornavam condição *sine qua non* de acesso às ferramentas do desenvolvimento. Uma tentativa particularmente abjeta de recolonização via organismos multilaterais ...

A perspectiva de exclusão dos fluxos comerciais, financeiros ou monetários mundiais é cruel para Kampala. Tem felizmente alternativas na Rússia e na China, mas o ocorrido retrata um Ocidente disposto a arriscar perdas de mercado para atender as demandas do *lobby* gay. Era, no entanto, preciso canonizar um santo para insuflar ânimo, e a oportunidade sonhada veio com o assassinato de David Kato (RICE, 2011).

A morte do líder LGBT ugandense ensejou uma resolução condenatória e uma advertência do Parlamento Europeu (VALENZA, 2011) assim como uma imediata reação de Barack Obama. O inquérito policial logo demonstrou que Kato fora morto por um ex-presidiário que hospedava em troca de serviços diversos – provavelmente sexuais também. O assassino foi condenado por latrocínio. Contudo, muitos deixam entender que era uma espécie de

---

28 Amnesty International, Uganda: 'Anti-Homosexuality' Bill Threatens Liberties and Human Rights Defenders, Press Releases, October 15, 2009, disponível em http://www.amnesty.org/en/for-media/press-releases/uganda-%E2%80%98anti-homosexuality%E2%80%99-bill-threatens-liberties-and-human-rights-de, acessado em 26/03/2015..

29 US cuts aid to Uganda over anti-gay law, Al Jazeera, June 20, 2014, disponível em http://www.aljazeera.com/news/africa/2014/06/us-cuts-aid-uganda-over-anti-gay-law-201462052127734317.html, acessado em 13/04/2015.

prostituto que se sentiu mal pago e resolveu cobrar o que pensava merecer de direito. Esta última versão parece a mais plausível. De qualquer forma, o episódio nada teve a ver com homofobia[30]. Mesmo assim, ninguém se desculpou nem se retratou na Europa ou nos Estados Unidos. Pelo contrário, todos insistiram na interpretação primeira, já que todos queriam absolutamente manter a versão de crime homofóbico. Gay porque desejava posar de vítima, e político porque almejava voto (WESTEN, 2012).

Os exemplos a revelar esse padrão são legião. A impostura passa geralmente despercebida de um público intoxicado pela repetição. No Brasil, o engodo é vendido por atacado pelo Estado ou por ONGs financiadas pelo governo. Na realidade, a percepção do fenômeno é basicamente comandada pelos levantamentos realizados pelo Grupo Gay da Bahia-GGB[31]. Os números fornecidos são repercutidos sem filtragem pela mídia. Assim sendo, a opinião pública – que define o voto e a composição dos corpos legislativos – é tributária de dados divulgados pelos meios militantes. Vale, desde então, examinar os métodos de coleta, processamento e interpretação da entidade.

O GGB publica anualmente um Relatório de Assassinatos de Homossexuais[32], utilizando aparentemente fontes jornalísticas por falta de estatísticas oficiais. A informação publicada se baseia, pois, em notícias da imprensa nacional. O blogueiro Reinaldo Azevedo analisou a versão 2008[33] nos seguintes termos.

> "O relatório do GGB" – diz ele – "aponta que foram assassinados 190 homossexuais no ano de 2008 no Brasil – um a cada dois dias. Ninguém sabe ao certo qual é o percentual de homossexuais na população. Parece crível um número em torno de 10%. Pois bem. São assassinadas no Brasil, a cada ano, 50 mil pessoas. Se, desse total, 190 eram homossexuais, então concluímos que eles representam apenas 0,38% das vítimas ... [haveria] discriminação contra os heterossexuais? ... representando 90% da população, seriam 99,62% dos mortos ... Consideremos uma população de 180 milhões de brasileiros: 18 milhões seriam gays. Ainda que as 190 vítimas de que fala o GGB só se referissem a mortes realmente violentas, com características de agressão de natureza sexual, estaríamos falando de 1,05 morto para cada grupo de 100.000 gays. Sabem o que isso significa? Que ser alagoano é 63 vezes mais perigoso do que ser gay: Alagoas lidera o ranking

30 Male Prostitute killed Ugandan Gay Activist: Police, Radio Netherlands Worldwide, February 03, 2011, disponível em http://www.scottlively.net/wp-content/uploads/2014/05/Kato-Murderer-Captured.pdf, acessado em 22/04/2015.

31 Grupo Gay da Bahia, http://www.ggb.org.br/.

32 Relatório de Assassinato de Homossexuais, http://www.ggb.org.br/Assassinatos%20de%20homossexuais%20no%20Brasil%20relatorio%20geral%20completo.html.

33 Dossiê da violência, ASSASSINATO DE HOMOSSEXUAIS NO BRASIL, 2008, Relatório Anual do Grupo Gay da Bahia, disponível em http://www.ggb.org.br/assassinatosHomossexuaisBrasil_2008_pressRelease.html, acessado em 15/12/2014.

> dos homicídios, com 66,2 mortos por 100.000. Ser capixaba é 53,9 vezes mais perigoso do que ser gay. De fato, ser brasileiro é 28 vezes mais perigoso do que ser gay. Se o Brasil matasse apenas 1,05 brasileiro para cada grupo de 100 mil, em vez de 50 mil assassinados por ano, eles seriam apenas 1.890." (AZEVEDO, 2009)

Azevedo, na realidade, pega gay no pulo e assume a proporção de 10% da população baseada na farsa dos Relatórios Kinsey[34] e obstinadamente difundida pela propaganda homossexual. Mesmo partindo de uma mais realista parcela de 1 a 2%, entretanto, os cálculos ainda sugerem um risco de vida 3 vezes mais elevado para hétero.

> "A associação" – prossegue – "pede providências à Secretaria Especial de Direitos Humanos da Presidência da República e ameaça registrar queixa contra o governo brasileiro junto à Comissão Interamericana de Direitos Humanos assim como na ONU por crime de prevaricação contra os homossexuais." (Arranjo do autor.)

Aqui, o jornalista ironiza:

> "É isto! O conjunto dos Brasileiros precisa recorrer à OEA e – quem sabe? – até ao Vaticano para exigir o tratamento dispensado à população LGBT [...] Não sei qual é a percentagem de matemáticos gays ... [mas] poderiam dar um auxílio aos colegas." (Arranjo do autor.)

Pernambuco, por outro lado, é apontado pelo Relatório como o Estado mais violento para os crimes de homofobia com 27 mortos.

> "Ora" – arremata Azevedo – " Pernambuco é o terceiro Estado mais violento do País. Para gays e não gays. O levantamento é da Folha, publicado há menos de uma semana. Há lá 51,6 homicídios por ano para cada grupo de 100 mil habitantes ... Em São Paulo, são 13,2 (quase um quarto). Pernambuco não é o Estado que mais mata gays. É um dos Estados onde mais se mata brasileiros. Sua população é estimada em 8,8 milhões de pessoas. Se há 51,6 homicídios para cada grupo de 100 mil, são assassinadas, por ano, 3.996 pernambucanos. Se 27 forem homossexuais, isso representa menos de 0,7% do total. Como se vê, também ali se pode acusar um inaceitável preconceito contra ... heterossexuais. O Brasil estaria inventando a heterofobia?" (Arranjo do autor.)

O Grupo Gay da Bahia está, pois, engenhando asneiras. E pior: com dinheiro do contribuinte – e da PETROBRAS, para coroar o quadro[35] – que

34 Veja *supra*, 1-O Mito da Minoria.

35 Lauro Jardim, Com Dinheiro Público, Veja, 10/04/2014, disponível em http://veja.abril.com.br/blog/radar-on-line/cultura/parada-gay-com-dinheiro-publico-de-novo/, acessado em 21/02/2015.

poderia ser aplicado muito melhor. O Brasil, a bem da verdade, não é um país transparente. Desde então, fica difícil saber ao certo o que o governo investe na promoção da causa gay, mas não há dúvida que paradas, congressos e militância em geral consomem quantidades consideráveis de recursos federais, estaduais e municipais[36].

O tamanho da embromação estatística, no entanto, só emerge de forma cristalina no confronto da aritmética acima com a análise efetuada por uma associação chamada "Gays de Direita" que teve a curiosidade de pesquisar os casos compilados pelas ONGs.

> "São bastante conhecidos por todos" – diz a entidade – "os levantamentos anuais feitos por ONGs ... acerca de crimes homofóbicos ... em 2009, por exemplo, afirma-se que quase 200 homossexuais foram assassinados... em decorrência de homofobia ... a metodologia empregada ... tem por base casos garimpados nas páginas policiais dos jornais ... o problema está nas conclusões estapafúrdias a que os autores chegam ... o mais grave é que essa interpretação distorcida [vai] parar na mídia sem qualquer questionamento, além de servir ... como justificativa para a formulação de políticas públicas equivocadas ... a título de curiosidade, resolvemos investigar rapidamente apenas alguns dos assassinatos contra homossexuais ocorridos no ano passado ... para espanto dos mais desavisados, na grande maioria dos casos de assassinatos descritos como homofóbicos, o autor do crime é também homossexual ... ou seja, é gay matando gay ... de um modo geral, são pessoas envolvidas com tráfico de drogas, com histórico de roubos e assassinatos, garotos de programa, delinquentes, etc"[37]. (Arranjo do autor.)

Segue então uma longa lista de referências.

> "Fulano de Tal, jornalista e apresentador, assassinado por garoto de programa, também homossexual, por motivo de roubo ... Ciclano, assassinado pelo companheiro, também homossexual, um cabeleireiro com quem morava há 9 anos ... Zé da Silva, travesti ... o motivo da morte foi uma dívida de R$ 200,00 decorrida de programas ... o assassino mantinha relacionamento amoroso com a vítima desde 2008 ... Jenifer, travesti ... por dívida de drogas... Dara, travesti ... por dívida de drogas ... seis travestis foram assassinadas em Curitiba ... a Polícia Civil atribuiu

---

36 Ministério da Saúde Divulga Resultado de Financiamento para Paradas LGBT, 24/04/2005, disponível em http://www.midiaindependente.org/pt/red/2005/04/315188.shtml, acessado em 21/02/2015; Nelson Barros Neto, Governo da Bahia gasta R$ 120.000,00 na Parada Gay de São Paulo, 01/06/2013, disponível em http://www1.folha.uol.com.br/cotidiano/2013/06/1288322-governo-da-bahia-gasta-r-120-mil-na-parada-gay-de-sao-paulo.shtml, acessado em 21/02/2015; MEC terá de explicar ao Tribunal de Contas Fortuna gasta com Kit-Gay, Verdade Gospel, 21/08/2012, disponível em http://www.verdadegospel.com/mec-tera-de-explicar-ao-tribunal-de-contas-fortuna-gasta-com-kit-gay/, acessado em 21/02/2015; etc ... , etc ... , etc ...

37 Gays de Direita, 15/03/2010, disponível em http://gaysdedireita.blogspot.com.br/2010/03/crimes-homofobicos.html, acessado em 21/02/2015.

> quatro das mortes à quadrilha liderada pelo traficante Hiroshe de Assis Eda, que morreu em confronto com policiais num apartamento no Centro de Curitiba ... de acordo com as investigações, as travestis foram mortas por dívidas de droga ... X Pereira e Y Xinha ... acredita-se que eles foram mortos por serem desconhecidos na área e as facções locais do tráfico terem desconfiado de que eles seriam ... de outra facção rival na disputa pelo comando na localidade ... XYZ, assassinado por parceiro sexual ... ABC ... morto com uma facada desferida por CBA com quem mantinha relações sexuais na condição de passivo ... em dado momento querendo reverter a posição e impor-se como ativo ameaçando com uma faca e entrando em luta corporal ... EPT de 51 anos, assassinado por garotos de programa ... em encontro amoroso ... " (Arranjo do autor.)

O balanço não termina nisso. Continua com uma exposição quilométrica de ocorrências que levam o leitor para um sórdido passeio no submundo da escória humana, onde celular, relógio ou 100 reais valem mais que uma vida.

O padrão, por sinal, se reproduz nas pesquisas por Estados (CARRARA & VIANNA, s/d). Violência homofóbica, afinal, se resume a balela fabricada do nada e irresponsavelmente ecoada pela mídia para blindar uma casta com prerrogativas exclusivas.

*– Mas, é preconceituoso investigar e ensinar a respeito, não é?*
*– Precisamente, José. É homofóbico, segundo o discurso dominante. Mas, é o que de pronto decifra a mente liberada dos bloqueios induzidos.*
*– É só proclamar a independência de raciocínio, então?*
*– Sim, Rosa. É só sair da tapeação midiática para um reencontro com você mesma.*
*– ...*
*– Imagina você andando no mato escuro em noite sem luar. E na curva do caminho, de repente ... um disco voador, cheio das buzinas e pisca-piscas ... e bichinhos cabeçudo de olhos grandes e antenas amarelas.*
*– Que susto!*
*– Dá medo, José. Com certeza. Mas, marciano é educado. E, rapidinho, você vai querer conversa. O que se come em Martes? Tem arroz? Tem feijão?*
*– E mulher? Como que é mulher por aí?*
*– Claro. E todo o restante. Você vai despertar uma curiosidade que uma vida inteira não pode apagar.*
*– Eu ia mais querer saber dos homens.*
*– Sem dúvida, Rosa. Mas, cá entre nós, é difícil você trombar com ET. Muito raro, com certeza. Capaz que isso nunca vai lhe acontecer. Então, que tal topar com você mesma na curva da estrada? Porque, se isso lhe acontecer, vai ver que não é menos estranha do que o homenzinho verde. Apenas, não percebe, porque você é você. Contudo, se conseguisse sair da própria pele para pegar uma visão "helicóptero" da sua pessoa, assustaria com o próprio condicionamento, com sua matriz de percepção, com seus comportamentos.*

*– Tipo, virar marciano para observar os terráqueos de longe com um telescópio?*
*– Sim. Com a objetividade do distanciamento. E seria fácil do espaço, porque é por aí que passa a indução de sensibilidades e de modelos. Quem controla o sistema de telecomunicação via satélite, coloca um aliado em cada cabeça, porque esboça o imaginário do mundo.*
*– Então, desligar a televisão é o primeiro passo rumo a um pensamento autônomo sobre a questão gay?*
*– Mais ou menos isso. É condição indispensável para tomar um mínimo de distanciamento filosófico.*

Não há dúvida que morre ocasionalmente um ou outro de genuíno ataque homofóbico, como também morre turista italiano num assalto ou professor em agressão escolar de vez em quando. Nem por isso se manipula a opinião pública para forçar projetos legislativos de proteção excepcional. Gay, na realidade, quer voltar para a Idade Média com propostas de estatuto diferenciado para cada qual em função do posicionamento frente a um lazer de mau gosto. Suserano é quem pratica. Vassalo, quem simpatiza. E servo, quem acha feio o que ele acha lindo.

A Revolução Francesa veio explicar que quem entendesse ter nascido duque ou barão ficava à vontade para continuar duque ou barão, mas com a marmita na mochila para ir trabalhar como todo mundo, porque não haveria mais privilégio. Contudo, tem gente pensando que igualdade republicana já não atende a contento a nova realeza. Urge, desde então, rever o sistema para acomodar uma nobreza mais igual e muito mais espaçosa ... mesmo que for preciso inventar mentira.

O mais frustrante é constatar o envolvimento do Estado na manobra. Afinal, militante é militante e, por definição, falta de objetividade. No entanto, o cidadão está no direito de esperar um mínimo de equidistância por parte de quem representa o interesse coletivo. Governo em tese governa para todos sem distinção de raça, classe, sexo, idade e muito menos de orientação sexual. Contudo, não parece ser o caso da Secretaria Especial dos Direitos Humanos (SDH/PR)[38] da Presidência da República que e esforça acintosamente para conferir caráter oficial à prosa das ONGs em detrimento do resto da sociedade.

O Relatório sobre Violência Homofóbica[39] publicado pelo mencionado órgão é um tanto cômico, e talvez seja isso sua maior qualidade. Se diversão

38 Secretaria de Direitos Humanos, Presidência da República, http://www.sdh.gov.br/.

39 Relatório sobre Violência Homofóbica no Brasil: 2012, SDH/PR, disponível em http://www.sdh.gov.br/assuntos/lgbt/pdf/relatorio-violencia-homofobica-ano-2012, acessado em 04/01/2015.

fosse a finalidade da política, o Brasil dos últimos anos tiraria nota 10, com certeza. Mas, para realmente governar, seria bom pensar noutra coisa, porque o nível de alienação que perpassa o documento francamente assusta.

O termo, diga-se de passagem, compartilha a raiz latina com alienígena, alhures e tudo o que evoca o *outro* de *alius*. Usa-se geralmente para denominar uma mente desconectada do mundo real e meio que viajando *noutro lugar*. A Secretaria em questão foi justamente se perder no planeta das ONGs e colocou todo o aparato de Estado a serviço do delírio.

A SDH/PR – que anuncia sem pestanejar assumir uma postura crítica logo de partida – expõe com riqueza de terminologia e tom acadêmico a metodologia à base do Relatório. Explica que foi discutida em Reunião Ordinária do Conselho Nacional de Combate à Discriminação-LGBT e pela Câmara Técnica de Monitoramento, Prevenção e Combate à Violência contra a População LGBT, tendo sido aprovada pela Câmara e, posteriormente, pelo plenário do referido Conselho.

Gente importante, portanto. E quadro institucional impressionante!

Informa, então, que ...

> " ... seguiu as etapas apregoadas na produção de estatísticas: o planejamento; a coleta; a análise; a comparação com os dados do ano anterior; e a disseminação das informações. O planejamento foi feito a partir de demandas da sociedade civil (leia-se as ONGs gays) e requisitou, por um lado, dados que retratassem as violências sofridas pela população LGBT no Brasil e, por outro, a necessidade de conhecimentos sistemáticos sobre as realidades para a formulação de políticas públicas para a população LGBT por parte das áreas técnicas do governo. O primeiro passo foi contextualizar e conceituar os fenômenos a serem quantificados, conforme metodologia utilizada pelas Nações Unidas para a produção de indicadores sociais (ACNUDH, 2008). Após a delimitação do objeto, foi efetuado um mapeamento dos dados existentes para planejar um cronograma da produção de informações." (Arranjo do autor.)

Depois de toda essa pompa, avisa que é complicado coletar informação precisa por uma série de razões, mas que conta com o acervo das ONGs – citando o Grupo Gay da Bahia – junto com os registros do Disque Direitos Humanos. E, para disfarçar um pouco, acrescenta que os dados foram tabulados em programa específico, a saber, o *Statistical Package for Social Sciences* (sic).

Em termos de matriz intelectual, Secretaria e ONGs são consequentemente uma só e mesma coisa, e a Presidência da República é militante gay de carteirinha. Para completar, há uma espécie de Disque Homofobia para recebimento de queixas destinadas a lançamento na conta da criminalidade[40].

40 O modelo se reproduz nos Estados da Federação. Veja CODIMM, http://codimm.defesasocial.rn.gov.br/contentproducao/aplicacao/sesed_codimm/programas/gerados/ddh.asp.

Um método perfeito, pois. Literalmente sem falha de um ponto de vista científico!

Se instalasse um Disque Milagre, todo crente ligaria e o Brasil ficaria o país mais milagroso do mundo. E, logicamente, gays e ONGs telefonam. De sorte que se torna a nação mais homofóbica.

*– De que essa Secretaria brinca com seus gráficos, equações, curvas e poses acadêmicas? Qual é a utilidade sob o ângulo público?*

*– Exatamente, Rosa. Melhor fechar isso e colocar todo mundo para carregar tijolos e cimento. Para que gastar recursos elucubrando sobre um "homocausto" que não existe? Gay que presta fica em casa e não morre de facada na gandaia.*

*– Sem dúvida.*

*– De qualquer forma, o Brasil está em construção. Não necessita de direitos LGBT. Precisa, isto sim, de betoneiras. Mas, falar isso é homofóbico, não é?*

*– Sim, José. Até dissecar o problema e juntar elementos de juízo para formar um pós-conceito devidamente fundamentado é visto como preconceito.*

*– País bem administrado, de fato!*

*– Com certeza. Tudo aquilo me faz pensar no encontro dos homens de Neanderthal com os de Cro-Magnon lá no sul da Europa 40.000 anos atrás.*

*– O que tem a ver?*

*– Dizem que lutaram pela posse da terra durante dez milênios e, no final, o primeiro foi dizimado porque não conseguia entender a função da lança.*

*– Como assim?*

*– Era tecnicamente inferior e, enquanto o Cro-Magnon sabia espetar o outro a distância por arremesso de uma hasta pontiaguda, o Neanderthal só sabia usá-la para furar o adversário em luta corporal direta.*

*– E então?*

*– Então, no campo de batalha, o bestalhão ficava segurando um pedaço de pau com as duas mãos, esperando para se atracar com o esperto que o matava de longe sem risco.*

*– E por que não corria? Ou por que não fazia o mesmo?*

*– Porque não tinha capacidade cerebral para decifrar nem imitar o ato. Daí, morria sem entender o truque.*

*– E isso até o extermínio total?*

*– É o que li a respeito, José. Mas, nem sei se é verdade, porque o pesquisador não explicava muito bem como chegara à conclusão. De qualquer forma, serve para explicar o que acontece com quem não consegue elucidar as manhas do adversário: sucumbe encarando o mundo de boca aberta e de olhos arregalados que nem bacalhau tonto.*

*– Então, melhor aprender a descodificar as trapaças rapidinho.*

*– E estatística é apenas uma delas, Rosa. Vou te contar muitas outras.*

Se quem mais mata gay é gay – para encerrar o assunto – quem mais bate gay também é gay. Uma realidade que indica claramente a literatura sobre violência doméstica nos Estados Unidos onde os casais homossexuais não primam particularmente pela meiguice (ISLAND&LETTELIER, 2012).

## 3. A Conquista do Campo Médico-Psiquiátrico

De acordo com a História de Psiquiatria e Homossexualidade do Programa de Saúde Mental LGBT[41], basicamente até o século XIX, qualquer atividade libidinosa entre pessoas do mesmo sexo era legalmente qualificada de crime contra a natureza ou de sodomia por referência à cidade bíblica de Sodoma (Gênese 19: 1-8), e a repressão – às vezes com pena de morte – achava origem em Levítico 20:13: "Quando também um homem se deitar com outro homem, como com mulher, ambos fizeram abominação; certamente morrerão; o seu sangue será sobre eles."

A descriminalização começou na Revolução Francesa com a abolição das cortes eclesiásticas e a revogação das leis medievais sob a influência do Iluminismo que trazia a ideia de um espaço de liberdade individual protegido contra a intromissão do Estado. Embora não estigmatizasse a homossexualidade em si, o Código Napoleão previa duras penas para o atentado ao pudor, o qual podia eventualmente abranger a manifestação homoafetiva em público. Contudo, é de se notar que a época tendia a patologizar tais casos com base em diagnóstico de insanidade.

Uma literatura forense especializada tomou corpo no fim do século XIX. Girava essencialmente em torno da culpabilidade e tinha o efeito de subtrair a questão à Justiça para medicalizá-la – o que, naqueles tempos, se traduzia em claro benefício para o interessado.

Nesse contexto, o advogado alemão Karl Heinrich Ulrichs (1825-1895) – talvez o primeiro ativista e teórico homossexual da história (KENNEDY, 1997) – enriqueceu o debate com a noção de uma característica hereditária a deslocar a discussão para considerações biológicas em detrimento dos aspectos morais. Argumentando a existência de "germes" masculinos e femininos a determinar a anatomia de cada sexo, propunha a expressão "hermafrodita psicossexual" para explicar a própria condição (NASH&LOMBARDI-NASH, 2015).

Respondendo aos esforços de conceituação do contemporâneo, o jornalista húngaro Karl Maria Kertbeny – que também compartilhava a tese de um estado inato – cunhou o termo "homossexual" que haveria de conhecer melhor fortuna a partir de 1.900 (BEPPLER, s/d). Até então, contudo, outras denominações eram mais comuns. Assim, o médico alemão Karl Westphal fa-

41 LGBT Mental Health Syllabus, The History of Psychiatry & Homosexuality, s/d, disponível em http://www.aglp.org/gap/1_history/#declassification, acessado em 07/04/2015.

lava em "sensação sexual contrária", ensinando tratar-se de um desequilíbrio congênito que chamava tratamento psiquiátrico antes que repressão policial. O perito forense italiano Arrigo Tamassia usava a locução "inversão de instinto sexual". O neurologista francês Jean-Martin Charcot[42] dizia "inversão de sentido genital" para designar uma "condição neuropsiquiátrica degenerativa" comparável à histeria ou epilepsia.

Já no início do século XX, o sexólogo alemão Magnus Hirschfeld defendia a ideia de variações intermediárias num espectro sexual natural entre os polos masculino e feminino. Enquanto o neurocientista Simon LeVay[43] avançava a hipótese de uma particularidade cerebral na região do hipotálamo.

Antes disso, Sigmund Freud[44] atacara o problema de um ponto de vista psicanalítico. Entre sonho e complexo de Édipo, acreditava que a "inversão" era o desfecho natural de uma evolução normal em certas pessoas. Aparentemente, não interpretava o fenômeno como doença – ou seja, como sintoma de conflito psíquico – mas antes como expressão pacífica de instintos. Presumia uma bissexualidade "constitucional" a dividir cada indivíduo em componentes variáveis de tendências masculinas e femininas suscetíveis de potencialização diferenciada por influência do meio. Em circunstâncias comuns – não traumáticas – haveria perfeita concordância entre sexualidade e anatomia. Mesmo assim, com retenção de caracteres opostos sublimados.

Acreditava, ainda, que o desenvolvimento da sexualidade podia sofrer bloqueios socialmente induzidos, resultando em diferenças de maturidade – a qual seria idealmente heterossexual. Elidia, dessa forma, a abordagem moral da questão sem por isso falar de patologia. Oferecia, em suma, um paradigma mais inclusivo, fazendo da homossexualidade parte integrante de uma heterossexualidade cuja eclosão dependia de estímulo apropriado (KIRBY, s/d).

Na década de 1940, a compreensão de Sandor Rado[45] haveria de suplantar a teoria de Freud com base na argumentação que a bissexualidade freudiana se fundamentava na crença errônea de uma espécie de hermafroditismo embrionário a potencialmente facultar o desdobramento anatômico de um homem ou de uma mulher. E desde que os fatos desmentem tal convicção, não restava senão assumir a heterossexualidade como único curso possível de

42 Karl Maria Kertbeny, https://en.wikipedia.org/wiki/Karl-Maria_Kertbeny; Karl Westphal, http://en.wikipedia.org/wiki/Carl_Friedrich_Otto_Westphal; Arrigo Tamassia, http://it.wikipedia.org/wiki/Arrigo_Tamassia; Jean-Martin Charcot, http://en.wikipedia.org/wiki/Jean-Martin_Charcot.

43 Magnus Hirschfeld, http://en.wikipedia.org/wiki/Magnus_Hirschfeld; Simon LeVay, https://en.wikipedia.org/wiki/Simon_LeVay.

44 SUA PESQUISA.COM, Sigmund Freud, disponível em http://www.suapesquisa.com/biografias/freud.htm, acessado em 03/04/2015.

45 Sandor Rado, http://en.wikipedia.org/wiki/Sandor_Rado.

maturação. Consequentemente, homossexualidade virava doença – amplamente induzida, segundo imaginava, por repressão parental de sexualidade infantil e corolariamente reversível por psicanálise ou tratamento aparentado (THROCKMORTON, 2011).

A matriz interpretativa de Rado dominou o entendimento até o início da década de 1970, notadamente por referência a uma obra do psicanalista americano Irving Bieber[46] intitulada "Homossexualidade: um Estudo Psicanalítico"[47] que tratava essencialmente o fenômeno como resultado de uma equação familiar patogênica.

Eis, em poucas linhas, a evolução histórica do pensamento sobre o assunto e o estado de conhecimento por último herdado pelo movimento gay a eclodir dos confrontos de Stonewall em 1969. Homossexualidade foi pecado na Idade Média e homossexual era pecador. Com o reflexo científico da Renascença e a abertura filosófica das Revoluções Burguesas, a problemática migrou do juízo moral religioso para o campo médico. O indivíduo culpado de conduta pecaminosa virou assim paciente vítima de inclinação patológica.

As fases aludidas nunca foram cortadas à faca como aparece no relato acima. Cada período teve nuances e dissidências. Também a moral laica nunca soltou o pedaço. Continuou refletindo sobre o certo e o errado. Seguiu emitindo opiniões sobre a conveniência dos costumes em foco e persistiu em ponderar benefício coletivo com eventual prejuízo.

Por outro lado, o pensamento religioso, âncora ética milenar pouco propensa a ceder às contingências e modas, insistiu em falar do bem e do mal, de virtude ou vício e dos desígnios de Deus como dos planos do capeta. Não se deixou levar em ruminação de neurocirurgião ou de psiquiatra e fez bem, posto que nunca levaram a nada fora especulação vazia.

No total, as resistências eram múltiplas, e o movimento gay teve de abrir várias frentes de batalha. No entanto, é a conquista do universo médico-psiquiátrico que merecerá a atenção neste ponto.

Uma coisa deve ficar clara de partida: todas as interpretações biológicas, médicas ou psicanalíticas, de Ulrichs a Bieber, passando por Kertbeny, Hirschfeld, Westphal, Tamassia, Charcot, Freud, Le Vay, Rado e tantos outros formulam impressões sem verdadeiro fundamento. Malgrado o prestígio dos nomes envolvidos, são "achismos" logo derrubados por outros "achismos". Nada de gene gay. Nada de fisicamente ou quimicamente diferente no cérebro. Nada fora do padrão cromossômico. Nenhuma indicação material

---

46 Irving Bieber, http://en.wikipedia.org/wiki/Irving_Bieber.

47 NEW DIRECTION, Research Summary, Homosexuality: a Psychoanalytic Study, Irving Bieber *et al.*, http://www.emaso.com/links/REF-Books/REF.4-B.htm, acessado em 04/07/2015.

de sexualidade gay, bi, poli ou qualquer coisa a transcender o binômio clássico. É, em termos claros, uma discussão movida por suposições e palpites. Nada mais.

Em termos claros, não existe absolutamente nenhum fundamento científico para refutar a evidência de uma natureza humana dicotômica baseada nas categorias do masculino e feminino. E todas as teorizações citadas aceitam pacificamente o pressuposto por traduzir a incontornável realidade da reprodução sexuada. A vida, de fato, é programada para perpetuar a vida. Sob formas variadas segundo as espécies, sem dúvida. Mas, o modelo do reino mamífero salta aos olhos, e negá-lo equivale a ignorar a respiração ou a digestão e propor andar de cabeça para baixo com o fatal desenlace de uma extinção de raça. As explicações pautam-se, desde então, por esse axiomático raciocínio e abraçam o postulado da polaridade macho/fêmea, presumindo que – por variação normal ou patológica – qualidades intrínsecas da mulher manifestam-se no homem e vice-versa.

A partir de então, o grande desafio foi vender a versão de um ser normal fazendo coisa completamente normal. O que implicava trabalhar em profundidade a própria noção de norma. E os supracitados Relatórios Kinsey[48] foram instrumentais na feitura de mais essa peça do ideário ...

Embora amplamente desacreditada pela crítica científica, a publicação dizia exatamente o que gay queria ouvir e foi prontamente adotada como âncora intelectual de um discurso que haveria de nutrir a mais astuta campanha política rumo à remoção da homossexualidade da taxinomia de doenças da Associação Americana de Psiquiatria-APA[49] em 1973.

Kinsey iniciou uma mudança de percepção. O que era disfunção adquiriu com ele estatuto de variação natural de sexualidade. O pesquisador rejeitou a representação do hétero e do homo como dois tipos inerentemente diferentes, criando uma gradação de 0 a 6 para classificar um leque de comportamentos fluidos variando de “exclusivamente heterossexual” até “exclusivamente homossexual” numa sequência hoje conhecida como Escala de Kinsey.[50]

Segundo ele, 37% dos homens e 13% das mulheres passam por algum tipo de experiência homoafetiva, e 10% são exclusivamente homossexuais[51]. Apresenta, então, tabelas e quadros sugerindo um espectro contínuo de nuances entre os dois polos extremos (KINSEY, 1948).

---

48 Veja *supra*, 1-O mito da Minoria.

49 American Psychiatric Association, http://www.psychiatry.org/.

50 Kinsey´s Heterosexual-homosexual Rating Scale, disponível em http://www.kinseyinstitute.org/research/ak-hhscale.html, acessado em 12/02/2015.

51 Com Kinsey, instalou-se o mito dos 10%. Estudos mais sérios realizados posteriormente, contudo, revelam antes uma proporção de 1 ate 2%. Veja *supra*, 1-O Mito da Minoria.

O ponto 0 representa os exclusivamente heterossexuais. O número 6, os exclusivamente homossexuais. Entre os dois vêm os predominantemente heterossexuais, mas incidentemente homossexuais; os predominantemente heterossexuais, porém mais que incidentemente homossexuais; os igualmente heterossexuais e homossexuais; os predominantemente homossexuais, porém mais que incidentemente heterossexuais; e os predominantemente homossexuais, mas incidentemente heterossexuais.

Um livro contemporâneo escrito em coautoria por Clellan Ford e Frank Beach[52] sob o título "Padrões de Comportamentos Sexuais" (1951)[53], apresentando a homossexualidade como amplamente difusa em todas as culturas assim como em quase todas as espécies animais reforçava a noção de uma conduta natural. O primeiro era antropólogo. O segundo, etólogo. Juntos somavam a expertise para a exploração comparativa dos comportamentos humanos e animais.

Para tanto, contaram com o acervo dos Arquivos da Área de Relações Humanas[54], um rico banco de dados etnológicos alimentado por um consórcio internacional de universidades prestigiosas. O valor das fontes e o método merecem exame, mas a mencionada obra era então a melhor do gênero e forneceu mais uma viga mestra na argumentaria em edificação.

O toque final e decisivo no embasamento ideológico do combate pela normalização veio com a análise comparativa da psicóloga Evelyn Hooker em 1957[55]. O trabalho, intitulado "O Ajuste do Homossexual Masculino Assumido"[56], era antes um *paper* baseado em entrevistas do que um estudo acadêmico propriamente dito. Foi ovacionado pela comunidade LGBT porque veio suprir a munição que faltava. Mas, chamar tamanha indigência intelectual de ciência frisa a impostura. E usar isso para erguer a homossexualidade à condição de variação normal da sexualidade humana traduz desonestidade manifesta.

Hooker tinha muitos conhecidos homossexuais e se sentiu chamada a provar – com o apoio financeiro do Instituto Nacional de Saúde Mental[57] –

52 Clellan Ford, http://en.wikipedia.org/wiki/Clellan_S._Ford; Frank A. Beach, http://en.wikipedia.org/wiki/Frank_A._Beach#Attitudes.

53 FORD, Clellan S. & BEACH, Frank A., *Patterns of sexual Behavior*, Harper & Brothers, New York, 1951.

54 Human Relations Area Files, http://en.wikipedia.org/wiki/Human_Relations_Area_Files.

55 Evelyn Hooker, http://en.wikipedia.org/wiki/Evelyn_Hooker.

56 HOOKER, Evelyn, The Adjustment of the Male Overt Homosexual, pdf, 30 August 1956, disponível em http://www.well.com/~aquarius/hooker.htm, acessado em 06/02/2015.

57 National Institute of Mental Health, http://www.nimh.nih.gov/index.shtml.

que eles eram socialmente tão funcionais quanto qualquer hétero. Ela fora incentivada nesse sentido pelo amigo gay Sam From que percebia claramente a utilidade da ideia (SHENITZ, 1990). A finalidade era substancialmente demonstrar uma interação tranquila da categoria com o meio social. A época enxergava a homossexualidade como desarmonia e o homossexual como problemático. A normalização pretendida passava, desde então, por uma reversão de leitura. E nada melhor, para tanto, que a força persuasiva da "ciência".

O método usado foi basicamente um questionário e uma série de testes psicológicos consistindo na associação de palavras e desenhos com ideias. Tipo, o que evoca a noção de autoridade ou uma mancha azul dentro de um círculo preto? Que estória se pode inventar sobre um grupo de pessoas andando pela rua ou brincando no quintal? Qual o melhor jeito de arranjar figurinhas repicadas? E coisas do estilo ...

Selecionou um grupo de 30 homossexuais e de 30 heterossexuais, com o cuidado de afastar quem estava em terapia – ou seja, quem justamente não se relacionava serenamente com o mundo (SHENITZ, 1990). Para o recrutamento dos primeiros, contou com a colaboração do grupo ativista *Mattachine Society*[58]... que escolheu evidentemente os candidatos a dedo. Formatou, em seguida, uma amostra dos segundos com idades e níveis educacionais análogos, de forma a comparar maçã com maçã e pera com pera. Aplicou finalmente a avaliação e fez tabelas para provar que ninguém apresentava tendência lunática (HOOKER, 1957).

Os defeitos metodológicos de Hooker foram diversos (LANDESS, s/d). As omissões também. Assim, os críticos observam com razão que ela desconsiderou o fator rotatividade nas relações amorosas – eminentemente mais elevado no universo homossexual – para não afetar a imagem de estabilidade que tencionava criar. Ou, ainda, que vários homossexuais desvirtuaram involuntariamente o anonimato da prova, traindo a própria condição por inserção compulsiva de dimensões homoafetivas nas narrativas (CAMERON, 1993). No entanto, esses detalhes não mudam o fundo do problema. Fato é que, com ou sem essas deficiências, perscrutar uma categoria social com base em amostra de 30 indivíduos é estelionato.

É, porém, essencialmente o que aconteceu sob o disfarce sedutor de *Projective Techniques, Rorschach Test, Thematic Apperception Test* e *Make-A-Picture-Story Test*. Nada de transcendental, portanto. Coisa que psicólogo faz todo dia para soltar preso que deveria ficar trancado ou para passar aluno que mereceria repetir o ano. E a investigação seria totalmente anódina se não fosse a subsequente colusão entre profissionais da saúde e militantes para legitimar a mais totalitária faceta da prédica. Porque é precisamente daí que nasce a insistência em proibir o tratamento psicomédico.

58 Mattachine Sociey, http://en.wikipedia.org/wiki/Mattachine_Society.

O maior pecado do ponto de vista LGBT é a apostasia. Gay uma vez: gay para sempre. E incentivo à conversão é crime contra a natureza, erro fatal capaz de causar dano irreversível e até de levar as "vítimas" de tentativa terapêutica à depressão suicida. Curiosamente, a crise explode na transformação do homo em hétero e não parece causar problema em sentido contrário.

> *– Então ajudar hétero a virar gay não faz mal. Agora, o oposto é falta de ética!*
> *– Isso mesmo, Rosa. De nascença ou por desvio patológico ... fica para decidir, ainda ... gay tem neurônios mão única e interação sui generis com o mundo.*
> *– Ah! É?*
> *– É, sim. Distribuir epítetos negativos não faz mal quando o alvo é o outro. Não ofende, portanto, taxar alguém de homófobo. Mas, ai de quem se atrever a chamá-lo de alguma coisa que não achar apropriado!*
> *– É verdade.*
> *– Também preconceito apenas deforma raciocínio de vizinho, enquanto cabeça LGBT está livre disso. Intolerância, só de um lado. Tolerância, do outro. Cura gay, da mesma forma, é pecado. Porém, cura hétero, estranhamente, não atropela a natureza e não faz nenhum estrago.*

É preciso voltar ao clima dos anos 1970 para entender a bizarrice.

Antes de 1969, as correntes homófilas acolhiam a tese médica do distúrbio mental, já que permitia descriminalizar o hábito e subtraí-lo à esfera do juízo moral e religioso. A geração oriunda da arruaça de Stonewall[59], entretanto, questionava a versão, porque privava a categoria de direitos pacificamente reconhecidos à maioria heterossexual. Julgava crucial, ademais, capitalizar a autoridade dos grêmios médicos. Passou, então, a contestar sistematicamente a posição da Associação Americana de Psiquiatria-APA[60], dando início a uma ferrenha guerrilha que haveria de minar progressivamente as resistências científicas da entidade para, finalmente, transformá-la em ponta de lança do movimento no âmbito da medicina, psiquiatria e psicologia.

Com base em jornadas homéricas de relações públicas e implacáveis táticas de intimidação, a militância foi à luta para eliminar qualquer referência à homossexualidade nas listas de enfermidades da entidade. A vitória era vital. A derrota, fatal. Consoante o ativista de primeira hora, Frank Kameny[61], a simpatia pelo movimento estava fadada a florescer ou murchar de acordo

---

59 Veja *supra*, 1-O Mito da Minoria.

60 American Psychiatric Association, http://www.psychiatry.org/.

61 Frank Kameny, Astronomer, Organizer, Activist, adapted from BIANCO, David, Who is Frank Kameny, s/d, disponível em https://www.bnl.gov/bera/activities/globe/kameny.htm, acessado em 08/06/2015.

com o epílogo da guerra na APA (TOBIN&WICKER, 1975). Presidente da seção de Washington D.C da Sociedade Mattachine[62] na década de 1960, ele estimava a atração sexual plenamente fluida na tradição de Magnus Hirschfeld (DIAZ, 1996) ou Alfred Kinsey[63] e achava a sodomia moralmente equivalente a uma relação heterossexual.

Sob a conduta de lideranças como Kameny, legiões de militantes semi-profissionalizados organizaram uma pressão irresistível sobre os psiquiatras pelos Estados Unidos afora, irrompendo aos gritos nas convenções, gerando o caos nos congressos e xingando nos simpósios. Grosserias, piquetes, ameaças e agressões não faltaram: ou a APA mudava de postura, ou fechava as portas ... porque, desse jeito, gay não deixaria funcionar.

Com muita clareza, Barbara Gittings[64] – dirigente da Força Tarefa Gay junto à Associação das Bibliotecas Americanas[65], que tanto fez para garantir a inclusão da literatura LGBT nas prateleiras – sintetizou como segue a razão do empenho:

> "Além do meu trabalho junto à Associação das Bibliotecas Americanas, eu me envolvi na campanha para convencer a APA a remover a homossexualidade da nomenclatura de doenças. Os psiquiatras eram um dos três grupos a definir nosso destino. Tinham o controle da percepção pública a nosso respeito. As igrejas e os legisladores constituíam os outros dois. Porque, além de ser doentes, éramos pecadores e criminosos. Mas a etiqueta de doença maculava tudo o que fazíamos e afetava a credibilidade de tudo o que dizíamos. Sua eliminação era, pois, de suma importância." (MARCUS, 1993).

Percebe-se nitidamente o que estava em jogo e entende-se o porquê do zelo. Seria fastidioso relatar todos os acontecimentos a fazer as manchetes na época, mas entre ataques à classe psiquiátrica em geral e a personalidades refratárias, o início da década de 1970 marcou um momento de constrangimento inédito que não deixou à APA outra alternativa a não ser abrir o diálogo (SORBA, 2007).

Tudo não foi apenas assédio moral ou pressão física, contudo. A militância também soube atuar na fineza e apoiar candidaturas aliadas a postos de comando. Uma sutil estratégia de bastidores logo resultou no controle simpatizante dos mecanismos decisórios. As eleições de 1972 e 1973 mudaram perceptivelmente o perfil do Comitê Curador. Em seguida, o presidente da

62 Mattachine Sociey, http://en.wikipedia.org/wiki/Mattachine_Society.

63 Magnus Hirschfeld, http://en.wikipedia.org/wiki/Magnus_Hirschfeld; Alfred Kinsey, https://en.wikipedia.org/wiki/Alfred_Kinsey.

64 INFOPLEASE, Biography, Barbara Gittings, s/d, disponível em http://www.infoplease.com/biography/barbara-gittings.html, acessado em 08/09/2015.

65 American Library Association Gay Task Force, http://www.ala.org/glbtrt/glbtrt.

Força Tarefa para Nomenclatura e Estatística[66] – naquelas alturas, também de maioria pró-gay – foi encarregado de apresentar uma resolução de mudança. Encontrou-se, em seguida, com um grupo de ativistas que apresentaram "provas científicas" – basicamente a pesquisa de Evelyn Hooker, que assim mereceu o apelido de Grande Dama da libertação gay (SHENITZ, 1990). E, após uma rápida tramitação de rotina, as instâncias diretoras da APA modificaram a terminologia, capitulando em troca de paz no mês de dezembro de 1973 (SORBA, 2007).

Estava passando da hora, porque um artigo da *Psychiatric News* lembra que os ativistas já chamavam os recalcitrantes de criminosos de guerra (THOMPSAN, 1994).

Por efeito dominó, outras entidades profissionais da saúde não demoraram a afiançar a decisão da APA e a seguir o mesmo caminho. Assim, a Associação Psicológica Americana, Associação Nacional de Trabalhadores Sociais (LGBT MENTAL HEALTH SYLLABUS, s/d), Associação Americana de Medicina, Academia Americana de Pediatria, Associação Americana de Orientação Profissional, Associação Americana de Administradores de Escolas, Federação Americana dos Docentes, Associação Americana de Saúde Escolar, Associação Nacional de Psicólogos Escolares, Associação Nacional de Educação (RELIGIOUS TOLERANCE, s/d) bem como a Organização Mundial da Saúde[67] e, naturalmente, as periferias do império.

66 Task Force on Nomenclature and Statistics for the American Psychological Association.

67 American Psychological Association, http://www.apa.org/; National Association of Social Workers, http://www.socialworkers.org/; AMA Policies on LGBT Issues, American Medical Association, disponível em http://www.ama-assn.org/ama/pub/about-ama/our-people/member-groups-sections/glbt-advisory-committee/ama-policy-regarding-sexual-orientation.page?, acessado em 12/01/2015 ; American Academy od Pediatrics https://www.aap.org/en-us/Pages/Default.aspx; American Counseling Association, http://www.counseling.org/; American Association of School Administrators, http://www.aasa.org/; American Association of Teachers, https://www.aaeteachers.org/; American School Health Association, http://www.ashaweb.org/; National Association of School Psychologists, http://www.nasponline.org/; National Education Association, http://www.nea.org/; World Health Organization, http://www.who.int/en/.

Uma avalanche de pensamento único a partir da rendição da APA, em resumo! E uma nota de repúdio da ABGLT[68] publicada em 19/06/2013 no blog VIOMUNDO contra o Projeto de Decreto Legislativo 234/2011, apelidado de Cura Gay, exemplifica com perfeição a sua capitalização no *lobbying* legislativo.

> "Considerando" – diz a declaração – "que, em 1973 (há 39 anos), a Associação Americana de Psicologia retirou a homossexualidade da classificação de transtornos mentais... que, em 1985, o Conselho Federal de Medicina do Brasil retirou a homossexualidade da condição de desvio sexual... que, em 1990, a Assembleia Mundial da Saúde aprovou a retirada da homossexualidade da Classificação Internacional de Doenças adotada pela Organização Mundial da Saúde e pelos Estados Membros, inclusive o Brasil... que, em 2012, a Organização Pan-Americana da Saúde veio a público se manifestar contra 'curas para uma doença que não existe'... que um relatório da Organização Mundial de Saúde, divulgado em 17 de maio de 2012, considera a referida terapia 'uma séria ameaça à saúde e bem-estar – até mesmo à vida – das pessoas afetadas'... que a Resolução nº 001/1999 do Conselho Federal de Psicologia (CFP) estabelece... 'Art. 3° – Os psicólogos não exercerão qualquer ação que favoreça a patologização de comportamentos ou práticas homoeróticas, nem adotarão ação coercitiva tendente a orientar homossexuais para tratamentos não solicitados. Parágrafo único – Os psicólogos não colaborarão com eventos e serviços que proponham tratamento e cura das homossexualidades. Art. 4° – Os psicólogos não se pronunciarão, nem participarão de pronunciamentos públicos, nos meios de comunicação de massa, de modo a reforçar os preconceitos sociais existentes em relação aos homossexuais como portadores de qualquer desordem psíquica'... que os dispositivos da Resolução acima citados se encontram perfeitamente respaldados ... na ética profissional e também na deliberação da Assembleia Mundial da Saúde realizada no ano de 1990 ... "[69] (Arranjo do autor.).

Na APA, nem todos estavam felizes com o desfecho. O estudo Hooker não convencia. Para agravar o sentimento de estranheza, a resolução do Comitê fora reforçada por uma declaração de apoio aos direitos homossexuais (LGBT MENTAL HEALTH SYLLABUS, s/d). Muitos não se conformaram com a alteração de uma terminologia até então considerada científica por mera rendição à pressão política e introduziram uma petição visando reverter a decisão. Queriam a consulta dos 17.905 membros da APA e obtiveram um referendo. O resultado saiu em 9 de abril de 1974, mostrando 3.810 votos em

68 Associação Brasileira de Gays, Lésbicas e Transexuais, http://pndh3.com.br/geral/abglt-%E2%80%93-associacao-brasileira-de-lesbicas-gays-bissexuais-travestis-e-transexuais/.

69 VIOMUNDO, ABGLT repudia Aprovação do Projeto da "Cura Gay", 19/06/2013, disponível em http://www.viomundo.com.br/voce-escreve/abglt-repudia-aprovacao-do-projeto-da-cura-gay.html, acessado em 12/01/2015.

favor de um retorno à denominação anterior e 5.854, contra. Houve 367 abstenções, e os demais simplesmente não se manifestaram. A reforma da DSM foi mantida (SORBA, 2007), e gay saiu oficialmente curado por decisão de 32,7 % dos afiliados.

É preciso entender as implicações de tudo aquilo, porque quem era doente virou sadio por consulta eleitoral. Ora, ciência não é democracia. Não se vota uma verdade científica. É, pelo contrário, coisa que se estabelece por observação, experimentação e medição. Urna não faz parte do método. Apesar disso, a APA negou o princípio. Perdeu a seriedade. E, da mesma forma, todas as entidades afins a seguir seus passos pelo mundo afora.

Não houve absolutamente nenhuma descoberta científica para justificar a reviravolta. Foi pura política. Com comícios e envio de cartas. Sem laboratórios nem provetas. Sem química, matemática, biologia ou física.

Barbara Gittings não teve dúvida:

> "Nunca foi uma decisão médica. Eis porque foi tão rápida ... foi um lance político" (*apud* MARCUS, 1993). "É onde chegamos em 10 anos. Agora, metemos medo até na APA" (*apud* KATZ, 1992).

Só astúcia e intimidação, portanto.

A consequência lógica é óbvia: já que não há mais doença, também não há necessidade de tratamento. Uma declaração APA de 1998, desincentivando qualquer terapia psiquiátrica circulou como recomendação entre todos os clínicos no ano de 2000. Chegou ao Brasil sob a forma da Resolução CFP 001/99 do Conselho Federal de Psicologia[70].

Tudo aquilo – diga-se de passagem – não vale para os transexuais que alegam justamente transtorno e pedem redesignação cirúrgica de sexo e tratamento hormonal de graça nas unidades de saúde pública!

De qualquer forma, a APA incorporou subsequentemente um órgão de representação para os membros LGBT sob o nome de Associação dos Psiquiatras Gays e Lésbicas (1978); criou uma Força Tarefa para Assuntos relativos a Gays, Lésbicas e Bissexuais (1978) que logo ganhou estatuto de comitê (1981); dotou formalmente suas instâncias normativas de um Bloco de Psiquiatras GLB[71], tomou posição contra a discriminação da população

---

70 Resolução CPF 001/99 do Conselho Federal de Psicologia, disponível em http://site.cfp.org.br/wp-content/uploads/1999/03/resolucao1999_1.pdf, acessado em 02/01/2015.

71 Association of Gay and Lesbian Psychiatrists (AGLP), http://www.aglp.org/; Task Force on Gay, Lesbian and Bisexual Issues, http://www.thetaskforce.org/; Caucus of Gay, Lesbian, and Bisexual Psychiatrists, https://en.wikipedia.org/wiki/Association_of_Gay_and_Lesbian_Psychiatrists.

LGBT no emprego (1988) e na imigração (1991); opôs-se à exclusão das forças armadas (1990); apoiou o direito à relação homoafetiva (1991); encorajou seus membros a reagir contra a intolerância (1992); declarou apoio à união civil (2000), à adoção (2002) e ao casamento gay (2005); qualificou repetidamente qualquer terapia reparativa de antiética ...

A APA se tornou nitidamente uma vanguarda gay, assim como a Associação Americana de Psicologia, a Associação Americana de Psicanálise e, por óbvio, a Associação de Psiquiatras Gays e Lésbicas[72], etc.

Há gente com saudade dos tempos em que essas entidades tinham vocação científica (SCHULTZ, 2005). A mudança é controvertida, e psicólogos assim como analistas organizados na Associação Nacional para Pesquisa e Terapia da Homossexualidade-NARTH[73] continuam com a visão de uma disfunção remediável.

Nota-se que as iniciativas da APA têm caráter de recomendação, uma vez que ninguém, nos Estados Unidos, pensa em proibir a um profissional de decidir o próprio posicionamento. Mas, o Brasil está a tal ponto entregue que o Conselho Federal de Psicologia deu esse passo, e caiu no ridículo com uma espantosa trapalhada.

O sessão regional do Paraná parece ter-se irritado com a teimosia de uma psicóloga em oferecer seus serviços a qualquer gay que quisesse e em proclamar sua fé cristã em blog pessoal e conta Twitter – o que, aparentemente, incomodava os diretores do Conselho. Uma cassação de registro por tal motivo violaria flagrantemente o direito à liberdade religiosa, e a interessada teve ganho de causa em processo interno. Entretanto, o simples fato de um julgamento é sintoma inconfundível de submissão da entidade à ideologia LGBT[74].

---

72 American Psychoanalytic Assossiation, http://www.apsa.org/; Association of Gay and Lesbian Psychiatrists, http://www.aglp.org/.

73 National Association for Research and Therapy of Homosexuality-NARTH, http://www.narth.org/.

74 CRISTOFOBIA ??? by @RachelSherazade – @Marisa_Lobo, disponível em https://www.youtube.com/watch?v=wpoTMHapW5g, acessado em 04/07/2015; GUIAME, Conselho Federal de Psicologia decide pela não cassação da psicóloga cristã, Marisa Lobo, 22/05/2015, disponível em http://guiame.com.br/gospel/noticias/conselho-federal-de-psicologia-decide-pela-nao-cassacao-da-psicologa-crista-marisa-lobo.html#.VZialxt8P4h, acessado em 04/07/2015.

*– Talvez quem precise de tratamento são os próprios psicólogos.*
*– Aparentemente sim, Rosa. Melhor você pirar logo, porque não vai demorar os loucos começarem a prender os sãos de espírito.*
*– É a regra nos regimes totalitários. E sempre com a ajuda dos profissionais de psiquiatria e psicologia.*
*– Exato, José. Se você quiser entender o que acontece quando um paciente não pode contar com a ajuda de ninguém para consertar a cabeça, basta puxar "Kate Bornestein" na Internet.*
*– Kate Bornestein?*
*– Sim. É um(a) escritor(a) norte-americano(a) que nasceu homem, amputou os genitais, virou mulher ... mas, se diz lésbica!*
*– Não fez operação de sexo para casar com homem?*
*– Não. Foi para namorar com mulher.*
*– !!??*
*– O pior é que tem muitos adeptos. Virou coisa chique.*
*– Uma pessoa dessas não precisa de admiradores! Necessita antes de terapia.*
*– Justamente, Rosa. Eis a questão. Tendo alguma dúvida antes de fazer a loucura, não poderia contar com a orientação de um profissional no Brasil.*
*– E psicólogo não é justamente para isso?*
*– Em tese, sim. Mas, não quando psicólogo é mais doido que o doido. E, a julgar pela postura, a entidade representativa da classe no Brasil é mais gay que gay. Pelo menos do ponto de vista ideológico. Um "profissional" desses mandaria logo cortar tudo com mais uma perna e um braço.*
*– Icchhe! Então melhor tirar rapidinho quem manda nesses conselhos.*
*– Talvez, Rosa.*
*– ...*
*– Tem até gente para ter o sentimento que o próprio pé ou braço não lhe pertence e quer por tudo achar um cirurgião para seccioná-lo. É o Síndrome Identitário de Integridade Corporal. A obedecer à mesma lógica, seria decretar a incurabilidade e cortar a perna sem mais conversa.*
*– É o desfecho lógico quando se erige o sentimento em último árbitro. Tem gente para se achar borboleta e querer pular de um prédio.*
*– É verdade!*
*– Um impulso destrutivo desses deve ser encarado como problema psicológico a tratar ... e não como qualidade geneticamente herdada.*
*– Mas, essa ideia virou heresia no caso de um desconforto com o próprio sexo, Rosa.*
*– Deixar pulsão definir o certo e o errado nega a noção de moral e cultura. Não? É incompatível com a própria civilização.*
*– Fato é que homem civilizado é produto raro, hoje em dia.*

É interessante, finalmente, ver os meios médicos empenhados em normalizar a sodomia numa hora em que a AIDS se esparramava de carona com as práticas homossexuais. O fato mostra a força do *lobby* a tomar conta e a consequente alienação dos setores da saúde. Porque – negando a própria razão de ser – a APA passou o tempo e gastou as energias na busca do conforto psicológico de uma pequena categoria, legitimando nisso comportamentos de risco real para a grande maioria.

Embora o acrônimo sumisse mais tarde da paisagem terminológica para disfarçar, a doença era, de primeira, chamada de GRID[75] ou *Gay Related Immune Deficiency*[76] por extenso. Embora a origem exata do vírus continue um mistério, a responsabilidade pela propagação epidemiológica reside indubitavelmente na promiscuidade gay masculina (SHILTS, 1987). Sexo anal, com efeito, não vai sem ruptura de vasos sanguíneos e infecção que criam um ambiente ideal de transmissão.

A contaminação alcançou o universo hétero via práticas bissexuais e drogas injetáveis, mas o foco original foi outro (AUERBACH, DARROW, JAFFE & CURRAN, 1984). O momento foi objeto de muitos estudos e gerou inclusive a figura um tanto lendária de Gaëtan Dugas, um atleta da sodomia que teria contagiado parceiros às centenas nos clubes e nas saunas de Nova Iorque[77]. Seja qual for a parte de mito e de verdade, o personagem é fumaça de um fogo que se alastrava enquanto médicos, psiquiatras, assistentes sociais e psicólogos brincavam com ativistas, fingindo não saber de nada.

A pandemia foi sim presente de sodomita para o mundo, embora pose hoje de bombeiro e vítima. A coisa correu solta, porque preconceito homofóbico não fica bem na foto. Mas, tivesse todo mundo abertamente dito o que devia ser dito e feito o que tinha de ser feito para cortar asas na hora oportuna, HIV, com certeza, não grassava dessa maneira.

*– E moral é o comportamento que faz bem ao próximo, enquanto imoral é justamente o contrário.*
*– Expressando a ideia de forma simples, é exatamente isso, Rosa. Resta agora julgar e aplicar o conceito à comunidade gay, às categorias profissionais da saúde, à classe política e a nós mesmos.*
*– Assim mesmo, não percebo a relação entre o fenômeno gay e meu problema.*
*– Calma, José. Vamos chegar lá. É tijolo por tijolo que se constrói uma casa. Você logo vai entender. O feminismo radical, o marxismo cultural, a ideologia de gênero ...*

75 Gay Related Immune Deficiency (Deficiência Imunológica Gay), http://en.wikipedia.org/wiki/Gay-related_immune_deficiency#cite_note-time-5.

76 Deficiência Imunitária relacionada a Gay.

77 Gaëtan Dugas, http://en.wikipedia.org/wiki/Ga%C3%ABtan_Dugas#cite_note-Auerbach1984-2.

*– Pois é. Mas, o que é essa tão badalada ideologia de gênero?Tanta briga em torno de um termo! Vai ou não vai para os Planos de Educação?Entra ou sai da escola? Faz bem ou faz mal para criança?*
*– Essa parte é a peça mais escabrosa do quebra-cabeça.Também é a mais sutil. Ou talvez a mais opaca. Porque frisa o delírio. Vocês só podem digerir a coisa por pedaços. Então, vamos para o primeiro petisco ...*

## 4. A Identidade Gay Pré-Gênero

*– E porque "pré-gênero"?*
*– Ai! Você tinha que levantar essa questão agora! Esperava poder tratá-la com calma na hora certa. Mas, já que você perguntou, vou ter que dar um mínimo de resposta.*
*– ...*
*– A noção de identidade que vou tentar explicar agora, data do início do movimento e objetiva induzir um mecanismo de psicologia social bem preciso. Faz parte da legitimação primeira. Visa gerar uma percepção positiva e uma aceitação pacífica da população LGBT. Passa a ideia que gay nasce gay e não pode mudar a própria natureza.*
*– Ok. É nesse sentido que se ouve geralmente falar de "identidade sexual". Haveria outra acepção?*
*– Pior que sim, José. O problema é que fica complicado entender, porque é um significado que não faz sentido. É a parte recente e delirante da cultura LGBT. Faz parte do gayismo de gênero. Resulta da convergência entre o homossexualismo político e o feminismo radical na década de 1990.*
*– Que diferença faz para o conceito de identidade?*
*– É que a identidade de primeira hora era vista como estável e definida. Alguém era gay, lésbica ou heterossexual. E é o que era para sempre.*
*– E inventaram outra?*
*– Sim. A identidade embutida na ideologia de gênero é indefinida e não pode ser estabilizada. Ela muda num segundo de acordo com a subjetividade e o livre arbítrio de cada um. Se você quiser ser homem às 10:00 e mulher às 11:00 para virar gay no almoço, é simplesmente você quem decide.*
*– ??!*
*– Sei. Loucura pura! É até um pouco pior do que expliquei, porque não há mais homem, mulher ou gay. Tem apenas uma identidade pastosa, fluida, aleatória, desconfigurada e, finalmente, sem nome. Porque não existe mais categorias precisas.*
*– Então, o capricho do momento é que manda?*
*– Por aí. Só que é tão absurdo que não consigo elucidar sem um passo a passo didático bem esquematizado. Então, melhor deixar essa complicação para mais tarde. Por enquanto, vamos tentar entender o conceito simples ...*

Cada representação mental vendida pelos ideólogos LGBT é uma obra de arte. A classe é deveras talentosa. Tem genialidade. É inteligente, sagaz, engenhosa. Planta com capricho e cultiva um jardim nota 10 onde cada flor merece saudação. Há, porém, uma rainha que prima pela fineza. Brotou há muito no Continente Europeu para desabrochar agora com uma graça que seduz a mente mais rebelde.

A noção de uma homossexualidade inata nasceu na Alemanha 150 anos atrás com o advogado homossexual Karl Heinrich Ulrichs[78] que lutou pela revogação das leis penais relativas à sodomia, evocando a existência de uma posição sexual intermediária. Quem sente atração por pessoas do mesmo sexo – dizia – obedece a uma essência compósita a combinar corpo masculino com alma feminina ou vice-versa num ser distinto do homem e da mulher[79]. E, como tudo aquilo é comandado pela natureza, não há por que criminalizar (ULRICHS, 1864).

A época registrou um surto de simpatia pela ideia, contando com a participação do escritor húngaro-alemão Karoly Maria Kertbeny[80] que cunhou o termo "homossexual" numa carta aberta ao ministro prussiano da Justiça em 1869. Antes disso, quem tinha inclinação homossexual era chamado de sodomita. Ulrichs e Kertbeny entendiam, contudo, que a palavra evocava um ato irracional, contrário às funções orgânicas normais e repugnante para a maioria. Com a finalidade de desativar a conotação negativa, optaram por evitar toda menção à faceta comportamental para falar em estado ou identidade com características distintas (LAURITSEN&THORSTAD, 1974).

A intenção era desarmar o senso de pudor e o reflexo de rejeição por supressão de referências léxicas a uma conduta considerada abjeta e moralmente ofensiva. A alusão a uma maneira de ser é, por certo, menos gráfica e psicologicamente mais neutra que insinuações a formas de fazer. O desvio de foco semântico para uma alteridade sexual abstrata – para não dizer platônica – fazia assim parte de uma estratégia para vencer resistências a práticas socialmente desaprovadas e julgadas nojentas (SORBA, 2007).

A luta gay se travou essencialmente no plano do discurso e do simbolismo. Muitos foram os trunfos retóricos. Alguns com estatuto de dogma sagrado. Mas, a identidade é o intocável sacrossanto a legitimar todo o resto. Porque sodomia – ou seja qual for a prática – é escolha de conduta sujeita a juízo ético como qualquer outra. Independente de condenação ou aceitação, é um comportamento pelo qual se opta e que gera consequências ... o que afunila inevitavelmente o tema para o campo do livre arbítrio e da res-

78 Veja *supra*, 3-A Conquista do Campo Médico-Psiquiátrico.

79 Ulrichs chamou esse ser do terceiro sexo de *Urning* em alusão à musa Urânia, protetora do *eros* homossexual de acordo com o Simpósio de Platão.

80 Karoly Maria Kertbeny, https://en.wikipedia.org/wiki/Karl-Maria_Kertbeny.

ponsabilidade (STEYN, 2003). Para subtrair a matéria ao domínio da moral e da estética, é, pois, vantajoso redefinir a coisa como condição e deletar para sempre toda fraseologia sexualmente explícita. Por isso, sodomia é termo proibido, porque fala do que se faz, quando o lucro político reside antes em dizer o que se é.

A supracitada cartilha de Madsen Hunter e Kirk Marshall[81] recupera a ideia numa formulação parecida:

> "[É preciso retratar gay como alguém que] nunca teve escolha de aceitar ou rejeitar sua preferência sexual ... que nasceu assim ... como se nasce branco, negro, atlético, esperto ... que ninguém o seduziu ... que nunca optou ... que é natural ... que não é moralmente culpado ... é apenas o acaso ... [coisa que] pode acontecer com qualquer um [ ... ] Importa apresentar gay como vítima e encorajar heterossexual a posar de protetor ... no entanto, poucos irão querer defender o homossexualismo como tal ... muitos estarão mais dispostos a mobilizar-se na defesa de um princípio de justiça e igualdade ... à vista disso, uma campanha não deve pedir aprovação de práticas homossexuais, mas tem antes que evocar a não discriminação ... liberdade e igual proteção ... princípios legais aceitos, de forma a sempre opor uma lei aos argumentos morais do inimigo ... e de maneira a contrapor princípios aos dogmas religiosos." (Arranjo do autor.)

O conselho é, portanto, ficar no abstrato e falar de igualdade ou direito sem evocar o homossexualismo[82] como tal. O que converge em substância com a diretriz estratégica dos pioneiros.

Para reforçar a noção de identidade, a literatura moderna costuma contrapor as categorias de homo e hétero. Maneira de contemplar o outro com o direito à identidade reivindicado em nome próprio por decorrência lógica da igualdade de tratamento. A noção de heterossexualidade é, com efeito, uma criação gay visando afirmar a homossexualidade por cotejo conceptual ... quando o mundo pautado na realidade biológica sempre se satisfez com o binômio homem/mulher. E vale assinalar, nessa linha de raciocínio, a poderosa rede social estudantil Aliança Homo-Hétero[83] que consolida a ideia no espaço cibernético e acadêmico norte-americano.

A noção de homossexualidade inventada por Kertbeny ganhou hoje o reforço de orientações *bi* e *trans* ou aparentadas, mas o princípio semiótico permanece o mesmo. Em última instância, a terminologia objetiva dar visibi-

81 KIRK, Marshall, PILL, Erastes, The Overhauling of Straight America, *Guide Magazine*, November 1987, disponível em http://library.gayhomeland.org/0018/EN/EN_Overhauling_Straight.htm, acessado em 16/03/2015.

82 É de se notar que os ativistas utilizam a palavra "homossexualidade" que sugere um estado, evitando, ao mesmo temo, o termo "homossexualismo" que evoca antes a ação, a atividade ou o ativismo.

83 Gay & Straight Alliance, http://www.gsanetwork.org/.

lidade à pessoa, deixando seus atos no escuro. Pretende dizer quem alguém é sem muito chamar a atenção sobre o que faz, de forma a higienizar a apresentação. Inverte assim com muita habilidade a atitude de outrora que tendia a realçar os comportamentos para desumanizar o indivíduo.

O estratagema vale ouro.

Primeiro, porque cria uma singularidade humana similar à personalidade social, racial ou étnica. E, embora se possa condenar uma maneira de agir, não há como criminalizar um grupo identitário de pleno direito como os esquimós ou os afrodescendentes (SORBA, 2007). Nesse diapasão, contudo, assaltante ou pedófilo poderia alegar obedecer a algum tipo de comando genético para reivindicar o estatuto de minoria no intuito de negar legitimidade à reação imunológica da sociedade. Pior: homófobo estaria autorizado a odiar gay com base em raciocínio análogo! Por mais absurdo, contudo, a mente desavisada cai indefesa na armadilha.

Em segundo lugar, porque sexo anal não é e nunca será prerrogativa fundamental do homem. Ora, viver uma identidade inata, sim. De sorte que a ambição de emoldurar o assunto numa perspectiva de Direitos Humanos conduz automaticamente a desacreditar a tese dos hábitos adquiridos para falar de essência herdada. Tipo, ladrão alegando natureza cleptomaníaca para arrogar-se a regalia de seguir roubando.

A estratégia acima explicitada operou nas últimas décadas do século XIX na Alemanha, perdendo fôlego com os sinais precursores da Primeira Guerra e saindo de palco por quase um século para ressurgir com força nos anos 1970 na América.

Não que o movimento pró-sodomia tivesse morrido. Vivia antes uma vida clandestina basicamente dividida entre duas categorias que a literatura especializada passou a chamar de efeminados e hipermasculinos.

A primeira vertente seguia as ideias de Ulrichs sob a liderança de um sucessor chamado Magnus Hirschfeld[84] (STEAKLEY, 1985). A segunda, conduzida por um jovem anarquista de nome Adolf Brand[85], abraçava a tradição grega que – segundo interpretação em voga – prezava a virilidade do protagonista ativo na relação pederasta (TAMAGNE, 2004).

Diante disso, havia percepções distintas da terceira condição. Tal uma célula tronco ideológica a multiplicar-se e ramificar de acordo com os matizes dos impulsos sexuais, o achado da identidade teve rica progenitura e foi a público

84 Magnus Hirschfeld, http://en.wikipedia.org/wiki/Magnus Hirschfeld. Hirschfeld, segundo Ryan Sorba (SORBA, 2007), teria progressivamente abandonado a ideia do terceiro gênero em favor da tese do desequilíbrio hormonal em função da própria experiência clínica com pacientes homossexuais.

85 Adolf Brand, http://en.wikipedia.org/wiki/Adolf_Brand.

sob roupagens variadas. Cada orientação para alguns ou cada perversão para outros ganhou assim versões híbridas a desdobrar o DNA germânico primeiro.

A linha da supremacia masculina desembarcou nos Estados Unidos logo após a Primeira Guerra Mundial nas bagagens de um soldado americano de ascendência alemã chamado de Henry Gerber[86]. Nessas alturas, um movimento embrionário tinha-se organizado na terra de origem, e Gerber dispunha de um modelo de militância pronto para o transplante. Criou, portanto, uma réplica das associações e publicações originais que – nos princípios – não mudou muito até hoje. O maior problema foi que importara o colorido pedófilo dos seguidores de Brand ... o qual tinha alma de predador e cultivava o ideal guerreiro espartano, exaltando o sexo intergeracional. E casos de abuso de menores não demoraram a aparecer para selar a morte prematura da iniciativa por decisão judicial (SORBA, 2007).

No entanto, a besta renasceu das cinzas em 1950 com a criação da Sociedade Mattachine[87] por um notório arauto da pedofilia de nome Harry Hay[88]. Não obstante as tendências do membro fundador – que participou ativamente das campanhas de descriminalização da pederastia, apoiando a Associação Norte-Americana para o Amor entre Homens e Meninos-NAMBLA[89] (THROCKMORTON, 2009) – a Mattachine não tinha outra vocação a não ser promover a aceitação social das práticas homossexuais entre adultos. Entretanto, cooperou substancialmente com os estudos de Alfred Kinsey que giravam parcialmente em torno das relações com crianças. E o tipo de ajuda parece ter sido a indicação de pessoas capazes de fornecer testemunhos de experiência própria (JONES, 2004).

Em que pese a clareza na formulação teórica do terceiro sexo, a linha de demarcação não fica totalmente nítida no mundo empírico, portanto. Há também o quarto, quinto ou sexto sexo com superposições ou interseções que embaralham tudo e não permitem sempre distinguir onde uma coisa termina e a outra começa. Por trás dos ditos e não ditos, contudo, o conceito ideal de Ulrichs continua operando.

Todos os nomes citados advogavam sem restrição o fim da moral judeu-cristã e o retorno para uma ou outra forma de paganismo. Mas, Hay foi o mais explícito. Não se contentou com a reivindicação de modelos helênicos. Definiu-se como "neopagão" e foi adepto de tudo o que cheirasse a ocultismo (TIMMONS, 2012). Entre grande sacerdotisa lésbica e culto às fadas Nova

86 Henry Gerber, http://en.wikipedia.org/wiki/Henry_Gerber.

87 Mattachine Society, http://en.wikipedia.org/wiki/Mattachine_Society.

88 Harry Hay, http://en.wikipedia.org/wiki/Harry_Hay.

89 North American Man/boy Love Association, http://www.nambla.org/.

Era, não faltou nada na ostentação de um anticristianismo exacerbado. Uma dimensão que será analisada em capítulo próprio ...

*– Não vejo o que tudo aquilo tem a ver com a problemática da interrupção voluntária de gravidez.*
*– Paciência, José. Daqui a pouco vamos chegar ao seu caso. Você vai ver que o homossexualismo político não é em si o motor da descriminalização do aborto. Essa evolução planta raiz no feminismo radical.*
*– Penso que, em determinado momento, há uma convergência de interesses entre o feminismo e o gayismo. Não é?*
*– Precisamente. A história mostra uma clara aliança política e a formação de um corpus ideológico único.*
*– É a chamada perspectiva de gênero?*
*– Exato. É uma visão de mundo construída a partir de aportes LGBT e feministas. Uma matriz de genealogia complexa a incorporar um fundo marxista com o intelectualismo desconstrutivista francês e uma reflexão antropológica da esquerda acadêmica norte-americana.*
*– E por que essa visão de mundo defende o direito ao aborto?*
*– Na realidade, ambas as vertentes rejeitam a hegemonia do modelo familial clássico. Segundo as feministas, a família "patriarcal" escraviza a mulher. Especialmente no terreno da reprodução. E de acordo com a leitura gay, a família "heterossexual" é uma chapa de chumbo a sufocar as demais formas de sexualidade ... as quais só poderão emergir e desenvolver-se com o enfraquecimento do paradigma heteronormativo.*
*– Assim, Deus os cria, e eles se juntam.*
*– Justo. E como a maternidade é coisa que inferioriza (!?), o feminismo reivindica o direito de abortar, e o gayismo endossa por conveniência política.*
*– E é nessa que José e eu perdemos a vida.*
*– Você deve interpretar seu caso à luz da perda de espiritualidade dos últimos tempos, Rosa. Mas, a considerar o plano político de forma isolada, esse eixo ideológico muito contribuiu para sua morte.*
*– ...*
*– Vamos deixar essa questão para um pouco mais tarde.*

## 5. Pedofilia, não!

Analisar o fenômeno LGBT com honestidade é exercício difícil quando se trata de verificar uma eventual relação com a pedofilia. Autores críticos, pensadores religiosos e jornalistas contrários à agenda em estudo tendem a deixar-se levar pelo sentimento de repulsa e confundem seus legítimos temores com a realidade, descrevendo o deslize pederasta como passagem quase inevitável de uma coisa para outra.

Porém, não é bem assim.

Por outro lado, os meios gays, no afã de apresentar propostas em formato moralmente palatável, fazem questão de demarcar-se oficialmente desse tipo de aberração, jurando que nada tem a ver com sua conduta.

Também não é exatamente assim.

Fato é que existe pederastia heterossexual e homossexual. Ninguém tem o monopólio da depravação, e seria injusto acusar uma categoria *a priori*. Não há dúvida que gay em geral desconhece esses impulsos e os condena sinceramente. A julgar pela fumaça, entretanto, a cultura LGBT é ambiente fecundo para o mencionado desvio.

A cartilha militante de Hunter Madsen e Marshall Kirk[90], contem clara recomendação a respeito: nada de pedófilo nas ações de *marketing* ou nas campanhas de vitimização ... porque molestador de criança jamais será percebido como mártir (KIRK&MADSEN, 1989).

A quase totalidade das entidades representativas acatam o conselho à risca, e não há razão para duvidar da honestidade do ativista médio. No entanto, alguns devem estar puxando noutra direção, porque o distanciamento não foi sempre espontâneo. E o problema da Associação Internacional das Lésbicas e dos Gays-ILGA com a Associação Norte-Americana para o Amor entre Homens e Meninos-NAMBLA[91] é disso indicativo.

A ILGA, sediada em Bruxelas, é uma poderosíssima federação internacional que reúne mais de 1.000 agremiações vigorosamente empenhadas na defesa dos direitos gays em 110 países. Desde sua fundação em 1978, tem exercido uma eficiente representação junto a organizações internacionais, governos, corpos legislativos, empresas, ONGs, aparatos educacionais, associações médicas, mídia e qualquer esfera capaz de influenciar o estatuto da população LGBT pelo mundo afora.

Conseguiu farto financiamento público (NEWMAN, 2012; RUSE, 2012). Obteve estatuto consultivo no Conselho da Europa assim como na ONU. Demonstrou empenho particular na União Europeia e na Organização para a Segurança e Cooperação na Europa. Contestou a legislação anti-sodomia irlandesa perante a Corte Europeia dos Direitos Humanos. Apoiou os militantes russos. Teve atuação fundamental na remoção da homossexualidade das listas de doenças da Organização Mundial da Saúde[92]. Advogou com suces-

---

90 KIRK, Marshall, PILL, Erastes, The Overhauling of Straight America, *Guide Magazine*, November 1987, disponível em http://library.gayhomeland.org/0018/EN/EN_Overhauling_Straight.htm, acessado em 16/03/2015.

91 International Gay and Lesbian Association, http://ilga.org/; North American Men Boys Love Association, http://www.nambla.org/.

92 Council of Europe, http://en.wikipedia.org/wiki/Council_of_Europe; European Union, http://europa.eu/; Organization for Security and Co-operation in Europe, http://www.osce.org/; European Court of Human Rights, http://www.echr.coe.int/Pages/home.aspx?p=home; World Health Organization, http://www.who.int/en/.

so a inclusão de dispositivos antidiscriminatórios no Tratado de Amsterdam[93] a consolidar a União Europeia – da qual conseguiu patrocínio permanente e condicionamento de novas candidaturas à revogação de toda lei anti-sodomia. Produziu o Livro Rosa[94], trazendo inventário completo sobre a condição legal da população LGBT no mundo. Foi responsável pela inclusão da agenda homossexual nas pautas da Anistia Internacional[95] ... que, desde já, assimila gay a objetor de consciência (HIGHLEYMAN, 2006) e constitui uma ardente aliada da causa (AMNESTY INTERNATIONAL, s/d).

A lista de realizações da ILGA é quilométrica e revela uma das mais expressivas forças políticas do momento. Tira dinheiro do contribuinte e das empresas. Marca presença impressionante no palco internacional. Pronuncia-se sobre tudo, e não lhe falta caixa de ressonância midiática. Organiza a pressão sobre governos e igrejas. É, enfim, um poder dominante e perseguidor, capaz de construir com entusiasmo ou destruir sem piedade. Uma patrola de terraplanagem ideológica abrindo passagem nas escolas, nos parlamentos, nas associações profissionais, nos exércitos e no mundo (ILGA, s/d).

A maior glória foi inquestionavelmente a obtenção do estatuto de entidade consultiva junto ao Conselho Econômico e Social da ONU[96]. Era objetivo crucial, porque posicionava o grêmio no mais alto escalão da hierarquia institucional do Planeta. Com tal qualidade, a ILGA acedia à área VIP de onde se abrem as portas e por onde passam as honrarias. Chegar lá, portanto, era questão de vida ou morte aberta às mais maquiavélicas manobras. E uma dessas levou precisamente à ruptura com os grupos pedófilos.

O conjuro merece reflexão à parte, porque ensina muito sobre a real base de valores da associação.

Em 1993, a ILGA foi a primeira instituição LGBT a tornar-se consultora das Nações Unidas. No entanto, os meios religiosos estadunidenses detectaram a presença da pedófila Associação Norte-Americana para o Amor entre Homens e Meninos-NAMBLA[97] em suas fileiras e contaram com o senador conservador Jesse Helms para propor uma interrupção das contribuições de Washington ao orçamento da ONU com o intuito de forçar o afastamento da ILGA enquanto não sanasse o problema (LAMBDA REPORT, 1994).

A NAMBLA recusava-se a sair. Argumentava estar em sintonia com a filosofia da ILGA, apoiando a autodeterminação sexual dos jovens, porém

93 Amsterdam Treaty, http://en.wikipedia.org/wiki/Amsterdam_Treaty.

94 Pink Book.

95 Amnesty International, https://www.amnesty.org/en/.

96 United Nations Economic and Social Council, http://en.wikipedia.org/wiki/United_Nations_Economic_and_Social_Council.

97 North American Men/Boys Love Association, http://pt.wikipedia.org/wiki/North_American_Man/Boy_Love_Association.

combatendo a exploração e o abuso. Os Estados Unidos, no entanto, são responsáveis por porção vultosa do financiamento da ONU, e é fácil imaginar as pressões para expulsar a ONG indesejada. A suspensão travava ademais uma candidatura a condição análoga junto ao Conselho da Europa que julgava por bem embargar o requerimento até solução satisfatória do impasse nas Nações Unidas. Em sua Conferência Mundial de 1994 na cidade de Nova Iorque, a ILGA votou então pela exclusão da NAMBLA junto com mais duas organizações de tendência parecida. Mesmo assim, o Conselho Econômico e Social não quis reintegrá-la de imediato, esperando até 2011 para, finalmente, restabelecer o estatuto de 1993 (HIGHLEYMAN, 2006).

As peripécias mostram que o expurgo do segmento pedófilo não foi espontâneo. Resultou, pelo contrário, de imposição externa. E, a imaginar um cenário livre dessa forma de constrangimento, a maior organização LGBT do mundo seria hoje uma entidade LGBT + P, aureolando pederasta com a bem-aventurança reservada à corrente legitimada pela máquina da ONU.

Importa ademais mencionar que as resistências internas foram muitas. O supracitado Harry Hay[98] – entre outros – continuou colocando seu icônico halo a serviço do pleito pedófilo até o último sopro (THORSTAD, 2003). De sorte que a coisa parece pender naturalmente para um lado preocupante enquanto ninguém mandar parar.

A conclusão é um tanto homofóbica de acordo com os critérios do pensamento politicamente correto, mas faz sentido para quem não se deixa intimidar pela acusação de preconceito e ousa raspar a superfície para construir uma compreensão devidamente fundamentada. O resumo histórico de Lyz Highleyman acima citado abre aliás uma janela desatenta sobre uma feição singularmente maligna do programa gay. Eis que, repertoriando os méritos passados da ILGA, a autora assinala com ufanismo uma assessoria à preparação do relatório visando a primeira recomendação do Parlamento Europeu[99] para a revogação das leis discriminatórias sobre a maioridade sexual (HIGHLEYMAN, 2006).

É preciso parar um momento para decriptar o segredo por trás da gramática.

O que está em jogo aqui é a idade de consenso. A maior parte das legislações fixam um patamar mínimo para o livre arbítrio, qualificando de estupro o sexo com menor de 14 ... 16 ... 18 anos, mesmo que o adolescente declare ter participado do ato por vontade própria. Mas, em certos casos, as normas elevam o limite para a relação homossexual. De forma que gay pode cair na categoria de pedófilo por sedução de jovem de 15 anos, quando hétero

98 Harry Hay, https://en.wikipedia.org/wiki/Harry_Hay.

99 European Parliament, http://en.wikipedia.org/wiki/European_Parliament.

só comete crime se a criança estiver na casa dos 14. É, pois, esse tipo de regime diferenciado que a ILGA combate em nome da igualdade.

A reivindicação se justifica para quem admite a equivalência moral dos diversos tipos de sexualidade. No entanto, revela uma preocupação suspeita em abrandar os rigores da lei para aquilo que a literatura especializada chama pudicamente de amor intergeracional, posto que reduz a zona de perigo por conversão legal de menor em adulto.

Eis a resultante prática, seja qual for o pretexto. Sintomaticamente, a luta pela redução ou até eliminação da idade de consenso não se restringe a cenários de disparidade no tratamento de homo e hétero. Perpassa o ativismo LGBT como intenção de princípio, traduzindo-se em esforço contínuo e independente do contexto.

A Plataforma dos Direitos Gays adotada em 1972 na Convenção da Coalizão Nacional das Organizações Gays em Chicago[100] não deixa dúvida a respeito. Pede, sem o menor constrangimento, a revogação de todas as leis relativas à maioridade sexual[101]. Uma fórmula que propõe simplesmente desregulamentar a matéria de tudo para garantir livre acesso à presa infantil.

Uma organização gay denominada *Stonewall*[102] realizou um trabalho incessante de pressão política e relações públicas até obter a diminuição efetiva e equalização homo/hétero no Reino Unido (STONEWALL, s/d). Vários intelectuais gays advogam mais ou menos a mesma coisa (MOYNIHAN, 2010) com a benção da famosa associação LGBT britânica *Outrage*[103] (WAITES, 2005). Parlamentares homossexuais multiplicam as iniciativas (PINKNEWS, 2013). Acadêmicos, finalmente, minimizam os eventuais danos psicológicos (HENLEY, 2013).

Pode-se argumentar que há tantos heterossexuais quanto homossexuais para fazer esse tipo de reivindicação. Que listar iniciativas e personalidades gays à exclusão dos demais passa uma imagem distorcida da evolução em curso. Que há muitos políticos héteros apoiando tais propostas ...

Não é tão simples assim, e a infiltração do Conselho Nacional para as Liberdades Civis-NCCL[104] exemplifica impecavelmente o que acontece com muitas ONGs movidas por ideais de igualdade. O NCCL foi rebatizado com

100 GAY RIGHTS PLATFORM, Platform created at the National Coalition of Gay Organizations Convention held in Chicago in 1972, All Things Queer, website, s/d, disponível em http://www.rslevinson.com/gaylesissues/features/collect/onetime/bl_platform1972.htm, acessado em 18/03/2015.

101 ... all laws governing the age of sexual consent.

102 Stonewall, http://www.stonewall.org.uk/.

103 Outrage, http://outrage.org.uk/.

104 National Council for Civil Liberties, hoje em dia, Liberty, http://en.wikipedia.org/wiki/Liberty_(advocacy_group).

o nome de *Liberty* e se encontra hoje depurado de qualquer tonalidade pedófila, mas houve um tempo em que se deixou inadvertidamente gangrenar por tais interesses.

Como toda coletividade inspirada na defesa dos Direitos Humanos, sentia-se chamado a dar voz ativa a todo tipo de fracassado ou marginalizado e abriu as portas para uma ONG conhecida como Intercâmbio de Informação Pedófila-PIE[105], que não somente apoiava a diminuição da idade de consenso, mas ainda desfraldava uma bandeira de legalização e exaltação da pederastia (GOVER, 2014; DOWARD, 2014), advogando abertamente o "amor não parental", garantindo que criança gosta de sexo e afirmando que pedofilia contribui para o desenvolvimento de uma infância equilibrada (GRANT, s/d).

Essas pessoas são basicamente parasitas políticos vivendo em simbiose com instituições legítimas dotadas de força apta a direcionar propostas legislativas ou até influenciar decisões judiciais. De forma que o megafone a repercutir a vontade da sociedade civil a nível parlamentar tem toda a aparência de um grupo de pressão clássico. Porém, pedófilo está a bordo.

Tudo aquilo ainda não estabelece nenhuma relação palpável com o movimento LGBT. Mas, eis que uma pesquisa interna realizada pela PIE em 1976 evidencia uma grande maioria de membros gays[106]. Um fato que expõe o inextricável amálgama entre essas categorias tanto quanto a quase impossibilidade de traçar uma clara linha demarcatória.

De qualquer forma, indícios emergem a toda hora. Assim, o coautor da supramencionada cartilha do militante[107] de nome Kirk Marshall assinou a obra sob o pseudônimo de Erastes Pill em alusão ao pederasta grego de papel ativo na relação com o parceiro juvenil chamado de erómeno. Mas, por que motivo? Qual foi exatamente o propósito?!

Importa mencionar o renomado Relatório Gay de 1979. A obra, publicada em coautoria por dois pesquisadores homossexuais, continua referência nos meios acadêmicos. Constitui o primeiro estudo geral sobre o assunto e adentra questões de promiscuidade, doenças, tendências suicidas e sexo com menores. Por mais prejudicial à causa, os investigadores não relutam em divulgar com franqueza os resultados de 5.000 consultas realizadas em amplo

---

105 Paedophile Information Exchange, http://en.wikipedia.org/wiki/Paedophile_Information_Exchange.

106 Paedophile Information Exchange Survey of Members, PIE c/o Release, London, August 1976, disponível em https://www.boywiki.org/fr/Paedophile_Information_Exchange_survey_of_members_(texte_int%C3%A9gral), acessado em 12/12/2014.

107 KIRK, Marshall, PILL, Erastes, The Overhauling of Straight America, *Guide Magazine*, November 1987, disponível em http://library.gayhomeland.org/0018/EN/EN_Overhauling_Straight.htm, acessado em 16/03/2015.

e diverso leque social, indicando uma proporção de 42% dos entrevistados a favor e 23% regularmente ou casualmente envolvidos em relações sexuais com adolescentes de 13 a 15 anos (ROGERS, s/d).

Testes falométricos de sensibilidade realizados em amostragens homossexuais e heterossexuais revela uma propensão 11 vezes maior para a pedofilia nas primeiras (FREUND&WATSON, 1992). Um artigo publicado pela Associação Americana de Psicologia[108] sugere uma relação de 1 para 12 e mostra, ademais, que mais de 2/3 da pedofilia envolvendo professor e aluno é homossexual (CAMERON, 1985). Os Arquivos de Comportamento Sexual[109] divulgam uma pesquisa junto a 942 adultos indicando 46% de abuso infantil na população homo contra 7% nos héteros (TOMEO *et al*, 2001). Investigações no escotismo estadunidense, por outro lado, apontam para 2.000 casos de molestação por parte de chefes escoteiros adultos entre 1971 e 1991 (BOYLE, 1994; BALDWIN, s/d) ... o que não prova que os predadores se relacionavam também com homens da mesma idade, mas resta que se trata de uma pedofilia homossexual. O Jornal da Homossexualidade[110], descortinando o posicionamento do maior grêmio gay da Holanda constata uma tendência à banalização e uma proposta de incorporação da bandeira pedófila sob o pretexto de uma identidade LGBT fluida (SANDFORT, 1987).

Há muitos sinais de contato entre a cultura gay e o sórdido mundo da pederastia para aceitar as declarações oficiais de repúdio sem exame. A sinceridade inquestionável da massa LGBT não muda grande coisa nos sintomas a filtrar da imprensa. Basta soltar as rédeas e conceder alguma autonomia para a perversão aflorar de uma forma ou outra. A título de exemplo, cita-se o Serviço Social para Adolescente Gay e Lésbica de Los Angeles-GLASS.[111]

A entidade funciona como abrigo para jovens em conflito com a família e com o próprio foro íntimo. A imaginar pela personalidade da fundadora, Tereza Decrescenzo[112], trabalha antes a confirmação dos indecisos na escolha de uma vida sexual alternativa ... com verbas do governo da Califórnia.

Os funcionários são geralmente gays e dispõem de certa margem de liberdade para lidar com os internos. E como era de se esperar, as denúncias

108 American Psychological Association, http://www.apa.org/.

109 Archives of Sexual Behavior, http://en.wikipedia.org/wiki/Archives_of_Sexual_Behavior.

110 Journal of Homosexuality, http://pt.wikipedia.org/wiki/Journal_of_Homosexuality.

111 Gay and Lesbian Adolescent Social Services Inc, http://www.guidestar.org/organizations/95-4002273/gay-lesbian-adolescent-social-services.aspx.

112 Tereza de Crescenzo é autora de um livro intitulado *Helping Gay and Lesbian Youth: New Policies, New Programs, New Practice* que constitui um louvor às políticas de promoção do homossexualismo e uma glorificação do processo de *coming-out* e coisas aparentadas.

de comportamento inapropriado mobilizam frequentemente a mídia local e o judiciário (ROXALL, 1996).

No mesmo veio, um artigo publicado em 2013 pela revista alemã *Der Spiegel* (MÜLLER, 2013), demonstra com sagacidade o conluio entre os ambientes homossexuais e os interesses pedófilos, mostrando como os últimos se valeram do apoio moral e da assistência jurídica dos primeiros. Com a ajuda, diga-se de passagem, do partido verde local (RENAULT, 2013). Relatando o posicionamento de certas lideranças e outros detalhes a sugerir uma cumplicidade de princípio, a reportagem cita várias revistas gays a expressar simpatia – ou, no mínimo, neutralidade emocional – para com a pederastia. O programa do movimento homossexual alemão e as declarações das figuras de proa confirmam, por sinal, a confusão de metas, mostrando posição favorável à revogação da idade mínima de consenso (POLITICALLY INCORRECT, s/d).

A Internet está repleta de fatos a associar de perto ou de longe gayismo com pederastia. Seria maçante relatá-los de forma exaustiva, mas há muito para sustentar a hipótese de fenômenos tangentes. No entanto, o problema maior reside menos nas derrapagens individuais que na repetição de um percurso *déjà vu*. Porque, com ou sem parentesco, a pedofilia segue hoje a trajetória passada do homossexualismo e compartilhará o mesmo futuro na falta de uma reversão radical de curso.

Vale considerar que a história não registra nada parecido com casamento entre pessoas do mesmo sexo, ao passo que a pederastia fez parte da paisagem helênica e gozou de assentimento ritual em algumas configurações antropológicas recentes. A arte grega deixou representações esculturais e gráficas de cenas homoeróticas a atestar a prática, enquanto alguns escritos clássicos a sugerem com certa naturalidade[113]. A observação dos Sambias de Papua-Nova Guiné, por sua vez, desvela uma iniciação à masculinidade por ingurgitação de sêmen que implica uma espécie de sexo oral entre adolescente e homem adulto[114]. O abuso de meninos bailarinos, finalmente, faz parte da memória militar do Afeganistão[115].

Desde logo, a sexualidade não se expressou sempre de forma elegante – a não ser aceitando os parâmetros estéticos pedófilos. Enquadrar os impulsos em condutas socialmente operacionais é precisamente o próprio da civili-

113 Notadamente, o Simpósio de Platão a discursar sobre as diferentes formas de amor; as sugestivas narrativas de Plutarco em Vida de Pelópidas; as poesias de Solon sobre os guerreiros tebanos, etc.

114 A prática foi descrita pelo antropólogo gay Gilbert H. Herdt (http://en.wikipedia.org/wiki/Gilbert_Herdt). Na tentativa de normalizar o próprio estilo de vida, o movimento LGBT tende, no entanto, a enxergar homossexualidade em todas as culturas e até na lua. A referência, portanto, é feita com reserva.

115 Bacha Bazi, http://en.wikipedia.org/wiki/Bacha_bazi.

zação. Todos os códigos culturais, contudo, não surtem os mesmos efeitos. Cada um tem intenção finalística particular e tende a reproduzir um modelo distinto de organização humana.

O Ocidente escolheu de circunscrever o sexo a um quadro conjugal específico e de confiná-lo num armário moral judeu-cristão a embasar um equilíbrio familiar monogâmico que alicerçou com ímpar eficiência a mais impressionante revolução científica, tecnológica e política de todos os tempos. O homossexualismo político escancarou as portas, e só Deus sabe o que está para sair das gavetas. O mundo já institucionalizou a sodomia entre adultos. Mais uma campanha bem-sucedida lançará sem problema a moda para criança. Basta banalizar a coisa, apresentando pedófilo cômico ou simpático em novelas televisivas e organizar paradas. Humor e irreverência vencem as resistências. A indústria do entretenimento humanizou a figura LGBT e pode fazer o mesmo com pederasta. Basta falar de igualdade pela manhã, de direitos pela tarde e de minoria à noite. A lavagem cerebral rendeu além do esperado na cruzada gay e funcionará de forma idêntica para qualquer tara.

O personagem *Pedobear*[116] frequenta desde já a Internet como mascote da pornografia infantil e mobiliza ocasionalmente a polícia quando aparece com conversa provocativa nas redes sociais (FIRTH, 2010; CHEN, 2010). É ademais objeto de vídeos humorísticos (COLLEGE HUMOR, 2009), virou símbolo dos Jogos Paraolímpicos de Inverno[117] e aparece em coluna de jornal, papel parede, *folder* comercial bem como em revista automotiva (QUIGLEY, 2010). Compete ainda em concurso de fantasias (WAYBACK MACHINE, s/d), é protagonista de jogo eletrônico (LARUKU, 2011), torna-se tema de *poster* escolar (BLACKSTOCK, 2012), causa polêmica na página Instagram da Nestlé (HAUTALA, 2012), etc.

O ursinho pederasta está entrando de fininho. Antes disso, houve *Chester the Molester* do cartunista e convicto pedófilo Dwaine B. Tinsley (LEVIN, 2008) que animou a gazeta pornográfica *Hustler* com estórias de abuso infantil durante muitos anos. Depois, saíram os filmes *For a Lost Soldier* que conta o romance de um soldado canadense com um menino holandês na Segunda Guerra Mundial e *L.I.E* que relata, de forma natural e moralmente neutra, a relação homoafetiva entre um quase comovente ex-fusileiro naval e um adolescente[118].

116 Ursinho pedófilo. Veja Pedobear, http://en.wikipedia.org/wiki/Pedobear.

117 Jogos Paraolímpicos, https://pt.wikipedia.org/wiki/Jogos_Paraol%C3%ADmpicos_de_Inverno.

118 Chester the Molester, http://en.wikipedia.org/wiki/Chester_the_Molester#cite_note-Taylor-3; For a lost soldier, http://en.wikipedia.org/wiki/For_a_Lost_Soldier; L.I.E, http://en.wikipedia.org/wiki/L.I.E..

Aí veio o selo da "ciência". Durante muito tempo o problema era tratado como crime. No entanto, alguns *experts* já falam em "predisposição profundamente enraizada"... "algo tão intrínseco quanto a heterossexualidade". Como que para ensaiar a tese da identidade inata (ZAREMBO, 2013). E não faltam simpósios voltados para a normalização. Assim, o congresso de Baltimore de 2011, organizado pelo grupo de pesquisa B4U-ACT – uma versão acadêmica da NAMBLA – divulgou a ideia que "pedofilia é apenas uma orientação alternativa" e deveria ser removida das listas de patologias da Associação Americana de Psiquiatria-APA (DUKE, 2013).

Uma reiteração de campanhas bem conhecidas, sem sombra de dúvida. A quando, então, o casamento pedófilo?

O sexólogo Fred Berlin[119] da Universidade John Hopkins[120] fala em compreensão para com pederastas. O novelista Richard Kramer os chama de vítimas. O ativista LGBT Jacob Breslow os acha normais. O psicólogo homossexual James Cantor os desculpa, mencionando particularidades cerebrais herdadas. O apresentador gay da CNN, Don Lemon, os olha com compaixão. O médico John Sadler[121] os absolve de qualquer crime (SCHILLING, 2002).

Como se não bastasse, a academia vem ocasionalmente reforçar a submissão da "ciência" com artigos a minimizar o impacto sobre as vítimas (WILGOREN, 2002). E, em 1998, a Associação Americana de Psicologia[122] – nessas alturas, proselitista do homossexualismo – publicou um estudo, afirmando, em substância, que pedofilia não faz mal para ninguém (RIND, BAUSERMAN&TROMOVITCH, 1998). O trabalho causou um rebuliço nos meios políticos e foi objeto de condenação por parte do congresso norte-americano (GOVTRACK.US, 1999). Uma inédita intromissão do Estado na pesquisa universitária que mostra toda a perplexidade dos últimos baluartes da moral e do bom senso – essas partes desaprendidas da filosofia e da psicologia – frente às investidas da depravação.

Em nome da liberdade de expressão sexual infantil, obras de normalização proliferam – até sobre os perigos de proteger as crianças do sexo[123]! – e professores universitários se entregam a racionalizações duvidosas, denunciando a ignorância moralista (sic). Revistas proselitistas circulam, e a

119 Fred Berlin, http://en.wikipedia.org/wiki/Fred_Berlin.

120 Johns Hopkins University, https://www.jhu.edu/.

121 Richard Kramer, http://en.wikipedia.org/wiki/Richard_Kramer_(writer); Jacob Breslow, http://www.lse.ac.uk/genderInstitute/whosWho/researchStudents.aspx; James Cantor, http://en.wikipedia.org/wiki/James_Cantor; Don Lemon, http://en.wikipedia.org/wiki/Don_Lemon; John Sadler, http://www.psychiatrictimes.com/authors/john-z-sadler-md.

122 American Psychological Association, http://www.apa.org/.

123 LEVINE, Judith, *Harmful To Minors: The Perils of Protecting Children From Sex*, University of Minnesota Press, Minneapolis, 2002.

pró-gay Associação Americana de Bibliotecas[124] declara apoio a livros apologéticos, enquanto institutos de sexologia falam em direitos afetivos da criança (McCAIN, 2002).

A ideia está no ar[125]. E é de se notar que começa a achar aliados no topo da hierarquia judiciária norte-americana, porque a ministra da Suprema Corte e feminista estridente, Ruth Bader Ginsburg[126], já defendeu claramente a redução da idade de consenso a 12 anos quando era advogada da União Americana para as Liberdades Civis[127] (HIRSCHMANN, 1993).

É muita coisa para simplesmente virar as costas fazendo de conta que não tem ameaça à vista. O pederasta está preparando a saída do armário, sob o eufemismo – desde já presente na fala da supracitada B4U-ACT – de *minor-attracted people* (DUKE, 2013)[128]. Como o repugnante sodomita de outrora cedeu lugar à simpática figura gay nos anos 70, pedófilo some de palco para deixar entrar a "pessoa com atração por menor". Uma maneira de trabalhar a respeitabilidade do sujeito que nada muda na nocividade do ato ...

É útil mencionar, finalmente, que a inscrição da Associação Brasileira de Gays, Lésbicas e Transgêneros–ABLGT foi barrada na ONU por causa do seu posicionamento sobre o assunto. Segundo *Gospel Plus*, a comissão responsável pelo credenciamento das ONGs passou a questionar a legitimidade da entidade "devido a alegações de que um dos fundadores estava sob investigação por postar artigos promovendo a pedofilia" (SINGSON, 2009).

*– Quem será esse membro fundador? Alguém muito importante, com certeza. Uma figura pioneira, no mínimo. Um pontífice de primeira hora.*
*– Sem dúvida, Rosa. Para a gayíssima ONU chegar a botar defeito, deve haver coisa pesada envolvendo cacique.*
*– É. Não foi escorregão de índio raso. Um caso para se acompanhar de perto ...*
*– O curioso é que não se escuta grande coisa a respeito.*
*– Curioso mesmo, José. Curioso. Quem cuida dessas coisas é o Ministério Público.*
*– Who will be, will see.*
*– É, sim, Rosa. Quem viver, verá. De qualquer forma, ouvi dizer que uma associação cristã fez uma denúncia.*
*– Vou ficar atenta.*

---

124 American Library Association, http://www.ala.org/.

125 International Debate Education Association, This house believes the Age of Consent Laws should be made more liberal (lowered), s/d, disponível em http://www2.idebate.org/debatabase/debates/society/house-believes-age-consent-laws-should-be-made-more-liberal-lowered, acessado em 12/01/2015.

126 Ruth Bader Ginsburg, https://en.wikipedia.org/wiki/Ruth_Bader_Ginsburg.

127 American Civil Liberties Union (UCLA), https://www.aclu.org/.

128 A mudança terminológica aparece no jargão do supracitado grupo B4U-ACT.

## 6. A Ideologia de Gênero

Gay gosta de carona ideológica.

Embarcou de clandestino no conceito de minoria formatado na peleja pela igualdade racial, mas também pulou no bonde andando do pensamento de gênero.

Um raio-X da mentalidade LGBT não prescinde de uma viagem no imaginário fundador do feminismo radical, porque o *women´s lib* dos anos 70/80 contém a célula tronco da hodierna cultura de diversidade sexual.

O fenômeno feminista atravessa um milênio (LERNER, 1997). É fato sociológico multifacetado de ciclos variados que não se deixam capturar em juízo simples. Posturas reivindicatórias afloram em todas as épocas, e os primeiros estágios registram lutas saudáveis pela igualdade legal e institucional. Do direito de voto à plena capacidade jurídica, os tempos heroicos do século XIX e das duas Guerras Mundiais compõem a saga como momentos de inquestionáveis vitórias (McQUISTON, 1997). Isso dito, o movimento criou uma dinâmica própria que não soube parar depois das conquistas. Inventando modas de sociedades afluentes que não têm mais o que fazer a não ser justamente inventar modas, os meios ativistas europeus e norte-americanos resvalaram gradualmente para o lado das relações pessoais, íntimas e políticas entre os sexos (ECHOLS, 1989). E a fase em gestação nas universidades norte-americanas desde o fim do século passado integra incontestavelmente o DNA filosófico do homossexualismo moderno.

O clima não nasceu da noite para o dia. Foi fruto de fatores heterogêneos e até do próprio vigor da economia de mercado.

O capitalismo brotou na Europa matando o feudalismo. A forma medieval de gerar e distribuir riquezas não convinha à burguesia em ascensão. Travava o homem numa estratificação estatutária da qual só saía com a morte. Não havia mobilidade social. O senhor do castelo nascia senhor e morria senhor. O servo nascia servo e morria servo. Também o primeiro não podia desalojar o segundo da gleba. Desde logo, não havia sem-terra. Em compensação este não tinha o direito de deixar o solo sem a permissão daquele. Era, pois, um mundo estático em que todos existiam em função da coletividade e no qual cada um vivia atrelado ao outro (BACKMAN, 2003).

Ora, o capital se forma por confisco de mais-valia gerada pela mão de obra. Mas, quem está preso no feudo não pode vender sua força de trabalho em troca de salário. Era, pois, vital emancipar o servo dos grilhões da Idade Média. E a *liberté* da Revolução Francesa tem tudo a ver com isso, dado que se tratava de libertar alguém do campo para – dirão as más línguas – escravizá-lo na manufatura (KOCKA, 2014).

Surgiu assim a até então desconhecida figura do indivíduo, livre e apto a contratar, comprar ou vender até os próprios braços para assumir novos compromissos.

O primeiro a sair de casa foi o pai. A mãe – por um óbvio determinismo natural que deixa as feministas em alvoroço – ficou cuidando da prole no lar, enquanto o genitor apertava parafusos na indústria para pôr o pão na mesa. Mas, o capital cresceu, e também cresceu a fome por força de trabalho. A metade feminina foi então solicitada e respondeu em massa. No total, o homem descasou um tanto da mulher para casar com uma fábrica, enquanto a mulher descasou um pouco do homem para casar com um escritório. E algumas fissuras apareceram no cimento da família.

A história não cabe nessa caricatura, mas a versão vale na contingência de ter que contar tudo em dez linhas. Fato é que se constrói de um lado, destruindo do outro. Se a mulher, o homem e o corpo social ganharam mais do que perderam vai do julgamento de cada um, mas não há dúvida que a evolução da infraestrutura econômica transformou a percepção da função feminina e do papel masculino.

O tradicional núcleo familiar indiviso que se expressava em bloco pela única voz paterna foi lentamente penetrado e atomizado pelo individualismo reinante. Pai, mãe e filhos abandonaram progressivamente os referenciais de solidariedade biológica para atender a chamada do capital. Produzir e consumir tornaram-se compromissos prioritários. Com o gradativo respaldo da lei e do Estado, ascensão profissional e *shopping* moldaram um novo ideal humano, minando as defesas do padrão antigo.

Nada de catastrófico, no entanto. A sociedade permanecia coesa. Não tinha grande coisa que não se controlasse através de uma boa educação. A célula base continuava em pé, porque inexistia força política organizada para sua demolição. A família era apenas uma instituição sociologicamente exposta às mudanças e em busca ininterrupta de mecanismos de proteção e adaptação como qualquer outra. Sem mais. Pois, não havia conspiração.

A cena, entretanto, haveria de alterar-se perceptivelmente na conturbada década de 1960.

O momento foi de ruptura. Chegou a pílula. O *flower power* e a contracultura. A mulher se libertou. Sexualmente e profissionalmente. Porque o anticoncepcional o permitia e porque o capital o queria. Mãe de família perdeu a preferência. Figura feminina de sucesso, só empresária ou executiva. Cuidar de meninos ficou brega. Amar marido? Pior, ainda.

O projeto era criar outra mulher. Livre das amarras tradicionais. Disponível para a produção e o mercado. Tornava-se primordial, portanto, desvalorizar o que fora outrora. Era imperativo desnaturar o princípio feminino e negar toda relação entre base biológica e estrutura psíquica. Reflexo de proteção, abnegação, entrega, sensibilidade, emoção e, sobretudo, instinto materno que faziam a beleza da dama clássica repentinamente viraram cafonice, enquanto fidelidade saía de moda.

A tendência ocupou rapidamente boa parte do espaço midiático. Ser assim era *in*. A mulher tradicionalmente âncora da moral sexual que dizia "não" para moderar os apetites do macho deixava o palco, e o mundo se entregava ao mais desenfreado hedonismo. Foi o tempo dos Beatles, Rolling Stones, Bob Dylan e Woodstock. A droga corria (MARWICK, 1998).

É preciso entender a reviravolta, porque é chave para interpretar o espírito atual.

Um sistema que derruba outro produz a própria justificativa. É condição *sine qua non* de sucesso, já que a massa só adere quando acredita. Cortar cabeças em praça pública não vai obviamente sem uma boa racionalização da guilhotina. A selvageria se apresenta, então, como imperiosa para aniquilar a barbárie passada. E a revolução republicana quase espontaneamente gera legitimidade, pintando um quadro negro do regime monárquico. Eis a mecânica clássica. Capitalismo fala mal de comunismo, e comunismo fala mal de capitalismo. Minha violência é justa, e a tua é terrorismo.

Em tal conjuntura, qualquer ligação entre as constantes físicas e sócio-psicológicas da mulher era forçosamente uma obra coletiva carregada de historicidade. Um produto humano, fruto de influências antiquadas e suscetível de transformação por opção voluntária. Determinismo biológico virou palavrão. Enxergar o feminino ou o masculino como codificação civilizatória de bases naturais era retrógrado, se não ofensivo (GERHARD, 2001).

Embora o militantismo alcançasse o paroxismo nos Estados Unidos, o germe ideológico foi plantado na França. Notadamente, na produção da romancista Simone de Beauvoir[129] com quem se firmou a ideia de uma opressão atávica da mulher pela gente masculina.

Dizer que esposa sempre sofreu mais que marido denota antes uma visão subjetiva e parcial da história. Enquanto ela aguentava as dores do parto e penava em casa, ele se matava na labuta do campo e morria na guerra. A longevidade média de um como da outra nunca passou dos 40 anos antes da Revolução Industrial. De sorte que condição feminina não foi necessariamente pior que vida de varão ... malgrado o hercúleo esforço de muitos para provar o contrário. Porém, a leitura se instalou na cabeça da pensadora e de toda uma geração, tornando-se pedra angular da visão de mundo da época.

É nessa hora que a escritora oferece a fórmula mágica: *on ne naît pas femme, on le devient*.

Com a força de síntese da qual a língua francesa tem o segredo, resumiu em 8 palavras toda a ideia do chamado desconstrutivismo. Não se nasce mulher, disse ela. É coisa que se aprende por condicionamento. A menina é educada à submissão e internaliza papéis subalternos – entre os quais a maternidade (?!?) – como traços inatos ... conquanto não são. As atitudes e os modos femininos são construtos culturais que se pode e se deve desconstruir e reconstruir por escolha racional (BEAUVOIR, 1986).

129 Simone de Beauvoir, https://fr.wikipedia.org/wiki/Simone_de_Beauvoir.

Logo, a configuração social do masculino e do feminino ou a ritualização da interação entre sexos já não são expressões antropológicas de um substrato biológico, e sim invenções humanas impregnadas de subjetivismo voluntarista e sujeitas a livre arbítrio.

A faculdade de hospedar e amparar a vida – função sublime e sumo poder noutras culturas – se torna vil escravidão na ideologia em pauta. A maternidade e seu casulo protetor estão na mira, pois a família perde a distinção de santuário da vida para transmutar-se em instrumento de tirania masculina e subjulgação feminina. O homem é culpado. O alvo da ira é o macho (PAGLIA, 2008).

A deriva a tomar conta do Ocidente naquela hora reside precisamente na hostilização da têmpera varonil clássica. Há um permanente cheiro de antagonismo no ar. A força, o destemor, a valentia, o arrojo, a firmeza e demais atributos da virilidade perdem a estima na nebulosa conceptual do machismo. A matriz de raciocínio é primordialmente conflitual. Substitui a ancestral noção de complementaridade por uma vaga oposição de interesses a fazer do homem o inimigo da mulher para sempre. O provedor com vocação à tutela protetora tem assim que desculpar-se pela testosterona e negar a própria essência.

O credo faz hoje parte dos programas escolares em vários países e inspirou rica argumentação e contra-argumentação sobre o abandono da distinção azul/rosa, a oportunidade de garoto cuidar de boneca e de menina brincar com caminhão ou a necessidade de guri aprender a fazer xixi sentado[130].

A busca de igualdade perante a lei cedeu o lugar à pretensão de equivalência psicofísica: a mulher é masculinizada e o homem é emasculado. É

---

130 Google oferece inúmeros artigos e vídeos em várias línguas sobre o tema sob os títulos genéricos de "Théorie du genre à l´école", "gender theory at school", "teoria de género en la escuela" e denominações similares. Veja "La Suède en guerre contre les stéréotypes sexistes! » disponível em https://www.youtube.com/watch?v=sjMGPeZU8DY, acessado em 15/01/2015 ; « La théorie du genre, pour ceux qui doutent encore! » par Nabil ENNASR, disponível em Ihttps://www.youtube.com/watch?v=DSOKOT5jYoU, acessado em 15/01/2015; « Le scandale de la théorie du genre! », disponível em https://www.youtube.com/watch?v=ZKP0XWSyXVM, acessado em 15/01/2015; « La guerre contre les garçons, Christina Hoff Sommers, ou le féminisme repentant », disponível em https://www.youtube.com/watch?v=b4aG95XqmzY, acessível em 15/01/2015; "La théorie du genre expulsée de Norvège : le paradoxe de l'égalité des genres", disponível em https://www.youtube.com/watch?v=PfsJ5pyScPs, acessado em 15/01/2015 ; "Gender Mainstreaming – Instrument von Macht und Zerstörung", disponível em https://www.youtube.com/watch?v=NEgDPOTSVkE, acessado em 20/12/2014; "Birgit Kelle: Gender-Mainstreaming ist wirre Ideologie", disponível em https://www.youtube.com/watch?v=w4XRQ6dNh84, acessado em 15/12/2014; "Genderwahn: die ideologische Vergewaltigung unserer Kinder", disponível em https://www.youtube.com/watch?v=u-Saz5cbuBo, acssado em 15/12/2014; "Sind Geschlecht und Sexualität frei wählbar?", disponível em https://www.youtube.com/watch?v=uWucFrNszs0, acessado 01/02/2015; ... etc ... etc ...

proibido ser meiga para a primeira. É vetado ser bruto para o segundo. E todos crescem sexualmente mal definidos.

Percebe-se, contudo, que a inibição recai precipuamente sobre as qualidades masculinas. Não se pode arrancar o brinquedo do colega. Não se deve dar murro. Há, pois, uma desvirilização ou feminização precoce do macho com dramáticas sequelas para o resto da vida.

Assim, uma reportagem realizada por uma equipe francesa em Estocolmo associa com sagacidade a educação na infância com o divã na idade adulta. A Suécia se gaba de pioneirismo no assunto[131]. E a filmagem passa astutamente de uma orgulhosa tia em sala de aula para maridos abandonados em terapia de grupo no consultório psiquiátrico, sugerindo com lucidez que o sistema escolar sueco fabrica c...rn...s por atacado[132].

Esse tipo de proposta pedagógica sinaliza a paulatina vitória do construtivismo sobre o essencialismo (VASQUEZ, s/d). Natureza masculina ou feminina biologicamente determinada é blasfêmia. Tudo é estímulo e adestramento. A mulher pode ser desconstruída, reconstruída e empoderada. O homem deve ser desconfigurado, reconfigurado e desautorizado.

A visão está no ar. Aderir é de bom tom num jantar inteligente ou no campus universitário. Contestar é coisa de caipira. O eleitor vai às urnas com a canção na cabeça. O legislador cozinha ao gosto da freguesia. E a fêmea castra o macho com a ajuda do Estado.

O ponto culminante – até agora, já que a dinâmica traz surpresa após surpresa – está provavelmente na Convenção do Conselho da Europa sobre a Prevenção e o Combate à Violência contra a Mulher e à Violência Doméstica (2011)[133] – ou Convenção de Istambul – que introduz a noção de agressão psicológica (GODEFRIDI, 2013). Basta, pois, provar que o marido não sorri como deveria ou não fala o que convém para um juiz conceder o divórcio e reduzir o pai a pagador de pensão sem direito de visita ... porque quem é supostamente violento não pode chegar perto de criança.

A Espanha ratificou o instrumento. São ex-maridos de joelhos às centenas e o mesmo tanto de filhos sem modelo paterno (VÂLSAN, 2013). Invenção de prodígio! Com certeza, criação de gênio.

O Canadá, entregue a uma espécie de feminismo de Estado, proporciona casos antológicos de insanidade análoga. Assim, um estudo promovido pelo Ministério da Saúde local, chegou à espantosa conclusão que 300.000

131 Gender Equality in Sweden, https://sweden.se/society/gender-equality-in-sweden/.

132 La folie du féminisme en Suède, disponível em https://www.youtube.com/watch?v=9nL9Qhbeo58 , acessado em 10/01/2015.

133 Convenção do Conselho da Europa sobre a Prevenção e a Luta à Violência com as Mulheres e a Violência Doméstica (2011), http://www.coe.int/t/dghl/standardsetting/convention-violence/convention/Convention%20210%20Portuguese.pdf.

canadenses batiam a companheira todo ano. O número assusta, já que o país é notoriamente tranquilo e – por que não dizer? – civilizado. Contudo, o mistério se dissipa com a descoberta da metodologia usada.

A pesquisa se limitou a perguntar a esmo o que as pessoas pensavam a respeito. Em meio à psicose alimentada por um exército de ONGs e uma dose cavalar de propaganda televisiva, todo entrevistado tinha sinceramente a impressão de uma situação alarmante e lembrava de alguém que soube de outro alguém que escutou de mais alguém ...

O cômico é que esse tipo de relatório serve de base para propostas de políticas públicas. E o que tinha que acontecer aconteceu: o Canadá gastou milhões construindo refúgios cheios de assistentes sociais e psicólogas que passam o dia confortando-se e clinicando-se mutuamente porque mulher batida não há.

Os lares foram visitados por uma associação de ex-maridos sem refúgio e justamente um tanto maltratados, que descrevem o quadro insólito em entrevista jornalística postada na Internet[134]. São suspeitos para falar, mas o que contam soa plausível para quem conhece a histeria reinante naquela parte do mundo, onde – a título de curiosidade – existem inclusive associações bem organizadas de segundas esposas com o objetivo de lutar contra os abusos das primeiras em questões de pensão alimentícia ... já que ambas competem pela mesma renda[135].

A mais trágica dimensão de tal evolução está indubitavelmente na ruína do princípio paterno. A autoridade patriarcal a contrabalançar o carinho materno cai a zero, porque pai evicto não contribui à formação do filho. Quando muito, é uma segunda mãe que, como a primeira, atende caprichos, gerando criança sem limites, responsabilidade ou compromisso, a não ser com o próprio umbigo.

*– Se entendi bem, o imaginário em questão tende a borrar as noções de homem e mulher, pai e mãe ...*

*– E de criança, pela mesma ocasião.*

*– Como assim?*

*– É óbvio, Rosa. A criança se define em função dos pais, da mesma forma que os pais se definem em relação à criança.*

*– ...*

*– Criança é quem não tem capacidade nem juízo para tomar conta de si mesmo ... quem precisa de orientação e de criação.*

134 Fausses statistiques 300.000 Femmes Battues – L'enfer au Québec, disponível em https://www.youtube.com/watch?v=Hf0f68VzqGc, acessado em 01/02/2015.

135 300.000 Femmes Battues – y avez-vous cru?, disponível em https://www.youtube.com/watch?v=HIZz-XTIPlQ, acessado em 02/02/2015

*– Por isso, se chama de criança.*
*– Sim, José. Da raiz "criar". A língua sabe o que faz. Só que criação implica autoridade e obediência ... o que essa filosofia também nega.*
*– Sem autoridade, não tem pais. Sem obediência não tem criança. Sem hierarquia, não tem pátrio poder e não tem família.*
*– É exatamente isso. "Família democrática" inviabiliza a família como sistema ... como espaço de aprendizado da cidadania ... da disciplina ... da regra. Pela simples razão que é proibido proibir.*
*– Doce mundo igualitário. Porém, desagregação do tecido social em perspectiva, então.*
*– Parece ser uma inevitável consequência, Rosa. É como dar a palavra a quem não tem juízo para usá-la. O declínio do poder paterno e materno faz parte do fenômeno.*
*– Por que essa aversão pela autoridade? E a birra com a noção de família hierarquizada?*
*– Ah! Aí, estamos entrando na quintessência do pensamento de gênero.*
*– Então, explica. De qualquer forma, já vislumbro o link entre minha estória e essa ideologia. A rejeição da maternidade ... o aborto.*
*– Sim. Sua mãe se deixou levar. Embora a coisa toda seja muito mais sutil. Não estamos no fim da caminhada, ainda. Então, vamo´ lá! Chegou a hora dos delírios e das utopias.*

Maio 1968 em Paris traz à fábula libertária o mais emblemático episódio. Talvez porque a cultura francesa é tão visceralmente didática. O mundo anglo-saxão é funcional e prático sem, contudo, alcançar o mesmo brio comunicativo. Pensando bem, a Grã-Bretanha fez a Revolução Francesa com Cromwell 100 anos antes da queda da Bastilha. Mas, inglês não tem boca. Por isso, quem levou a fama foi a França.

Coisa parecida sucede com a decadência hodierna: embora o fenômeno seja ocidental em geral, as vedetes intelectuais são antes francesas. Sob o pretexto de libertar a humanidade dos grilhões da moral tradicional, Sartre, Althusser, Derrida, Foucault[136] e tantos outros somaram capacidade cerebral para produzir a genética da mais imunda opressão ideológica da atualidade. O último – pedófilo declarado que professava o vício sob o disfarce conceitual de "amor intergeracional" – se fez o particular arauto do desconstrutivismo aplicado à sexualidade, explicando com muito talento que homem e mulher eram coisas indiferenciadas e perfeitamente intercambiáveis de acordo com

136 Jean-Paul Sartre, https://fr.wikipedia.org/wiki/Jean-Paul_Sartre; Louis Althusser, https://fr.wikipedia.org/wiki/Louis_Althusser; Jacques Derrida, https://fr.wikipedia.org/wiki/Jacques_Derrida; Michel Foucault, https://fr.wikipedia.org/wiki/Michel_Foucault.

os caprichos de uma vontade humana absolutamente desatrelada de qualquer restrição natural.

Entre os dois extremos do modelo binário, haveria um *continuum* de estados intermediários formando um espectro de sexualidades reprimidas. Porém, a visão 8-80 do opressor heterossexista estaria com os dias contados frente aos progressos da civilização (FOUCAULT, 1994/1997).

A emancipação está, pois, à vista. Eis a boa nova condensada nos sintomáticos avanços da sigla usada para designar as diversas identidades. Inicialmente reduzida a LGBT (lésbica, gay, bissexual e transexual) estendeu-se progressivamente para LGBTPTQQIIAA para incluir pansexual, transgênero, *queer*, indefinido (*questioning*), intersexual, intergênero, assexuado e simpatizante (*ally*). Sem contar as nuances, composições, decomposições, recomposições e configurações em trânsito[137]. Uma lista evolutiva e aparentemente infinita que aumenta ao sabor dos modismos, congressos, seminários, *workshops*, enquetes e simpósios.

*– Se puder interromper ... você fala repetidamente de construtivismo e desconstrutivismo. Poderia explicar um pouco melhor?*
*– Para isso, vamos ter que conversar com a intelectualidade francesa. Em particular, com Jacques Derrida.*
*– ...*
*– As palavras e os conceitos têm vida e significado porque evocam alguma coisa no mundo real. É, pelo menos, o que pensa a maioria. Apesar disso, Derrida veio dizer justamente o contrário.*
*– Como assim?*
*– Bem. Segundo ele, a realidade primeira estaria no discurso ... e não na matéria. O sujeito pensante não é receptáculo do objeto pensado. Seu imaginário cria, pelo contrário, o mundo externo por meio de representações mentais que se deixam moldar de forma quase arbitrária segundo a escolha da terminologia e do sentido proclamado.*
*– Então, a realidade não existe a não ser na medida e nas formas que a mente decidir?*
*– É por aí. Ela é antes subjetiva que objetiva. Os conceitos são cascas vazias à espera de um recheio semântico que cada um proporciona conforme as conveniências.*
*– Que estranho!*
*– Nem tanto, José. A especulação filosófica aceita tudo. Especialmente na redoma fechada da academia. A gente pode deixar correr o intelecto para*

137 Comprehensive List of LGBTQ+ Terms Definitions, s/d, disponível em http://itspronouncedmetrosexual.com/2013/01/a-comprehensive-list-of-lgbtq-term-definitions/, acessado em 03/02/2015.

*o infinito e mesmo negar a própria realidade. Até levar uma mão na cara e reparar que ela existe. Acontece que Derrida não levou bordoada de ninguém, e sua cabeça foi longe.*

*– Você quer dizer que, nesse entendimento, a realidade primeira é antes falatório que fato.*

*– Mais ou menos isso. E o discurso é declaradamente ferramenta de dominação política. Para mexer nas relações de forças, basta, pois, manipular os termos, eliminar sentidos e repensar conteúdos de acordo com os interesses da hora.*

*– Quem está por baixo, que trate de achar a retórica para ficar por cima, então. Mas, isso não é próprio da arena política em geral? Afinal, todos se valem da mentira e da meia verdade.*

*– Com certeza, Rosa. A diferença é que os ideólogos de gênero reivindicam expressamente o método e o aplicam com esmero. Sequestram o conceito de minoria, mudam a definição da família, confiscam o sentido de sexo ... os vocábulos são desconstruídos e reconstruídos em função da intenção do momento. A linguagem impõe um significado arbitrário por repetição assídua, e a opinião pública internaliza a falácia.*

*– E porque gay se embarca nesse tipo de coisa?*

*– Porque uma tática de persuasão que prioriza a coerência formal do palavreado sem muito confrontá-lo à materialidade do mundo é um achado quando se vive de costas para a base biológica.*

*– De fato, não há negação maior da realidade do que rejeitar tão radicalmente a natureza humana. É como propor escutar pelos olhos e olhar pelos ouvidos!*

*– Por isso, o debate de gênero é um eterno jogo de espelhos conceituais que desabam na menor acareação com a vida real. É coisa que só sobrevive num plano psi devidamente blindado frente às cobranças do mundo. Psicólogo, psiquiatra, psicanalista, psicobiólogo, psicolinguista, psicopatologista, psicopedagogo, psicofisiologista, psicossociólogo, psicoterapeuta e psicótico entram no mérito, citando Jung, Freud ou Lacan para intelectualizar o cenário. E o que era simples fica muito complicado.*

*– Sim. E para falar asneira no final das contas. Para dizer que homem ou mulher não existe ou são coisas iguais, quando basta olhar para as evidências e zerar a discussão num segundo.*

*– Com certeza, José. Quem aplicou esse modo de pensar à reflexão sobre a sexualidade humana foi o Michel Foucault. Lembra disso. Para quem se inspira nessa base, o céu é o limite: basta botar uma ideia na cabeça para virar verdade. E ideias não faltam. Também não faltam verdades. De maneira que, quando ouvir uma feminista falar de Foucault, pode trocar o papo por uma soneca, que você aproveita muito mais o dia.*

*– É mesmo conversa para boi dormir. Pode sintetizar um pouco para ver se entendo melhor.*

*– OK. Vamos lá. Segundo o pensamento desconstrutivista, as instituições se regem por discursos. Então, para mudar as instituições, basta mexer nos discursos.*
*– Como a sociedade é regida por instituições, basta mudar a retórica para revolucionar o mundo. É isso?*
*– A ideia é essa. O esquema é tirar a dialética do mundo real e trazê-la para o discurso. Aí, é só jogar uma palavra contra a outra, mudar o sentido dos termos, criar outro imaginário ... e as cabeças transformadas se encarregam em seguida de transformar a realidade. É a revolução pelo verbo.*
*– Se entendi bem, é destruir um discurso com seus valores e princípios éticos para reconstruir outro discurso com outros valores e outra ética.*
*– Por isso, é fundamental trabalhar o discurso, Rosa. E é precisamente o que gay faz na vida.*
*– Aí, Foucault herda essa metodologia do Derrida ...*
*– Sim, José. Ele reduz todas as instituições a discursos: o casamento ... a família que embute o princípio da autoridade ... por tabela, o Estado ... e vai desmontando tudo na gramática, criando a base para inventar outras categorias de casamentos, catálogos de famílias diversas e o que for possível imaginar.*

Esse tipo de elucubração não brota de um contexto humano próximo à natureza, bem entendido. Não germina numa sociedade campestre onde a dimensão biológica ocupa o centro da vida e dita o bom senso. Nasce, isto sim, do estresse urbano. Reverbera a perda de referencial fisiológico, anatômico e orgânico dos espaços metropolitanos de aço e concreto.

A distinção entre sexo e gênero planta a semente do equívoco. No jargão feminista, o primeiro termo designa atributos físicos, enquanto o segundo define os significados sociais do masculino e do feminino (NOBELIUS, 2004). O truque semântico proporciona uma negação simbólica da base natural a indicar aptidões e psiques distintas para homem e mulher. Tem também o efeito colateral de organizar a confusão mental e mitigar as resistências à sugestão de um *dégradé* de identidades a pontilhar o entremeio[138]. E é esse ponto que desperta a paixão gay pela reengenharia social em apreço.

É preciso concentrar-se para pensar direito. Porque o panorama até aqui exposto raspou a superfície fenomenológica do pensamento de gênero sem, porém, penetrar-lhe a medula filosófica. Contudo, os elementos reunidos oferecem a base para tal passo. Portanto, chegou a hora das apresentações, das pesquisas genealógicas e das surpresas.

138 PADRE PAULO RICARDO Denuncia a Ideologia de Gênero na Câmara dos Deputados em Brasília– DF, vídeo, disponível em https://www.youtube.com/watch?v=e8y-wtgULQE&app=desktop, acessado em 12/05/2015.

As feministas de primeira geração são femininas e charmosas. Conquistaram a igualdade de dignidade e de direito com uma torcida de maridos e filhos. Lutaram por um tratamento equitativo com o respaldo da família e deixaram de legado uma sociedade mais justa.

As feministas de gênero são masculinas e agressivas. Não casam, não querem filhos e detestam a família. São geralmente lésbicas – pelo menos, as ideólogas de destaque. Hostilizam o macho heterossexual com o apoio da população gay. E o que idealizam, muito sugere uma ditadura LGBT.

Há, pois, um abismo entre um fenômeno e o outro. O primeiro foi um fato sociológico saudável que respirava o amor. O segundo é coisa doentia que cuspe ódio.

Impressiona o radicalismo, a intolerância e a combatividade. Qualquer mente minimamente curiosa busca uma causa ou algum tipo de explicação. E não demora a encontrar.

Em 1970, a escritora lésbica Kate Millet do Minnesota publicou um livro que entrega o segredo. Sob o título de *Sexual Politics*, a obra desvela o embrião de uma visão de mundo que viria a eclodir em Pequim no ano de 1995 por ocasião da IV Conferência da ONU sobre a Mulher[139] após duas décadas de gestação no plano interno norte-americano.

O texto é complexo, embora gire em torno de uma ideia simples magistralmente expressa na frase abaixo:

> "A grande contribuição de Engels para a revolução sexual" – diz ela – "reside na análise do casamento patriarcal e da família [ ... ] da submissão do feminino ao masculino. Engels e Marx compreenderam o protótipo histórico e conceptual de todos os sistemas de poder, de todas as formas econômicas de opressão e da opressão em si". (MILLET, 1970)

Olha só quem chegou! O velho tio Marx ...[140]

Qualquer seguidor da fé LGBT deve decorar essas linhas e recitá-las de cara virada para Meca cinco vezes ao dia, porque expressam a quintessência do credo de gênero.

Análise do casamento como sistema político, abordagem da relação esposo-esposa numa perspectiva de luta de classes ou rejeição da condição feminina na entrega à prática lésbica fazem hoje parte da paisagem e não surpreendem o estudioso (WITTIG, 1992). A linhagem profética, com efeito, logo se enriqueceu de vários nomes de peso a requintar esse tipo de imagi-

139 United Nations Entity for Gender Equality and the Empowerment of Women, disponível em http://www.un.org/womenwatch/daw/beijing/, acessado em 07/07/2015.

140 Para uma explicação oral impecavelmente construída, veja Padre José Eduardo: a Origem da Ideologia de Gênero, vídeo, disponível em https://www.youtube.com/watch?v=s2_pIEtPbsA&index=47&list=WL, acessado em 30/06/2015.

nário, mas Millet fica na história como uma espécie de figura abraâmica que leva para sempre a glória da revelação primeira.

A esquerda norte-americana não se envolve com greve ou luta sindical. Movimenta-se no campus universitário, entregue a um intelectualismo que pouco interessa a metalúrgico ou caminhoneiro. Nutre-se dela mesma, e pouco contato alimenta com o mundo concreto. Vive, em suma, num universo de papel e sonho que tudo aceita e experimenta salvo trabalho pesado.

Kate Millet girava nesse contexto. Tinha tempo de sobra para pensar. E pensar, ela pensou. Na própria sexualidade, primeiro. Depois, na sexualidade dos outros. Aí, repensou a sexualidade do passado. Também a sexualidade do presente. Finalmente, a sexualidade do futuro. E de tanto remoer a sexualidade, botou na cabeça de escrever um livro sobre a sexualidade para fazer o que tinha em mente desde o início e justificar a própria sexualidade, criticando a sexualidade alheia e propondo uma reforma geral da sexualidade!

Em que pese a obsessão em racionalizar o desvio lésbico, a teorização de uma intrínseca oposição de interesses entre dois seres tão visivelmente desenhados para a complementaridade não era propósito banal, visto que equivalia essencialmente a provar o que não é. Seja como for, a astuta ideóloga achou o macete na projeção analógica da luta de classes para o campo das relações entre macho e fêmea.

A tese marxista não está desprovida de sentido. A renda global dividida entre lucro e salário. O proletariado puxando para arrancar o que a burguesia peleja para reter. O que um ganha, o outro perde, e vice-versa. A música casa com a letra, e não é difícil convencer meio mundo a cantá-la. Porém, a aplicação do quadro de raciocínio ao que acontece entre os sexos deixa o baile dançando numa perna. Porque patrão e operário não se apaixonam. Mas, homem e mulher, sim.

Para tirar ela dos braços dele é preciso arrancar a mente da realidade e transportá-la para um lugar onde a natureza não cobra seus direitos, onde a biologia não se impõe e onde o intelecto pode levitar sem entrave. É necessário edificar um plano conceptual fictício, paralelo à materialidade do mundo, imune à contaminação da física, manipulável à vontade e, sobretudo, restrito à glacial versatilidade dos neurônios. Porque se entrar hormônio, a química do amor se instala, e a teoria desaba.

Os escritos póstumos de Karl Marx fornecem precisamente um trampolim para essa forma de alienação.

Na velhice, o filósofo cansou dos estudos econômicos. Conversa de produção, mais-valia ou força de trabalho satura, e Marx resolveu mudar de assunto, deslocando o foco para a interação dialética entre família, propriedade e Estado.

Começou a redação de um livro a respeito sem viver o suficiente para terminá-lo. Os toques finais ficaram assim por conta do amigo Friedrich

Engels, que publicou o texto sob o título "A Origem da Família, da Propriedade Privada e do Estado"[141].

Para encurtar a explicação, ele imaginava uma sociedade primitiva pacífica e sem classes em que não tinha propriedade privada nem opressão e onde todos os homens compartilhavam todas as mulheres e, inversamente, todas as mulheres compartilhavam todos os homens numa espécie de paraíso terrestre versão marxista.

Naquela fase da evolução humana – estimava – não havia família propriamente dita, não existia muita consciência da conexão entre ato sexual e procriação, e a prole coletiva ficava aos cuidados da comunidade tribal. Com o passar do tempo e o progresso dos meios de produção, veio, porém, o pecado original: o homem descobriu os mecanismos da paternidade e exigiu seu reconhecimento. Valendo-se da força física, apropriou-se, então, da mulher e dos filhos, exercendo sobre eles a autoridade patriarcal.

> "A primeira divisão do trabalho se dá entre o homem e a mulher para a propagação da prole" – escreve Engels – "e a primeira luta de classes a aparecer na história coincide com o antagonismo entre homem e mulher no casamento monogâmico, e a primeira opressão de classe coincide com a submissão do sexo feminino pelo masculino [ ... ] A família moderna está fundamentada na escravidão da mulher [ ... ] A mulher casada difere da prostituta ordinária porque a prostituta vende o seu corpo temporariamente como um trabalhador assalariado, mas a casada o vende de uma vez para sempre como uma escrava. (ENGELS, 1984)

De acordo com essa visão, uma protopropriedade privada emergiu da posse da mulher pelo homem, dando origem à primeira forma de autoridade cujo modelo se reproduziria em escala maior pela dominação de uma classe por outra via controle dos meios de produção garantido pelo Estado. O matrimônio originou assim o patrimônio que está na raiz da desigualdade e da psicologia do poder referendada pela ordem política.

A hipótese tem implicações profundas no plano da teoria revolucionária. Porque sugere a impossibilidade de destruir o Estado e alcançar a utópica sociedade sem classes enquanto subsistir a célula base da propriedade e da autoridade. Consequentemente, o preço do comunismo verdadeiro é a abolição da família com entrega de prole à educação coletiva para a formação de homens compatíveis com a ordem nova.

> "Marx e Engels sustentam que, para alcançar a libertação da perpétua luta de classes, os meios de produção e de reprodução devem ser removidos das mãos dos

141 ENGELS, Friedrich, A Origem da Família, da Propriedade Privada e do Estado, Ed. Civilização Brasileira S.A, disponível em https://efchagasufc.files.wordpress.com/2012/04/2-a-origem-da-familia-da-propriedade-privada-e-do-estado.pdf, acessado em 08/07/2015.

> opressores e devolvidos para os trabalhadores. Isto exigiria não apenas a abolição da propriedade privada, mas, também, a destruição da família encabeçada por um pai; trabalho fora de casa para todas as mulheres; creches gratuitas e coletivização das tarefas domésticas; libertação sexual; e, finalmente, destruição da religião, porque a religião apoia a família. A primeira condição para a libertação da mulher seria trazer todo o sexo feminino de volta para a esfera pública ... com a abolição da família monogâmica como unidade econômica da sociedade. Com a transferência dos meios de produção para a propriedade coletiva, a família individual cessaria de ser átomo econômico da sociedade. O cuidado e a educação das crianças passariam a ser uma questão pública ... " (O´LEARY, s/d)[142].

É só o que o feminismo radical quer ouvir. E uma crença puxa outra.

A burguesia explora o proletariado via controle dos meios de produção avalizado pelo Estado. Consequentemente, a libertação passa pela luta de classes, pelo fim do Estado repressor e pela recuperação do controle da produção.

O homem explora a mulher pelo controle da reprodução[143] no quadro da família patriarcal monogâmica. Portanto, a liberdade passa pela luta dos sexos, pela extinção da família repressora e pela retomada de controle da reprodução.

*– Controle da reprodução?*
*– Sim. É outra faceta da agenda de gênero. E é precisamente o que interessa vocês dois.*
*– ...*
*– Tem tudo a ver com a "teologia" do feminismo radical. Também diz respeito à deriva moral da "responsabilidade pessoal zero" que tomou conta dos últimos 50 anos.*
*– Como assim?*
*– Vocês já notaram que o discurso político só fala em direitos? Direitos da mulher, direitos da criança, direitos do idoso, direito à alimentação, direitos de cidadania, direitos de cá, direitos de lá ... mas, nunca se diz nada sobre deveres.*
*– É verdade. É sempre direito sem contrapartida. Inclusive, esse "direito-do-homemismo" exacerbado custa caro. Cada direito concedido cria ao mesmo tempo o dever de arcar com os custos. Daqui a pouco, vamos ter de chamar marcianos para sustentar tantos direitos!*

---

142 A Agenda de Gênero: redefinindo a Igualdade, Condensado da Obra de Dale O´Leary "The Gender Agenda", Vital Issues Press, Lafayette Louisiana, disponível em http://www.votopelavida.com/agendagenero.pdf, acessado em 06/07/2015.

143 Os meios de produção são antes braços que ferramentas numa comunidade tecnologicamente primitiva. Em tal contexto, a mulher é meio de reprodução dos meios de produção. A posse da mulher e da prole pelo homem resulta, portanto, no controle masculino dos meios de reprodução e de produção. Salvo erro de interpretação, eis a ideia que parece ter inspirado as teorizações de Marx e Engels sobre a origem da família.

*– Justamente. O fundo da cultura dos direitos é "direitos para mim, e o ônus para os outros ou para os anjos". Tipo "o mundo tudo me deve, enquanto nada devo para o mundo".*

*– Político não pode prometer deveres. Assim, não vai eleito. Tem que vender vida fácil. E, fatalmente, o mundo se enche de direitos.*

*– Boa colocação, Rosa. E o resultado mais perverso dessa mentalidade é que ninguém é responsável pelos próprios atos. Ladrão é vítima da sociedade, estuprador é vítima do sistema, drogado é vítima de abusos e quem está mal na vida é vítima do capitalismo, do imperialismo, do cosmos ou das nuvens ... mas, nunca do próprio comportamento, porque todo mundo tem direito a um mundo pronto. E sem essa de mérito: basta dar-se ao trabalho de nascer!*

*– Eu sou psicopata, porque minha mãe arrancou a cabeça da minha boneca quando era criança. Daí, pirei. Agora, mato menininhas. Mas, não tenho culpa.*

*– É por aí, José. Não sou eu. São os outros. Mas, para quem morre de facada, o preço é o mesmo.*

*– E em que isso toca o feminismo de gênero?*

*– Bem. O que você acha moralmente inapropriado, o enfoque LGBT/gênero chama de direito. Mais especificamente de Direitos Sexuais e Reprodutivos.*

*– Hum!*

*– É basicamente um corpo de princípios e propostas legislativas que pretendem positivar o direito a qualquer tipo de comportamento sexual sem arcar com as consequências. "Posso praticar sexo anal e coisas parecidas, mas se pego AIDS, sou vítima, a culpa não é minha, e o Estado me deve todos os cuidados ... são direitos humanos". Ou "posso namorar com quem quiser, como quiser, quando quiser ... ninguém tem nada com isso, porque o corpo é meu e faço dele o que eu bem entender ... mas, se ficar grávida, não sou responsável ... todo mundo já tem a ver com a estória ... e o Estado tem que me oferecer aborto seguro de graça, porque é um direito humano".*

*– E o que chamam de Saúde Sexual e Reprodutiva se refere precisamente às políticas públicas, à infraestrutura médica e aos serviços que o Estado deve pôr à disposição da desregra, não é?*

*– Correto. Mas, a noção que cada um tem o dever de administrar a própria sexualidade de forma a não prejudicar ninguém não está em pauta. Isso é ideia fundamentalista, quadrada e "reaça". "Eu tenho direitos, e você tem que arcar com as consequências. Fim de conversa".*

*– É direito com muita banca para um lado, e a consequência toda para o outro ... mas, caladinho.*

*– O mais grave é quando a coisa descamba para o lado do aborto. Porque a mulher reivindica o direito de fazer o que quiser do próprio corpo na hora de namorar e quer também fazer o que quiser do corpo na hora de abortar.*

*– Não é o corpo dela que está em jogo. É outra vida ... que ela hospeda, mas que não lhe pertence.*

*– Você quem o diga, Rosa. Você e o José, que mal tiveram chance de viver. Mesmo assim, segundo a doutrina de gênero, quem arrancou vocês do útero materno nada fez de errado. Apenas interrompeu um fato físico-químico. Só mexeu com átomos e vácuos. Você não morreu. O que aconteceu foi uma simples catástrofe biológica.*

*– Quem defende essa teoria é gente, não é?*

*– Sim, Rosa. Não é melancia nem borboleta.*

*– E é gente viva. Correto?*

*– Positivo. Não é gente morta, porque defunto não anda por aí pregando ideias. Aonde você quer chegar com isso?*

*– Quero dizer que se a mãe dessa pessoa tivesse feito um aborto, ela já estaria morta e não estaria aí defendendo suas loucuras.*

*– Certíssimo.*

*– Então a mãe dela teria matado gente. O que é assassinato. Não há como negar o fato.*

*– Pronto. Você matou a charada em três palavras, Rosa. Não precisa acrescentar nada. E pensar que tem centenas de doutores e PhDs passando a vida a escrever livros e bibliotecas inteiras para dizer o contrário do óbvio!*

*– Pfff !*

*– É. Pfff, como você disse. Aqueles que advogam o direito ao aborto são todos abortos frustrados, graças à decisão de pais judiciosos. Agora, deixa eu voltar para meu quebra-cabeça de gênero.*

Convencidas de que a primeira luta de classes se confunde com luta de sexos, as feministas integraram uma dimensão marxista que a análise política chama de cultural justamente para traduzir a intenção de reestruturar a sociedade por indução de formas novas de pensar antes que pela força das armas.

A expoente do movimento, Shulamith Firestone[144], condensou assim a ideia:

> "As feministas devem questionar não apenas toda a cultura *ocidental*, mas ainda as formas em si de organizar a cultura ..."[145] (*Apud* FALUDI, 2013)

Com a palavra "ocidental" em itálico para avisar que a revisão das demais culturas também está no projeto.

Numa palavra, o conceito de gênero é uma ferramenta para a construção de um novo ser humano. Não marca apenas a sexualidade. Configura um prisma filosófico geral e um modo de ver a realidade social, política, religiosa ...

---

144 Shulamith Firestone, https://en.wikipedia.org/wiki/Shulamith_Firestone.

145 Feminists have to question, not just all of *western* culture, but the organization of culture itself ...

É nesse vasto campo que se trava a guerra das ideias.

Firestone – que qualificava a gravidez de coisa bárbara, estimava que parir equivalia a c...g...r (sic) uma abóbora e chamava a infância de pesadelo vigiado – escreveu uma obra intitulada *Sexual Dialectics* onde aplicou a dialética marxista à sexualidade e propôs uma revolução para "arrancar a família biológica pela raiz"[146], alegando que, só assim se aniquilaria "a tênia da exploração" (FALUDI, 2013).

É de se notar que a encantadora dama não conseguia negar a natureza, já que ela mesma propunha extirpar a "família biológica". Mas, nem por isso. Ela simplesmente mandava desprezar o que por ventura contrariasse seus devaneios:

> "Diversamente das classes econômicas" – dizia – "as classes sexuais têm origem diretamente na realidade biológica [ ... ] As diferenças reprodutivas naturais entre os sexos conduziram diretamente à primeira divisão do trabalho com base no sexo, a qual está na origem de todas as divisões posteriores em classes econômicas e culturais [mas] a natureza não é necessariamente um valor humano. A humanidade já começou a superar a natureza. Não podemos mais justificar a manutenção de um sistema discriminatório de classes sexuais fundamentadas em sua origem natural" (FIRESTONE, 1970)

E, frente à injustiça da mulher arcar sozinha com o peso da gravidez em benefício de ambos os sexos, mandava fazer greve e parar a reprodução visando forçar a invenção de tecnologias de gestação laboratorial ou masculina.

Sem brincadeira!

Firestone foi uma visionária e tanto. Mas, o delírio não terminou nisso. Ela deu outro passo e sugeriu mais uma coisa.

> " ... assim como a eliminação das classes econômicas exige a revolta da classe dominada (o proletariado) e a tomada dos meios de produção, a eliminação das classes sexuais exige a revolução da classe inferior (as mulheres) e a tomada do controle da reprodução. Isto é, requer a restituição à mulher, da propriedade sobre o próprio corpo e o controle feminino da sexualidade humana. E, da mesma forma que o objetivo final da revolução socialista não era apenas a eliminação do privilégio da classe dominante, mas a eliminação da própria distinção das classes econômicas, assim também o objetivo final da revolução feminina deve ser, diversamente do objetivo do primeiro movimento feminista, não apenas a eliminação do privilégio masculino, mas a eliminação da própria distinção sexual". (FIRESTONE, 1970)

Sulamita propõe, pois, muito mais que um simples empoderamento feminino. Ela advoga, na realidade, um mundo sem homem e sem mulher. Da mesma forma que Marx imaginava uma sociedade sem classes, ela idealiza um cenário sem sexos.

146 "... uproot the family", no original.

Independentemente dos ganhos proletários sobre a burguesia – pensava ela – sempre haverá diferenças até a abolição definitiva das classes. E quaisquer que sejam os avanços da mulher e as concessões do homem, sempre haverá desigualdades até a supressão dos sexos[147].

Por isso, a ideóloga quer uma humanidade indefinida, apontando para o polimorfismo sexual e aventando, inclusive, a libertação sexual da criança assim como a aceitação da pedofilia e do incesto:

> "Os tabus relativos às relações homossexuais entre adultos e menores irão desaparecer [...] todas as relações próximas irão incluir o físico [...] Devemos incorporar a questão da opressão da criança em qualquer programa feminista revolucionário [...] Nossa etapa final deve ser a eliminação das próprias condições da feminilidade e da infância. O tabu do incesto hoje é indispensável somente para preservar a família. Então, se nós nos desfizermos da família, iremos de fato desfazer-nos dos tipos de repressão que moldam a sexualidade em formas específicas [...] Se a repressão sexual precoce é o mecanismo base pelo qual são produzidas as estruturas de personalidade que sustentam a escravidão política, ideológica e econômica, o fim do tabu do incesto, através da abolição da família, poderá ter consequências profundas. A sexualidade poderá ser libertada da sua camisa de força para erotizar toda a cultura, modificando a sua própria definição." (Arranjo do autor.)

Chama-se a atenção sobre a última opinião expressa acima: a repressão sexual infantil é um mecanismo reprodutor das estruturas opressivas. Em consequência, é preciso fazer a cabeça da criança e libertá-la da autoridade e do condicionamento da família. Daí, a Lei da Palmada e tudo o que concorre para enfraquecer o pátrio poder assim como a insistência em introduzir a dimensão de gênero nos Planos de Educação.

A ideia de emancipação feminina por transferência dos papéis familiais ao Estado e a consequente diluição dos laços naturais transparece claramente no trecho abaixo:

> " ... libertar a mulher da tirania de sua biologia reprodutiva por todos os meios disponíveis e transferir a função reprodutiva e educativa a toda a sociedade globalmente considerada [...] significa opor-se à família, a unidade social organizada em torno da reprodução biológica e da sujeição da mulher ao seu destino biológico [...] a total autodeterminação, incluindo a independência econômica, tanto da mulher como da criança [...] no socialismo feminista [...] com isso atacamos a família numa frente dupla, contestando o pivô de sua organização, a saber, a reprodução da espécie pela mulher e a consequente dependência física da mulher e da criança [...] eliminar essas condições já seria o suficiente para destruir a família que produz a psicologia do poder." (Arranjo do autor.)

147 ... o que se alcança precisamente aprisionando a mente na cultura de gênero que ignora o sexo biológico.

Segue, então, prometendo uma nova sociedade sexualmente polimorfa em que mulher e criança poderão usar a sexualidade para satisfazer-se como quiserem.

A convergência de enfoques com a vertente LGBT ... PTQQIIAA fica patente, porque a utopia motora tem tudo a ver com a indiferenciação total por abandono das categorias binárias naturais. A sexualidade fluida da proposta gay aparece assim em sombreado com a intermutabilidade ou a inexistência do masculino e do feminino, a quase fungibilidade das orientações, a subjetividade da identidade ...

A própria Escala de Kinsey[148] com *dégradé* de estados intermediários entre os polos hétero e homo tende a perder relevância em tal evolução, porque não há mais extremidades nem posições no entremeio. Existe simplesmente uma pansexualidade amorfa ou polimórfica pastosa que se deixa moldar arbitrariamente como plasticina, conforme a lua e os gostos da hora.

Firestone, a bem da verdade, era mais radical que as radicais e atropelou a própria época. No entanto, foi reverenciada pelo *establishment* de gênero em peso, e seu ideário – salvo para a pedofilia e o incesto[149] – se tornou o banal eixo central da militância hodierna.

*– Agora, fiquei meio confusa!*
*– Não é por nada. Quem inventa tudo isso também anda desorientado. Vou tentar explicar em palavras simples.*
*– ...*
*– Você, Rosa, não nasceu nem homem nem mulher. E o José também não.*
*– Então, não há homem natural nem mulher natural.*
*– Correto. Na hipótese de gênero, não há masculinidade ou feminilidade inata. Todo mundo nasce indefinido à espera de decisão.*
*– Ora!? A gente não vem ao mundo com genitais distintos? Com cromossomos xy ou xx em cada célula do corpo? Com capacidade para produzir testosterona ou progesterona?*
*– Claro. Só que estamos falando de gênero, e não de sexo. Lembra? É uma categoria criada para operar num campo ideológico completamente imune às imposições da natureza. Numa esfera onde se pode especular sem impedimento.*

---

148 Veja supra, 3-A Conquista do Campo Médico-Psiquiátrico.

149 Se bem que a novela da Globo "Sete Vidas" deu um primeiro passo – sutil, na verdade – rumo ao desmonte do "tabu do incesto", assumindo, assim, um papel de vanguarda ideológica surpreendente. Veja GLOBO TV, Sete Vidas: Bernardo pergunta por que irmãos não podem namorar, disponível em http://globotv.globo.com/rede-globo/sete-vidas/v/bernardo-pergunta-por-que-irmaos-nao-podem-namorar/4064852/, acessado em 17/07/2015.

*– Sim. Tradicionalmente, a palavra "gênero" se usava em gramática ou por oposição à espécie.*
*– Justo. O discurso gay é que passou a utilizá-lo em sexologia para mobiliar esse espaço conceptual metamaterial.*
*– Não há homem natural nem mulher natural, mas existe gay natural, não é?*
*– Eis onde começa a baralhada. Homem não nasce homem, mulher não nasce mulher, ao passo que gay nasce gay!? É o lado pitoresco da lorota. Na verdade, não se entendem muito sobre isso. Uns sustentam a tese essencialista que defende uma essência gay inata de base biológica. Aí, trombam com as feministas que insistem na visão construtivista do condicionamento social. Outros tentam combinar os pontos de vista para agradar gregos e troianos. E o pior é que vivem mudando de opinião consoante a inspiração do dia. De sorte que, se você quiser ter certeza de perder seu tempo, é só se envolver com essa tagarela, que terá assunto para o resto da vida.*
*– Se ninguém nasce sexualmente definido, quem é então que resolve?*
*– A definição é pessoal, José. E depende dos caprichos da hora. Você sonha de noite que o corpo em que você está não é seu ... acorda com vontade de ser mulher ... e você é mulher.*
*– E de quem seria esse corpo, se não for meu. Quem é seu legítimo dono? Para quem devo devolvê-lo?*
*– Ah! Nesse detalhe, não tinha pensado. Eles tampouco, imagino.*
*– Vamos esquecer disso, então. A gente deixa nos perdidos e achados para ver se alguém vem reclamar.*
*– ...*
*– Como posso desejar ser mulher? Você não disse que não há mais mulher?*
*– Sim. Mas, só se a gente trabalhar com o conceito de sexo. Contudo, se você operar com a noção de gênero, não tem problema: você continua livre de ser o que quiser.*
*– Você tem certeza?*
*– Não. É o que consegui extrair das minhas leituras. Fato é que eles também não sabem ao certo. São intelectuais doentios que confundem fantasia e realidade. E PhD divagando não tem limite.*
*– Então, poderia decidir ser mulher de manhã e homem à tarde?*
*– Exato, José. E se você bater numa mulher de manhã, você não vai preso pela Lei Maria da Penha, porque é mulher batendo em mulher. Mas, à tarde, você vai para a cadeia, porque é homem batendo em mulher.*
*– Se tiver problema com a sogra, terei que aproveitar a manhã.*
*– Muito esperto, José. Agora, se você resolver ser mulher e seu amigo Pedro também resolver ser mulher ... e se você decidir namorar com ele, você vira lésbica por um dia.*
*– É mais ou menos o caso que você contou ... o homem que fez uma operação de mudança de sexo para ser mulher, porém no intuito de virar sapatão e correr atrás de mulher.*

*– Correto, José. Já, se você e Pedro decidirem continuar homens e namorar no dia seguinte, vocês se tornam gays. E está tudo bem, porque não fazem outra coisa a não ser exercer seu legítimo direito de opção sexual.*

*– Uau!*

*– E o melhor do conto é que não somente você pode determinar ser homem ou mulher, como pode ainda definir o conteúdo da masculinidade e da feminilidade. Portanto, a própria definição do homem ou da mulher é também subjetiva e depende de cada um.*

*– ??!!*

*– Você pode ademais decretar ser qualquer coisa que conseguir inventar entre Adão e Eva ... e mudar de opinião dez vezes ao dia, exteriorizando o delírio em público em nome da liberdade de expressão sexual, bissexual ou transexual de acordo com sua criatividade.*

*– Que bagunça! É inacreditável.*

*– No entanto, é aonde leva uma aplicação extremada da proposta. Pelo menos, é o que uma inteligência mediana capta com um mínimo de pesquisa. E é a partir desse caos que se pretende formular uma agenda civilizatória. Inclusive, o Brasil parece ter-se tornado alvo predileto da geopolítica LGBT/gênero com o apoio incondicional dos governos de esquerda. Há muitos indícios a corroborar a tese ... mas, essa parte fica para outro capítulo.*

*– Os pilares conceituais da sociedade estão em jogo!*

*– Sim, José. Você lembra de Euclides?*

*– O inventor da geometria? Sei.*

*– Pois bem. Um pouco mais de 2.000 anos atrás, lá na Grécia antiga, ele concebeu uma série de figuras: o quadrado, o triângulo, o círculo ...*

*– Então?*

*– Então que essas figuras são conceitos ideais que não existem no mundo real. Há aproximações. Porém, nada que reproduza com exatidão a ideia pura.*

*– Pior que é.*

*– Embora sejam tão somente ideias puras sem existência real no mundo físico, um engenheiro que construir uma ponte sem levá-las em conta não vai longe.*

*– A ponte cai, com certeza. E por que você me vem com essa conversa, agora?*

*– Porque a sociedade também se constrói em conceitos ideais chamados de instituições. A família, o casamento ...*

*– Entendi. São ideias puras. Não há família perfeita no mundo real. Mas, é um farol utópico a guiar os comportamentos lá do horizonte.*

*– É justamente isso, Rosa. O referencial está nalgum ponto do infinito que a sociedade não alcança. Ora, se mexer nesse norte, o equilíbrio se perde. Brincar de inventar modas e formas alternativas com o esqueleto institucional da ordem social é como inventar um círculo meio quadrado ou um triângulo de quatro lados: funciona na esfera pura da especulação ideológica ... mas, no mundo real, a casa cai.*

*– É. Representam um referencial abstrato, porém não arbitrário ... e não podem ser arbitrariamente desconstruídos ... assim, a sociedade entra em decomposição.*
*– E o drama é que querem por tudo introduzir a coisa no ensino. Querem fazer cabeça de criança com retângulo de três lados e trapézio redondo.*

A dicotomia sexo-gênero e a noção de autonomia individual no desenho da identidade sexual já estavam firmemente implantadas no fim da década de 1980. Porém, antes sob forma de manifesto com Kate Millet ou de ideologia política com Shulamith Firestone. Faltava, ainda, uma teorização sistêmica do pensamento de gênero. E a cultura em tela deu esse passo em 1990 com a publicação de *Gender Trouble*[150] por Judith Butler[151].

A obra representa um marco divisório. Foi traduzida em vários idiomas e se tornou uma espécie de evangelho LGBT/gênero. Circula nos países lusófonos sob o título de Gênero em Conflito, e tamanha é sua importância para o entendimento da matéria que não parece excessivo falar do "antes" e do "após" Butler.

Na época em que a professora de Berkeley entra em cena, o conceito de gênero já fazia parte da história. Nascera nos anos 60 com os trabalhos de um médico de nome John Money que defendera pela primeira vez em artigos científicos, a diferença entre o sexo biológico definido pela anatomia e um suposto sexo psicológico socialmente induzido ... o que já expressava o dualismo antropológico do feminismo de gênero.

Na prática, as teorias de Money foram tragicamente refutadas por uma experiência desastrosa de mudança de sexo que resultou no suicídio do paciente e na desestruturação de uma família inteira.

Em duas palavras, ele fora procurado pelos pais de uma criança cujo pênis tinha sido danificado numa operação de circuncisão. Convencido de que menino educado como menina simplesmente viraria menina na sua forma de sentir e agir, estimou ter achado a oportunidade de provar suas teses e convenceu os genitores a realizar a operação.

A família seguiu à risca as instruções. Mudou o nome de David para Brenda. Trocou o azul pela cor de rosa. Comprou vestidos e bonecas. Educou o garoto como uma garotinha, submetendo-o inclusive a tratamento hormonal. E nunca revelou o que acontecera com ele quando bebê. Mas nada disso ajudou: apesar do rabo de cavalo, Brenda sentia-se David e preferia brincar com caminhão.

150 BUTLER, Judith, Gender Trouble: Feminism and the Subversion of Identity, Routledge, New York, 1990, disponível em http://www.lauragonzalez.com/TC/BUTLER_gender_trouble.pdf, acessado em 06/06/2014.

151 Judith Butler, https://en.wikipedia.org/wiki/Judith_Butler.

A sequência foi uma sórdida estória de depressão com tentativa de reversão para o sexo masculino, novas cirurgias e mudança de hormônios até o desfecho final do suicídio[152] (COLAPINTO, 2004).

Money continuou gesticulando no abstrato, escrevendo dezenas de artigos, cobrindo-se de honrarias e acumulando prêmios sem nunca falar do único caso concreto que desmentia todo o resto. A militância, bem entendido, se apressou em comprar a noção de gênero sem pedir o troco, porque atendia impecavelmente sua intenção política.

Millet usou o conceito. Firestone também. E como elas, tantos outros. Mas, antes de forma tangente, como meio para provar outras coisas. Ao passo que Butler o "teorizou". Com ela, a ideologia – que continua ideologia – adquiriu cara de ciência e muitos passaram a chamá-la de "teoria". Erroneamente, sem dúvida, porque teoria é um discurso explicativo da realidade, quando a retórica de gênero faz é justamente negá-la.

Seja qual for o grau de alienação, solidificou-se com ela o pressuposto antropológico da livre escolha de gênero e/ou de identidade sexual para a feitura de um mutante a matar qualquer *cybertronian transformer* de inveja. Para felicidade do segmento LGBTPTQQIIAA ... XYZ que só queria ouvir alguém anunciar claramente uma mudança de pautas morais, abolir de vez as diferenças entre macho e fêmea, informar que gênero não depende de sexo biológico, revelar que o psíquico pouco tem a ver com o corpo, avisar que homossexualidade não é nem mais nem menos natural que heterossexualidade, notificar que ser homem por fora e mulher por dentro é absolutamente normal e legitimar o libera geral para tudo o que possa inventar a imaginação mais prolífica.

Judith Butler parece querer avançar mais, ainda. Pois, deixa entender que, além do gênero, talvez o sexo também seja uma construção social.

> A distinção entre sexo e gênero serve o argumento segundo o qual o gênero é culturalmente construído. Portanto, o gênero não seria nem o resultado causal do sexo nem seria aparentemente ligado ao o sexo. Se o gênero representa os significados culturais que o corpo sexuado assume, então não se pode dizer absolutamente que o gênero seja a consequência do sexo. Além disso, mesmo que, em sua morfologia e constituição, os sexos pareçam ser binários [ ... ] não há razão para presumir que os gêneros devam também continuar sendo dois. Quando o status construído do gênero é teorizado como radicalmente independente do sexo, o gênero se torna uma artificialidade livremente flutuante. A consequência é que homem e masculino podem facilmente significar tanto um corpo feminino como um corpo masculino, e mulher e feminino podem significar tanto um corpo masculino como um corpo feminino. Se o caráter imutável do sexo for contes-

152 QUEER GUESS CODE, David Reimer's Tragedy vs. The Transgender Experience, 29 November 2012, disponível em https://queerguesscode.wordpress.com/2012/11/29/david-reimers-tragedy-vs-the-transgender-experience/comment-page-1/, acessado em 08/04/2015.

> tado, talvez esta construção chamada de sexo seja tão culturalmente construída como o gênero. Na verdade, talvez ela já tivesse sido sempre gênero, com a consequência de que a distinção entre sexo e gênero termine por não ser distinção alguma" (BUTLER, 1990).

Em termos mais simples, ela deixa entender que dividir os seres humanos em sexos é tão errado quanto atribuir-lhes papéis de gênero. O que deixa vislumbrar uma ampla margem para desvairo futuro.

Judith Butler é, na realidade, uma lésbica que racionalizou o próprio problema com muito brilho intelectual. Enfrentara as dificuldades da adolescência nos anos 70 e sofrera rejeição da condição no meio escolar, achando finalmente legitimação nas vertentes construtivistas e neomarxistas francesas. Seus escritos refletem claramente a influência de Foucault e da reflexão althusseriana[153] sobre os aparelhos ideológicos de Estado.

Os anos 70/80 produziram os ingredientes: dualismo corpo/psique, luta de sexos = luta de classes, opressão patriarcal, submissão do feminino, origem primeira de todas as desigualdades econômicas e políticas na família heterossexual, redenção da mulher pela superação do casamento monogâmico ...

No total, o marxismo almejava um mundo sem diferenças de classes, e o feminismo aspirava a um mundo sem diferenças de sexos. Num caso como no outro, pelo fim da família. O problema estava em aberto, e Butler trouxe a solução sob a forma de um sistema filosófico. Apenas, parou no meio do caminho. Para a felicidade LGBT/feminista, ela entregou a receita completa para uma sociedade sem homem nem mulher. Contudo, não achou o truque para o fim do proletariado e da burguesia. O camarada Karl, portanto, ficará com fome.

A convergência do gayismo e do feminismo passou por diversas etapas que contaram com vários expoentes teóricos. Eleger uma figura paradigmática em detrimento de outras comporta, pois, certa dose de arbitrariedade. Contudo, Judith Butler tem um mérito excepcional na fusão de ambas as correntes numa matriz ideológica única. Herdou, a bem da verdade, um ideário devidamente sedimentado nos meios homossexuais, mas inaugurou sub-repticiamente uma linha de pensamento que se tornaria basilar no ativismo político.

A ideia de um modelo heteronormativo a sufocar as demais formas de sexualidade estava no ar desde os incidentes de Stonewall em 1969 (JAGGER, 2007). Sintomaticamente, o slogan em voga nas manifestações LGBT dos anos 70 era "arrebenta a família, arrebenta o Estado!"[154] (HEKMA, OOSTERHUIS & STEAKLEY, 1995). No entanto, esse entendimento ficou mais claro a partir dela.

153 Althusser, Louis, https://pt.wikipedia.org/wiki/Louis_Althusser.

154 "Two, four, six, eight – smash the familiy, smash the State!"

Com Butler, a complementaridade natural a fundamentar a união do homem com a mulher torna-se inconfundivelmente o ferrolho a estourar para abrir caminho à plena exteriorização de todas as orientações e identidades a pontilhar o espectro LGBT. A alforria passa, pois, pela diluição do padrão "hegemônico" em um sem-número de combinações e recombinações arbitrárias onde tudo se torna família e nada mais é família.

Depois de *Gender Trouble*, o quadro teórico de apreensão do fenômeno não é mais o mesmo, porque a retórica LGBT e o discurso de gênero viram coisa igual e igual coisa. Os atores são idênticos. Os programas são indiferenciados. A temática é única. O espaço institucional é compartilhado. As iniciativas se fundem numa política comum. As estratégias são ambivalentes.

Convém, desde então, falar de movimento LGBT/gênero. Ou criar neologismos compostos do tipo gen-gay, gay-gênero ...

Agora ... para quem gosta de sutilezas, gay está levemente enganado com a Judith. Porque a escola butleriana transcende a homossexualidade tanto quanto a heterossexualidade. Para ser claro – ou antes, confuso – anuncia tempos sem sombra de demarcação objetiva. Categorias homo, hétero, bi, trans ou retro estão fadadas a desaparecer, já que a Era de Aquário só conhecerá seres fluidos de efêmera definição subjetiva. E em tal contexto, nem homo haverá.

Por prova ...

> "Se uma noção estável de gênero não é mais a premissa fundacional do feminismo, talvez seja desejável outra política feminista para contestar as próprias reificações de gênero e de identidade, uma nova política que fará da construção variável de identidade, não apenas um pré-requisito metodológico e normativo, mas também um objetivo político." (BUTLER, 1990)

Quem não captar o trecho acima não deve ficar preocupado, pois é sinal de sanidade mental. Quem entender, pelo contrário, tem motivo de sobra para ficar cismado. Mas, quem for são de espírito e quiser ficar insano deve simplesmente entender que não há mais como estabilizar qualquer identidade sexual. Tudo é aleatório e varia num segundo. Sapo vira príncipe para logo transmutar-se em minhoca. Contudo, ninguém se torna homem, gay ou mulher, porque homem, gay ou mulher já não há. E, logicamente, só se pode ser alguma coisa que existe. Como marciano, lobisomem, aranha de três cabeças ou, justamente, fêmea de testículos e macho de vagina.

*– Então vem coisa pior, ainda.*

*– Sim. Você logo vai ficar com saudade do bom velho gay. Porque o tipo antropológico que está na prancheta oscila entre ET e Godzilla.*

A desconfiguração generalizada da sexualidade está no programa. E o intento não se limita às elucubrações de uma acadêmica isolada. Instalou-se no *establishment* LGBT/gênero por meio dos Princípios de Yogyakarta incessantemente evocados pela militância. O documento foi aprovado por um conjunto de ONGs e intelectuais simpatizantes numa reunião realizada na Indonésia em 2007 com o fim de equiparar Direitos Gays e Direitos Humanos, estendendo para os primeiros toda a proteção desde já consolidada em favor dos segundos.

Dos 29 signatários, vários tinham intimidade com a máquina da ONU como ex-funcionários da Organização e valeram-se da própria expertise para levar a proposta à votação da Assembleia Geral com o apoio de alguns Estados. Contudo, a manobra fracassou, e o texto foi rejeitado pela grande maioria como tentativa de impor uma interpretação sem qualquer respaldo nos tratados[155].

Assim sendo, o diploma não tem valor jurídico nenhum, não possui força vinculante e não compromete ninguém salvo as ONGs signatárias. No entanto, é reverenciado pelos meios ativistas e pela mídia como norma obrigatória, sendo geralmente aceito como tal por diversas entidades nacionais e internacionais de promoção dos Direitos Humanos.

Não é, por conseguinte, uma coisa marginal. Trata-se de um diploma devidamente integrado ao eixo central da política gay e feminista. Ora, a identidade de gênero nele consagrada parece refletir o conceito idealizado por Butler.

> "Entende-se como identidade de gênero" – diz o texto – "o profundo sentimento de gênero individualmente e internamente vivenciado por cada pessoa, podendo incluir a percepção pessoal do próprio corpo (a qual pode envolver, conquanto livremente escolhida, a modificação de aparência ou função corporal por meios cirúrgicos, médicos ou outros) e outras expressões de gênero, como vestimenta, modo de falar e maneirismos ... [ o Estado tem obrigação de ] ... tomar todas as medidas legislativas, administrativas e outras para o total respeito e completo reconhecimento da autodefinida identidade de gênero de cada pessoa ... "[156]

Não fica muito longe do gênero volátil de Butler. Chega até muito perto. Logo, o que começou como miragem individual na redoma universitária, já virou alucinação coletiva e tomou conta da rua.

---

155 Veja Yogyakarta Principles, https://en.wikipedia.org/wiki/Yogyakarta_Principles.

156 THE YOGYAKARTA PRINCIPLES, on the Application of International Human Rights Law in relation to Sexual Orientation and Gender Identity, s/d, disponível em http://www.yogyakartaprinciples.org/principles_en.htm, acessado em 25/07/2015.

É de se notar – para encerrar com uma nota burlesca – que a conversa rejeita furiosamente os "estereótipos" masculinos e femininos. Assim, "expressões de gênero como vestimenta, maneira de falar ou maneirismos" são condenáveis para héteros. Só se tornam louváveis e até configuram direitos humanos para travesti ou transexual. Mulher que fala e gesticula como mulher, portanto, se inferioriza. E homem com mímica de homem é machista. Enquanto gay feminino ou lésbica masculina é figurino topo de linha a merecer bajulação máxima.

É indiscutivelmente o tipo de incoerência que filtra da citação acima.

*– Agora, preciso de ouvidos atentos para compartilhar as tensões e de ombro companheiro para chorar as mágoas.*

*– Epa! Amigo é para essas coisas.*

*– "Ignorance is blessed".*

*– ...*

*– Conhecem o provérbio?*

*– Significa que a ignorância é abençoada, não é?*

*– Sim. É um ditado inglês cheio de sabedoria. Diz que quem não sabe das coisas, também não sofre e vive feliz da vida. É cerveja, samba e sorriso 24 horas. Consciência dos problemas, em compensação, é o primeiro passo para a fossa.*

*– Sem dúvida. Mas, porque essa agora?*

*– Porque Yogyakarta lembra o momento mais deprimente da minha pesquisa.*

*– Ah!*

*– Na realidade, o estudo foi legal. Muitas vezes surpreendente. Às vezes assustador. Contudo, não me trouxe real tristeza. Foi antes um sinal de alerta e um incentivo à reação. Isso dito, um caso particular me deixou descrente. Simplesmente, perdi o ânimo. Por pouco, deixo cair os braços e procuro um esconderijo no Himalaia para morrer meditando.*

*– Uau!*

*– Vocês ouviram falar do acórdão do Supremo que assimilou a união homoafetiva à família.*

*– Sim. O caso é famoso. O STF deu um milhão de justificativas e racionalizou de mil formas para finalmente mudar a Constituição por conta própria.*

*– Justamente. A entidade familiar, definida como união entre homem e mulher, simplesmente virou qualquer coisa e, em conseqência, quase nada para encaixar a união entre pessoas do mesmo sexo.*

*– Passou por cima da vontade popular, do poder constituinte e do legislador, explicando que o Congresso deveria emendar a Carta Magna, mas não o faz. Então, já que o legislador não legisla como o Supremo acha que devia legislar, os ministros resolveram tomar a iniciativa e alterar o sentido do texto constitucional sozinhos.*

*– Uma espécie de Golpe de Estado, então?*

*– Sim. Foi uma clara invasão de competências.*
*– E Yogyakarta?*
*– Eis que no rol das explicações, citam os Princípios de Yogyakarta.*
*– Ora! Sobrepuseram um manifesto gay à Constituição.*
*– Talvez seja uma forma excessiva de falar, Rosa. Mas, os Princípios em questão estão no meio das justificativas. Referem-se a uma autora americana que escreveu um livro sobre a independência dos Estados Unidos, fazem alusão à Revolução Francesa e falam de um milhão de coisas ... menos do texto constitucional que não deixa dúvida ... depois, acrescentam Yogyakarta na salada e mudam o sentido da Carta Magna.*
*– Esse documento não tem valor legal para o Brasil! Não é tratado. Não é lei.*
*– Não é mesmo. É apenas um texto produzido por 29 aloprados algum dia na Indonésia.*
*– E pensar que o Brasil trocou ideias com o Brasil durante meses para redigir essa Constituição! O texto reflete os valores mais profundos da Nação. É o que o povo quis do fundo do coração. Só cabe à soberania popular mudar isso. E o STF vira as costas para dar atenção à opinião de uma ONG holandesa, duas austríacas e meia dúzia de americanas !?*
*– Você vai ler a respeito, porque trato o caso em capítulo próprio. Aí, vai ter de tomar aspirina, porque dá francamente para ficar baqueado.*
*– É completamente descabido mesmo. O casamento homem/mulher e a família natural fazem parte do patrimônio cultural da Nação ...*
*– ... ora arruinado por quem tem precisamente a incumbência de preservá-lo!*
*– É exatamente como você disse, Rosa: o capital moral do Brasil dilapidado por seu fiel depositário.*
*– De onde esse Tribunal tira legitimidade para dispor assim da riqueza do povo!?!*
*– É. O Supremo julga todo mundo. Agora, todo mundo também julga o Supremo pelo voto. Mas, tem que aprender a votar primeiro. Enquanto isso não acontecer, resta-lhe julgar lá do além, José.*

## Capítulo II

# A GEOPOLÍTICA LGBT/GÊNERO

### 1. O Quadro Onusiano

O imperialismo clássico era bilateral e direto. O Reino Unido, a França, Bélgica, a Espanha ou Portugal mandavam em suas colônias e ninguém interferia. A versão moderna é multilateral e triangularizada. A norma que rege o Planeta é essencialmente incubada no Primeiro Mundo e irradiada para as periferias via organismos internacionais dominados por alguns Estados poderosos.

Uma metrópole global chamada de G-7[1], e uma colônia coletiva formada pelo Terceiro Mundo, em suma. Ou algumas nações burguesas, dirão os marxistas, com vocação para capitalizar a mais-valia alheia, e tantos povos proletários com a função de alimentar o confisco das primeiras.

Um canto do globo acumulando. O outro empobrecendo. A riqueza de poucos refletindo a miséria de muitos. Sem que os primeiros trabalhem mais. E sem que os segundos trabalhem menos. Apenas porque um produz a regra e o discurso que a legitima. E só porque o outro a recebe pronta sem crítica.

A norma internacional expressa predominantemente a vontade política dos Estados dominantes. Mas, estes, por sua vez, são marionetes de forças muito maiores, porque quem manda na política é banco e companhias multinacionais como no tempo das caravelas. No final, não mudou grande coisa. E, como sempre, o centro compõe a música, enquanto a periferia dança.

Tudo o que vem de fora não é ruim, contudo. O Brasil integrou muitas coisas boas. O espírito científico, o rigor filosófico, a disciplina de trabalho e o empreendedorismo fazem parte da herança positiva. Todavia, os últimos anos desprezaram antes as qualidades para importar a decadência.

No que diz respeito à cultura LGBT, o pivô da interação e transmissão é a Organização das Nações Unidas. Em particular, a maquinaria dos Direitos Humanos. A terraplanagem ideológica, a bem da verdade, passa pelo audiovisual. Hollywood, a televisão e a Internet preparam o terreno por dis-

---

1 G 7, https://pt.wikipedia.org/wiki/G7.

seminação de modelos e uniformização de comportamentos. No entanto, o ambiente da ONU é que molda os princípios normativos de internacionalização dos modismos. Pelo peso dos Estados Unidos e da Europa nos mecanismos decisórios, sem dúvida. Mas, sobretudo, pelo predomínio da dupla dólar/euro, porque quem controla o nervo financeiro da guerra dificilmente perde a batalha das ideias.

A Organização nasceu em 1945 no imediato pós-Guerra com a missão professa de manter a paz internacional e com a intenção oculta de estabelecer o comando dos vitoriosos sobre os rumos da humanidade. Não há dúvida que todos ansiavam por paz após quatro anos de carnificina. Entretanto, as potências vencedoras queriam uma paz em que mandassem nos demais. O Direito Internacional é fundamentalmente a lei do mais forte, e a construção das Nações Unidas não fugiu à regra. ONU neutra a pairar equidistante sobre os interesses estatais em busca do equilíbrio geral rege, pois, a lua. Porque, o que manda na Terra é antes relação de forças.

Essa dimensão perpassa todas as engrenagens institucionais em maior ou menor grau e deve instruir a abordagem do tema em pauta, sob pena de perder o alvo por uma distância astronômica.

Garantir a paz ou o domínio dos grandes é tarefa multifacetada que demanda envolvimento em inúmeros aspectos da vida internacional e que chama o contínuo confronto de teses diversas. A Organização das Nações Unidas é, desde então, um foro de debate permanente. Sem dúvida, o maior da história e o único capaz de articular a convergência das principais correntes do pensamento contemporâneo.

Para tanto, vale-se de conferências internacionais a operar como laboratórios de ideias voltados para o meio ambiente, o desarmamento, as energias renováveis, os povos indígenas, o espaço extra-atmosférico ou as mais variadas temáticas[2]. E os campos de batalha prediletos da geopolítica LGBT/gênero são as Conferências sobre a População[3] e as Conferências sobre a Mulher[4].

As primeiras aconteceram em Bucareste (1974), México (1984) e Cairo (1994). As segundas, em México (1975), Copenhague (1980), Nairóbi (1985) e Pequim (1995), a última sendo objeto de revisão a cada cinco anos.

As conferências marcam o tique-taque midiático do *gay/gender power*. Representam o momento da síntese e do salto para frente. Expressam o ba-

2 ONU, L´ONU en Bref: comment l´ONU fonctionne, disponível em http://www.un.org/french/aboutun/uninbrief/about.shtml, acessado em 17/07/2015.

3 UNITED NATIONS, Department of Economic and Social Affairs, Population Division, United Nations Conferences on Population, http://www.un.org/en/development/desa/population/events/conference/index.shtml.

4 World Conferences on Women, http://www.unwomen.org/en/how-we-work/intergovernmental-support/world-conferences-on-women.

lanço das realizações, fazem o inventário dos avanços e projetam as ações futuras sob a forma de "declarações finais" que definem a percepção jornalística do fenômeno. Por isso, a hora é de abraços e sorrisos, porque dissidências ou protestos não ficam bem na foto, e a imagem que vai a público é sempre de consenso.

O biombo dos festejos esconde, contudo, intrigas e lutas ferrenhas. O motor, de fato, não apaga entre duas conferências. Continua funcionando nas sessões preparatórias, nas reuniões paralelas, nos congressos regionais, na agitação das ONGs bem como nas campanhas de imprensa ou no *lobbying* político a rechear os intervalos. E eis para onde a diplomacia relega trombadas e rasteiras. Focar o momento das solenidades, portanto, não ensina grande coisa sobre a marcha dos acontecimentos. Para compreender a gênese das decisões e tomadas de posição, é preciso andar nos bastidores e colar o ouvido na porta para flagrar os argumentos, as mentiras e os desaforos.

Por mais correto o método resulta, porém, na coleta de uma profusão de detalhes e num volume de informação que não cabem numa obra de estudo geral, razão pela qual se impõe a seleção de alguns pontos particularmente representativos do processo. O expediente comporta riscos, já que a escolha de um elemento redunda na exclusão do resto e desvirtua a visão de conjunto. Todavia, a excepcional importância de Pequim 1995 salta aos olhos, porque a IV Conferência da Mulher oficialmente entronizou o conceito de gênero.

O livro *Gender Trouble* de Judith Butler fora publicado em 1990[5], contemplando o ativismo estadunidense com uma ferramenta ideológica de primeira, uma terminologia integral e uma fraseologia estruturada. Cinco anos mais tarde, toda essa matriz de raciocínio era aclamada pelas Nações Unidas e conquistava o palco internacional. De modo quase instantâneo, minava nas novelas, nas escolas, nos noticiários e nas iniciativas legislativas do mundo, submetendo as nações periféricas a uma transnacionalidade avassaladora. E em 2003, explodia no Brasil com a eleição do Lula. Diferente, desde já, é desigual ... e desigual é injusto[6]. Em tempos de proteção ambiental, o mundo passou a ignorar as dessemelhanças entre os sexos ou a julgá-las perniciosas para declarar guerra à natureza.

Os caminhos e descaminhos de uma forma de pensar burilada no aparato ideológico norte-americano e revezada pelos políticos de Washington para disseminação internacional via ONU, compõem a trama escusa da

---

5 Veja Cap. I, A Construção Ideológica, 6-A Ideologia de Gênero.

6 Condensado da obra de Dale O'Leary, The Gender Agenda, 1997, Vital Issues Press, Lafayette, Lousiana, s/d, disponível em http://www.votopelavida.com/agendagenero.pdf, acessado em 21/04/2015.

Conferência de Pequim e ilustram magistralmente os mecanismos hodiernos de colonialismo cultural e expansionismo jurídico inerentes à propagação da regra imperial – ironicamente abraçada com insólita devoção por vertentes esquerdistas historicamente radicadas no discurso anti-imperialista!

*– Interessante esse lance do PT abraçar de tal forma a causa LGBT! Um partido oriundo dos sindicatos metalúrgicos ... supostamente focado nos interesses do trabalhador ... assim, de repente, fervoroso torcedor do lobby gay/gênero!?! Não tem lógica!*
*– Difícil de entender, mesmo. Fato é que o oba-oba serve como cortina de fumaça para quem apronta.*
*– Seria uma forma de ocupar o espaço mental do povo com besteiras? Como futebol e carnaval? Tipo, quem está envolvido com isso não pensa na corrupção, nos resultados econômicos, na saúde pública, nos transportes e naquilo que realmente interessa.*
*– Bem capaz, Rosa. Bem capaz ...*
*– De qualquer forma, existe uma distância abismal entre a apreensão pública do feminismo atual e sua verdadeira proposta. Não é mesmo?*
*– Certíssimo, José. O termo foi sequestrado por interesses distintos. Pouco tem a ver ainda com a defesa da mulher. Serve sim de álibi para um projeto doentio que nega na prática as noções de dignidade e igualdade tão badaladas na retórica.*
*– A questão gay se beneficia de uma ilusão ótica da mesma natureza. Todo mundo acha basicamente que a coisa gira em torno da noção de tolerância. Como se não tivesse outro desígnio na refrega.*
*– Sim, Rosa. E isso desarma o reflexo analítico. Você não contesta causas justas. Não quer negar os direitos da mulher e não quer desrespeitar travesti ou lésbica. Então, você rejeita de antemão a postura crítica, e nunca acessa o fundo do problema.*
*– É como a acusação de homofobia. Tira qualquer um da jogada antes de começar a conversa. Você cala e sai do debate, levando seus valores e suas ideias por medo da patrulha. E, no seu silencio, se instala a mistificação e a ignorância. Porque é só o outro que conta o estória.*
*– É uma canção única. Não se escuta outra coisa. Sem chance. É como o peixinho no mar imenso. Para frente, é água. Para trás, também. Para cima, para baixo. Então, ele acha que o mundo é água e que não existe outra coisa na vida. Até o pescador puxá-lo na rede. Aí, descobre a praia e toma consciência do próprio oceano. Num instante. Por contraste.*
*– Com certeza, Rosa. Então, deixa eu tentar lançar essa rede ...*

## 2. O Neo-Malthusianismo

Para compreender o extraordinário dinamismo do movimento LGBT/gênero, é preciso saber que dispõe de farto financiamento. O empenho da Fundação Rockefeller[7] é notório desde o imediato pós-Guerra, inclusive com bolsas de pesquisa para a produção dos famosos Relatórios Kinsey[8] e com generosas verbas para a construção do instituto homônimo (MAKOW, 2004)[9]. A Fundação Ford[10] tem demonstrado o mesmo tipo de comprometimento[11]. E, mais recentemente, a Fundação Bill&Melinda Gates[12] (LEE, 2012), a Fundação MacArthur[13] ... enfim, a lista de associações "filantrópicas", bancos e empresas multinacionais a bancar a agenda feminista/homossexual é interminável. Soma simplesmente o poder econômico norte-americano em peso.

O fenômeno será analisado em capítulo próprio. Porém, impõe-se uma prévia tentativa de interpretação do interesse a mover tais entidades nessa direção.

É fato que a ciência política norte-americana ecoa o receio de submersão demográfica pelo Terceiro Mundo desde os anos 1960. Os índices de crescimento populacional da Ásia, África e América Latina assustam as nações industrializadas, e a paranoia das invasões bárbaras estimula, há muito, uma reflexão a ressuscitar o pensamento do clérigo inglês Thomas Malthus (1766-1834)[14].

Este viveu numa época conturbada onde os miseráveis ameaçavam a segurança da burguesia. Tentando explicar as turbulências, formulou a hipótese de um aumento geométrico da população a atropelar um incremento aritmético de capacidade produtiva. Em termos claros, os pobres se multiplicavam

---

7 The Rockefeller Foundation, https://www.rockefellerfoundation.org/.

8 Veja supra, Cap. I, A Construção Ideológica, 1-O Mito da Minoria.

9 The Kinsey Institute, https://en.wikipedia.org/wiki/Kinsey_Institute_for_Research_in_Sex, Gender, and Reproduction; THE ROCKEFELLER FOUNDATION, Inclusive Economies, Sexual Orientation, and Gender Identity and Expression, disponível em https://www.rockefellerfoundation.org/blog/inclusive-economies-sexual-orientation/, acessado em 17/07/2015.

10 Ford Foundation, http://www.fordfoundation.org/.

11 FORD FOUNDATION, Advancing LGBT Rights, disponível em http://www.fordfoundation.org/issues/sexuality-and-reproductive-health-and-rights/advancing-lgbt-rights, acessado em 17/07/2015.

12 Bill & Melinda Gates Foundation, http://www.gatesfoundation.org/.

13 MacArthur Foundation, https://www.macfound.org/; MacArthur Foundation, Civil Rights Project: Gay & Lesbian Advocates & Defenders, https://www.macfound.org/fellows/909/#sthash.X8ZbvmiZ.dpuf, https://www.macfound.org/fellows/909/.

14 Thomas Robert Malthus, https://en.wikipedia.org/wiki/Thomas_Robert_Malthus.

e a oferta de alimentos não acompanhava. Consequentemente, era preciso parar de fazer filhos[15].

O malthusianismo original renasceu na atualidade em versão neo-matlthusiana inspirada por uma paisagem internacional análoga[16]. Cita-se como marco particularmente impactante o célebre relatório do Clube de Roma[17] sobre os Limites do Crescimento[18] (MEADOWS *et al*, s/d) que alcançou vendas recordes em 1972 e mudou drasticamente a forma de pensar os problemas de recursos naturais, de produção e de consumo, mas também de demografia ... porque as conclusões do seleto grêmio, de certa forma, chegavam a determinar o direito de viver e o dever de morrer numa curiosa álgebra que atribuía boa parte dos males planetários às taxas de natalidade do Terceiro Mundo.

As mazelas conceptualmente condensadas no termo de subdesenvolvimento tanto quanto as correlatas ameaças à estabilidade acham origem no confisco do produto mundial orquestrado por alguns polos privilegiados, e a paz passa obviamente por uma repartição mais equitativa da renda internacional (AMIN, 1973). Não podendo comprar essa razão, os países ricos argumentam que falta o que comer porque a parte pobre insiste em se reproduzir. É naturalmente o que Wall Street quer ouvir, porque permite elidir a crucial revisão do jogo econômico internacional. E a ideia erguida em ciência formata desde já a política demográfica de aplicação periférica.

É interessante notar que os programas de planejamento familial alcançaram o Brasil no início dos anos 70 via Banco Mundial e instituições congêneres (GUILFOYLE, 1991). Não que se deva fazer filhos às cegas, mas impressiona ver que o Sul chegou à conclusão quando o quis o Norte!

Não há como negar o senso prático da teoria, pois quem não existe também não come nem briga. Havia, de fato, muita inquietação. Era a época do Vietnam, de Che Guevara e das lutas anticoloniais.

---

15 AAG CENTER FOR GLOBAL GEOGRAPHY EDUCATION, Population and Natural Resources Module : Conceptual Framework, Malthusian Theory of Education, disponível em http://cgge.aag.org/PopulationandNaturalResources1e/CF_PopNatRes_Jan10/CF_PopNatRes_Jan108.html, acessado em 28/07/2015.

16 ABRAMITZKY, Ran & BRAGGION, Fabio, Malthusian and Neo-malthusian Theories, pdf, 18 September 2011, disponível em http://web.stanford.edu/~ranabr/Malthusian%20and%20Neo%20Malthusian1%20for%20webpage%20040731.pdf, acessado em 28/07/2015.

17 Club of Rome, www.clubofrome.org/ – 19.

18 Limits to Growth.

*– Era o tempo da Guerra Fria, não era?*
*– Precisamente. A União Soviética aproveitava a miséria para insuflar a revolução em quintal alheio. E havia juventude de sobra para pegar em armas. Washington simplesmente não conseguia segurar as pontas.*
*– Então, botaram na cabeça que a superpopulação era a causa do caos.*
*– Uma das causas, pelo menos. E era racional por um lado, porque – com o perdão da brincadeira – é mais fácil convencer o guerrilheiro a não nascer do que ter de matá-lo depois de nascido!*

Constata-se, a partir daí, um amplo consenso antinatalista. Assim, o emblemático livro do biólogo Paul Ehrlich[19], publicado em 1968 sob o título de *The Populational Bomb*, advogava a redução de fertilidade, comparando a multiplicação dos seres humanos à metástase no câncer e sugerindo o uso de esterilizantes nos reservatórios de água ou nos alimentos de alto consumo (ERHLICH, 1969).

A Fundação Rockefeller [20] não ficou fora da tendência. Em 1952, assumiu inclusive um papel vanguardista com a criação do Conselho Populacional[21], uma entidade mundialmente engajada na contracepção e em perpétuo *lobbying* para a adoção de programas similares pela ONU[22]. Trabalhou, outrossim, com muito zelo no fomento da agenda gay e foi um dos principais agentes financeiros das campanhas pelos Direitos Sexuais e Reprodutivos. Nunca tomou abertamente a defesa do aborto de conveniência, embora a cultura que ela alavanca inevitavelmente desemboque nisso.

As demais entidades acima citadas e tantas outras têm atuação parecida e bancam com orgulho o colapso da família, sustentando uma multidão de ONGs que compartilham a mesma doutrina. Entre elas, a Federação Internacional para a Parentalidade Planejada-IPPF[23] chama particularmente a atenção pelo papel de articulação global entre governos, ONU e doadores públicos ou privados.

---

19 Paul R. Ehrlich, https://en.wikipedia.org/wiki/Paul_R._Ehrlich.

20 The Rockefeller Foundation, https://www.rockefellerfoundation.org/.

21 Population Council, http://www.popcouncil.org/.

22 David Rockefeller's Agenda – Population Control, youtube, disponível em https://www.youtube.com/watch?v=owaCmHWwCd8, acessado em 17/07/2015.

23 Internanional Planned Parenthood Federation, http://www.ippf.org/.

De acordo com a definição Wikipedia, a IPPF – ou *Planned Parenthood* – é "uma organização não governamental global voltada para a promoção dos Direitos Sexuais e Reprodutivos e a defesa da livre escolha em planejamento familiar ... com 149 afiliadas trabalhando em 189 países". Agremiação filantrópica para alguns e multinacional da morte para outros (SCALA, 2004), estende tentáculos em quase todo o mundo, veiculando seus ideais em cooperação com uma constelação de ONGs e órgãos governamentais[24].

É interessante entender o envolvimento da IPPF na Conferência sobre a População do Cairo em 1994, porque o momento registra o termo *gender*[25] num documento oficial das Nações Unidas, numa época em que ninguém – fora um pequeno círculo de iniciados – entendia as implicações do conceito. Saber quem abriu a porta é fundamental, porque indica quem realmente direciona as opções da ONU. E a composição das delegações nacionais é extremamente reveladora, já que permite identificar os atores a esconder-se por trás dos Estados.

Espanta, nesse sentido, reencontrar os dirigentes da IPPF em peso a representar os países membros numa "negociação internacional" que, pautando-se pelo sentido primeiro do adjetivo, o público associa espontaneamente a uma "negociação entre nações". Ora, 128 ex-funcionários da IPPF – entre os quais 22 norte-americanos – integravam as delegações estatais[26], formando um bloco coeso a garantir uma maioria quase automática. Portanto, não foi nação negociando com nação, mas antes IPPF conchavando com IPPF.

E aqui emerge com toda clareza o Calcanhar de Aquiles da democracia participativa.

Respondendo às cobranças do discurso politicamente correto, os Estados costumam abdicar de suas funções em favor de entidades supostamente representativas da "sociedade civil organizada" ... a qual, na realidade, se confunde com as ONGs. O desvio de governança desemboca assim no confisco da democracia por panelinhas de ativistas profissionais. Contrariamente às minorias que se dedicam à agitação, com efeito, o eleitor médio não tem tempo para o barulho, porque trabalha para criar a família e sustentar o militante que vive por conta.

Sintomaticamente, a presidente da Conferência e diretora do Fundo das Nações Unidas para a População-UNFPA[27], Nafis Sadik, ostentava um impressionante currículo de liderança na IPPF. O chefe do Comitê Preparatório,

---

24 IPPF, Our History, disponível em https://www.ippfwhr.org/en/our-history, *website*, s/d, acessado em 18/07/2015.

25 Gênero.

26 A Agenda de Gênero: redefinindo a Igualdade, Condensado da Obra de Dale O´Leary "The Gender Agenda", Vital Issues Press, Lafayette Louisiana, disponível em http://www.votopelavida.com/agendagenero.pdf, acessado em 06/07/2015.

27 United Nations Population Fund, http://www.unfpa.org/.

Fred Sai, era também presidente da IPPF ... e se encarregava naturalmente de organizar encontros paralelos para garantir o controle do processo decisório. O Comitê das ONGs era liderado por Billie A. Miller que, como por acaso, encabeçava a Regional da IPPF para o Hemisfério Ocidental. Outro alto executivo da Conferência, Dr. Halfdan Mahler, ex-diretor da Organização Mundial da Saúde, era Secretário Geral da IPPF (SCALA, 2011).

Na redação da Declaração Final, os países islâmicos, a América Latina e o Vaticano rejeitaram veementemente qualquer terminologia a anunciar o aborto. O bloco africano ficou calado para não incorrer na ira dos doadores ou porque era controlado pela IPPF. Como solução meio termo, o palavreado dos Direitos Sexuais e Reprodutivos foi mantido, porém com uma ressalva a garantir o direito soberano dos Estados e a proteção dos valores religiosos (O´LEARY, s/d).

A plataforma também continha a proibição explícita de criar novos "direitos humanos". Na refrega final, no entanto, o capítulo intitulado "Igualdade/Equidade de Gênero e Empoderamento da Mulher" passou um tanto despercebido. Previa "participação igual e representação equitativa em todos os níveis do processo político e da vida pública" assim como "equidade de gênero em todas as esferas da vida, inclusive familiar e comunitária". Os grupos pró-família eram a favor dos direitos da mulher, e o significado real do recém-criado conceito de gênero ainda lhes era desconhecido. De forma que não enxergaram o perigo, e a expressão passou batida para incorporar o texto final adotado por consenso em sessão solene de encerramento (O´LEARY, s/d).

Não se deve culpar os segmentos pró-vida pela distração. Os recursos financeiros à disposição dos adversários são eminentemente maiores. Os segundos fazem da militância uma profissão. Os primeiros se debatem com os afazeres cotidianos para encaixar míseros quinze dias de presença que mal permitem tomar pé da situação[28].

Foi uma vitória pela metade para um lado e meia derrota para o outro, mas as feministas queriam ganhar 100% e saíram marcando a revanche para a Conferência de Pequim no ano subsequente.

28 TAKITANI, Fernanda, De onde veio e como foi pensada a IDEOLOGIA DE GÊNERO – (01:49h) por Vc Sabia Católico, disponível em https://www.youtube.com/watch?v=nhfk_-kkBrU, acessado em 18/07/2015. Recomenda-se a audição. A palestrante não somente explica com impecável didática as práticas e intrigas de bastidores, como também disseca com muita clareza alguns dos elementos constitutivos da ideologia de gênero.

*– Resumindo tudo isso, você está explicando que o Primeiro Mundo secretou e financiou a visão de gênero em resposta à explosão demográfica do Terceiro Mundo?*

*– Penso que a ansiedade gerada pelo crescimento populacional está realmente na origem de tudo aquilo, Rosa. Não apenas das periferias, pois logo se instalou a ideia que os países centrais também apresentavam taxas de fertilidade excessivas. É, sem dúvida, o tópico que motivou o engajamento das fundações e o financiamento das campanhas de "family planning".*

*– É. Parece ter sido o estopim, mesmo.*

*– Exato, José. E, Kingsley Davis explica outra faceta da novela.*

*– Quem é esse?*

*– Já morreu. Foi um demógrafo que passou a vida refletindo sobre o assunto. Ficou famoso por popularizar a expressão "populational bomb".*

*– Ah!*

*– Achava que as campanhas de controle de natalidade não funcionavam, porque apostavam unicamente em meios químicos ou mecânicos. Segundo ele, era preciso trabalhar a cabeça da mulher.*

*– Como assim?*

*– Pensava que o mundo precisava de outro modelo antropológico feminino: uma mulher que não desejasse filhos, em termos claros.*

*– Tinha que inibir o instinto materno por engenharia humana?*

*– É o que dizia, Rosa. E eis onde o feminismo antimaterno de Firestone, Millet ou Butler cai como uma luva.*

*– Daí o financiamento da ideologia de gênero pela Fundação Rockefeller e outras interessadas em reduzir as taxas de natalidade?*

*– Precisamente, José. Mulher que odeia marido, abomina o casamento, execra a maternidade e milita pelo aborto a pedido é tudo o que você precisa para frear o crescimento demográfico.*

*– Faz sentido. Inclusive, funcionou na Europa onde deixaram de se reproduzir há algumas décadas.*

*– E agora, chamam imigrantes árabes e africanos para preencher o vácuo!*

*– Isso mesmo. E tem até gente argumentando que os mesmos interesses apoiam a causa gay por motivos similares.*

*– Porque gay não se reproduz?*

*– Até que andaram se reproduzindo bastante nos últimos anos! Mas, é verdade que não fazem filhos.*

*– Mesmo assim, a ideia não parece séria. Representam uma parcela ínfima da população. Nunca poderiam contribuir substancialmente para o resultado almejado.*

*– É verdade. Não convence muito. Seja como for, a fofoca está correndo.*

## 3. O Gênero de Penetra na Rio 92

Enquanto isso, o movimento gay não descansava. Tinha-se organizado a nível planetário na Associação Internacional dos Gays, Bissexuais, Transexuais e Intersexuais-ILGA[29]. A entidade, ora sediada em Bruxelas, tivera um começo modesto na Inglaterra em 1978, fortalecendo-se subsequentemente com uma base de apoio que coincidia em grande parte com o universo de patrocínio das organizações feministas.

Conta hoje com a afiliação de umas 750 agremiações distribuídas em 110 países. Marca presença cerrada no palco internacional dos Direitos Humanos e peticiona regularmente as Nações Unidas assim como muitos governos. Conseguiu equiparação dos direitos gays às normativas que regem a objeção de consciência junto à Anistia Internacional – que, diga-se de passagem, é hoje defensora ferrenha da causa[30]. Foi instrumental na supressão da homossexualidade da nomenclatura de doenças da Organização Mundial da Saúde[31]. Realiza anualmente uma conferência mundial[32] e publica periodicamente um mapeamento da "homofobia" no mundo[33].

A ILGA teve o estatuto de entidade consultiva da ONU embargado em 1994 por abrigar entidades pedófilas. Porém, recuperou o credenciamento em 2011 após expurgo dos elementos visados[34].

A suspensão resultou em perda de visibilidade institucional na Conferência de Pequim tanto quanto nas reuniões preparatórias e nas sessões de revisão. Todavia, a vertente LGBT esteve claramente a bordo desde o início e acompanhou cada passo com muita atenção, de México 1975 até

29 International Lesbian, Gay, Bisexual, Trans and Intersex Association-ILGA, http://ilga.org/.

30 AMNESTY INTERNATIONAL, About LGBT Human Rights, disponível em http://www.amnestyusa.org/our-work/issues/lgbt-rights/about-lgbt-human-rights, acessado em 18/07/2015.

31 ILGA, The decision of the World Health Organisation 15 years ago constitutes a historic date and powerful symbol for members of the LGBT community, 04/05/2005, disponível em http://old.ilga.org/news_results.asp?LanguageID=1&FileCategory=50&FileID=546, acessado em 18/07/2015.

32 A vigésima-quinta, na cidade de São Paulo em 2010. Veja XXV ILGA World Conference – Sao Paulo, Brazil, December 4-9, 2010, disponível em http://ilga.org/xxv-ilga-world-conference-sao-paulo-brazil-december-4-9-2010/, acessado em 18/07/2015..

33 ILGA, State Sponsored Homophobia Report, disponível em http://ilga.org/what-we-do/state-sponsored-homophobia-report/, acessado em 19/07/2015.

34 Veja Cap. I, 5-Homossexualismo *versus* Pedofilia.

Pequim + 20, passando por Copenhague 1980, Nairóbi 1985, Viena 1993 e Cairo 1994[35].

A correta apreensão do fenômeno não prescinde da leitura acima insinuada: feminismo radical e gayismo tornaram-se uma só e única coisa, compartilhando uma só e única ótica, uma só e única base ativista, um só e único discurso, uma só e única proposta. São, pois, duas realidades fungíveis ou, antes, uma realidade única.

Judith Butler forneceu os quadros de raciocínio. Alguém tinha que traduzir o referencial teórico em programa de ação. E quem tomou a iniciativa foi a congressista norte-americana Bella Abzug[36]. Forçando um pouco a realidade, Abzug foi para o campo político o que Bulter foi para o plano ideológico. Sem esta, não haveria um modo LGBT/gênero de pensar. Sem aquela, não haveria um modo LGBT/gênero de agir.

Bella Abzug foi uma lutadora obstinada. Como militante e legisladora, nunca se cansou de defender a pauta feminista. Sua agressividade lhe valeu o bem merecido apelido de *Battling Bella*, o que transmite a ideia de uma fundamentalista em constante batalha.

Em 1990, criou uma ONG com o nome de Organização das Mulheres para o Meio Ambiente e o Desenvolvimento-WEDO[37], estatutariamente dedicada à atuação nos foros internacionais em geral, porém exclusivamente voltada para a cena onusiana na prática.

---

35 ILGA, United Nations: we were and are still there, Overview of Lesbians in the United Nations, 16 February 2011, disponível em http://ilga.org/united-nations-we-were-and-are-still-there/, acessado em 19/07/2015; SHANGAIIST, 9 gay rights activists detained ahead of Beijing conference in sweep linked to June 4 anniversary, s/d, disponível em http://shanghaiist.com/2014/05/10/nine-gay-activists-detained-in-beijing-ahead-of-conference.php, acessado em 19/07/2015; United Nations Fourth World Conference on Women Beijing, China, 13 September 1995, Statement delivered by Palesa Beverley Ditsie of South Africa, International Gay and Lesbian Human Rights Commission, disponível em http://www.un.org/esa/gopher-data/conf/fwcw/conf/ngo/13123944.txt, acessado em 19/07/2015 ; WILSON, Ara, Lesbian Visibility and Sexual Rights in Beijing, disponível em http://fds.duke.edu/db/attachment/409, acessado em 19/07/2015; HRC, Involvement of LGBT Organizations in Commission on the Status of Women, 12 March 2015, disponível em http://www.hrc.org/blog/entry/involvement-of-lgbt-organizations-in-commission-on-the-status-of-women, acessado em 19/07/2015; IGLHRC, Statement in Reaction to Political Statement of the 59th Commission on the Status of Women, 03 March 2015, disponível em http://iglhrc.org/content/statement-reaction-political-statement-59th-commission-status-women, acessado em 19/07/2015; etc ... etc ...

36 Bella Abzug, https://en.wikipedia.org/wiki/Bella_Abzug.

37 Women´s Environment & Development Organization, https://en.wikipedia.org/wiki/Women%27s_Environment_%26_Development_Organization.

A WEDO – como o nome indica – associa a questão ambiental à promoção da plataforma de gênero, demonstrando assim um perfeito entendimento das técnicas de persuasão. Dilui, na realidade, ideias desconhecidas ou polêmicas num quadro conceptual amplamente divulgado e aprovado. Eis que a proposta seca e crua do feminismo radical suscita resistências. Sendo assim, é de boa estratégia entregá-la de carona com uma temática pacífica.

A pílula desce melhor com um gole de água, e a feiura passa mais fácil embrulhada na beleza. A tática, diga-se de passagem, também esconde o feminismo no feminismo. Ninguém, com efeito, se opõe à principiologia do tratamento equitativo, e poucos contestam os ganhos do feminismo clássico. Por isso, o discurso de gênero entra sorrateiramente como simples enxerto de um corpo de direitos socialmente aceitos para lentamente tomar conta e sufocar a cepa primeira.

> "... a questão gay" – diz uma teórica da questão – "deve ser associada a outras questões para avançar rumo à liberação total ... " (SARGENT, 1981)

Uma frase que resume muito bem a treta!

O mal parasita o bem para matá-lo a prazo. É arapuca bem conhecida. O movimento gay em seu tempo sequestrou o conceito de minoria em meio às aclamadas lutas pela igualdade racial. Arrebata agora a conotação positiva da família para sugerir formas alternativas e projetar um mundo sem família. Evoca o amor que todos louvam para reivindicar o casamento e destruir a noção mesma de casamento[38]. E a WEDO capitaliza a simpatia pública pela proteção à natureza para decretar um mundo sem homem nem mulher e negar a própria natureza.

A associação de ideias entre cultura LGBT/gênero e ambientalismo é bastante comum, e não se deve estranhar o recurso à tática por quem, em tão longa carreira, aprendeu a fazer fogo de toda lenha. Além dessa razão genérica, contudo, Bella Abzug teve um motivo particular. A Rio 92 – oficialmente a Conferência das Nações Unidas para o Meio Ambiente e o Desenvolvimento[39] – estava para acontecer, e ela entendia aproveitar o ensejo para inserir seu enredo. Porém, confiscar um evento desenhado para falar de mudanças climáticas em prol da ementa de gênero não é coisa que se faz sem máscara. A WEDO lutaria, portanto, contra o aquecimento global e a

---

38 Veja Cap. I, A Construção da Ideologia, 1-O Mito da Minoria; Veja Cap. I, A Construção Ideológica, 6-A Ideologia de Gênero; Veja Cap. IV, A Instrumentalização do Judiciário, 2-O Supremo Desaforo.

39 UN Conference on Environment and Development (Earth Summit), disponível em http://www.un.org/geninfo/bp/enviro.html, acessado em 28/07/2015. Também chamada de Rio 92 ou Cúpula da Terra ou, oficialmente, de Conferência das Nações Unidas para o Meio Ambiente e o Desenvolvimento.

pobreza ... porém, defendendo de quebra as propostas feministas. E aí vai a Organização das Mulheres para o Meio Ambiente e o Desenvolvimento solicitar seu credenciamento.

A WEDO recebeu apoio imediato das fundações MacArthur, Ford, Noyes, Turner[40], de várias agências da ONU, do governo americano e de outros Estados (O´LEARY, s/d). Maquinava-se assim um tanque de guerra para tomar a Cúpula da Terra de assalto.

Nenhum outro participante tinha esse poder de fogo. Nenhuma ONG. Nenhum Estado. E o que tinha de acontecer, aconteceu: a WEDO conseguiu recalibrar o foco dos debates para introduzir o conceito de gênero. A palavra abriu uma picada na Primeira Parte da Agenda 21[41] e aí se instalou de forma repetida. Contudo, não chamou a atenção, porque praticamente ninguém conhecia Butler. A tinta do livro mal tinha secado e poucos dominavam o pensamento proposto. Todos entenderam *gender* como sinônimo de sexo, e cada qual voltou para casa sem muito perceber que algo diferente tinha acontecido.

Abzug sim entendia. Abrira uma brecha para sua doxa e se preparava para derrubar as muralhas no Cairo em 1994. Contudo, encontrou um mundo mais atento. Apesar dos gritos e das marretadas, a defesa não cedeu. Conseguiu inserir o vocábulo crítico na declaração final. Porém, não abocanhou a conferência como calculado. No entanto, saiu jurando que o palco de Pequim seria dela (O´LEARY, s/d). E assim foi. Porém, não sem um trabalho preparatório ininterrupto. Pois, mal caía a cortina do Cairo que começavam a manobras de articulação na mídia, nas empresas, nos governos, nas escolas, na ONU ...

## 4. A Estratégia do *Mainstreaming*

Em meados da década de 1990, o homossexualismo já gozava de ampla aceitação nos Estados Unidos, e o aborto a pedido tinha sido legitimado por decisão da Suprema Corte com base no direito à privacidade[42]. A Organização das Mulheres para o Meio Ambiente e o Desenvolvimento-WEDO[43] queria uma versão internacional do cenário norte-americano com a benção da

40 MacArthur Foundation, https://www.macfound.org/; Ford Foundation, http://www.fordfoundation.org/; Jessie Smith Noyes Foundation, http://www.noyes.org/; Turner Foundation, Inc, http://www.turnerfoundation.org/.

41 Agenda 21: Chapters 1-9, http://www.gdrc.org/gender/a21/agenda1.html.

42 Roe v. Wade, https://en.wikipedia.org/wiki/Roe_v._Wade.

43 Women´s Environment & Development Organization, https://en.wikipedia.org/wiki/Women%27s_Environment_%26_Development_Organization; veja Cap. III, 3 – O Gênero de Penetra na Rio 92.

ONU. Buscava a validação planetária dos Direitos Sexuais e Reprodutivos em gestação na cultura LGBT/gênero. E, para alcançar esse objetivo, concebera a mais formidável arma de contaminação ideológica da história.

O leitor familiarizado com a língua inglesa não encontrará dificuldade em entender o jargão. Quem não tiver esse conhecimento, pelo contrário, terá que fazer um esforço de interpretação.

O adjetivo *main* se traduz por "principal" em português. O substantivo *stream* tem o significativo de "corrente, fluxo, correnteza". A lógica linguística germânica herdada pelo mundo anglo-saxônico permite aglutinar palavras para criar neologismos compostos. Juntar *main* com *stream* na expressão *mainstream* gera assim um sentido próximo a "fluxo principal", "corrente dominante" ou coisa parecida.

A título de exemplo, a mídia *mainstream* seria a Globo e suas mega-congêneres. Por oposição, diga-se, a um jornal estudantil alternativo. O pensamento político *mainstream* seria a proposta governista por contraste às reivindicações de um partido nanico, e assim em diante.

Analogicamente, o termo *mainstream* designa todos os eixos centrais, ou talvez a espinha dorsal da realidade social e institucional. Assim, o sistema escolar, a imprensa, os órgãos estatais, as grandes empresas, as políticas públicas, etc. De forma que, quando gay ou feminista fala em *mainstreaming*, refere-se basicamente à incorporação da dimensão de gênero em todos os aspectos da vida cultural, educacional, econômica, política ...

Na falta de uma tradução melhor, o verbo "transversalizar" e o substantivo "transversalização" permitem chegar perto do significado original. Assim, o *mainstreaming* ou a transversalização da temática em tela nas escolas não subentende a criação de uma disciplina específica para estudos de diversidade sexual, mas antes a introdução de uma tonalidade ideológica particular na apresentação de todo e qualquer conteúdo. Em termos simples, traduz a noção que todas as correntes curriculares principais de geografia, história, literatura ou outras devem ser repensadas sob o prisma LGBT/gênero.

Esse tipo de lavagem cerebral poderá ter expressão gêmea na condicionalidade dos empréstimos do Banco Mundial com o corte ou a liberação de créditos em função das práticas ou do quadro legislativo em relação à população homossexual[44]. Na esfera trabalhista, tomará eventualmente a forma de um curso de "conscientização" para os funcionários de uma concessionária de transporte público e assim por diante[45].

44 THE ECONOMIST, The World Banl: Right Cause, Wrong Battle, 12 April 2014, disponível em http://www.economist.com/news/leaders/21600684-why-world-banks-focus-gay-rights-misguided-right-cause-wrong-battle, acessado em 28/07/2015.

45 SUPPORT U, LGBT Diversity Training & Mediation, disponível em https://www.supportu.org.uk/lgbt-diversity-training.php, acessado em 28/07/2015.

O *mainstreaming* confunde-se, desde então, com a penetração do corpo social por todos os poros até o contágio geral.

Bella Abzug e suas fileiras queriam inocular o vírus de cima para baixo por propagação primeira na ONU e subsequente infiltração dos espaços nacionais por gotejamento ideológico.

É preciso entender que a Organização das Nações Unidas é antes um sistema que uma organização. Ela nasceu em 1945 com uma arquitetura orgânica relativamente simples, mas foi fazendo filhotes institucionais voltados para a solução de problemas específicos na medida das necessidades. Hoje em dia, representa uma constelação de organismos que normatizam, moldam e regem os mais diversos aspectos do mundo e dos Estados Membros.

A Organização Mundial da Saúde, a Organização Internacional do Trabalho, o Banco Mundial, o Fundo Monetário Internacional, a Organização Mundial do Comércio, a UNICEF, a UNESCO[46], o Conselho dos Direitos Humanos e inúmeras entidades de missões variadas fazem parte do panorama.

Quem manda nos órgãos que mandam no mundo, por tabela também manda no mundo. E a WEDO tencionava impor a transversalidade na ONU, sabendo que, por coerência sistêmica, a perspectiva de gênero integraria obrigatoriamente os critérios, as regras, os juízos e as ações do aparato por inteiro para daí penetrar os Estados por simples gravidade[47].

Bella Arzug queria, em suma, garantir a adoção do princípio no plano das Nações Unidas e voltar para casa, deixando a dinâmica institucional ganhar a guerra sozinha. Pois, a partir desse ponto, um convênio entre o Ministério da Educação do Congo e a UNESCO abriria de uma forma ou outra algum espaço para a difusão escolar da doutrina em pauta ... o relacionamento da Organização Mundial da Saúde com a Organização Panamericana de Saúde chamaria alinhamento terminológico ... um financiamento do Banco Interamericano para a Nicarágua implicaria necessariamente algum tipo de inflexão na repressão do aborto ... um acordo UNICEF/México comportaria compulsoriamente uma tomada de posição conjunta contra a homofobia ... e, dos governos, a exigência se repercutiria

46 World Health Organization, http://www.who.int/en/; International Labour Organization, http://www.ilo.org/global/about-the-ilo/lang--en/index.htm; World Bank Group, http://www.worldbank.org/; International Monetary Fund, http://www.imf.org/external/index.htm; World Trade Organization, https://www.wto.org/; UNICEF, https://en.wikipedia.org/wiki/UNICEF; UNESCO, https://pt.wikipedia.org/wiki/Organiza%C3%A7%C3%A3o_das_Na%C3%A7%C3%B5es_Unidas_para_a_Educa%C3%A7%C3%A3o,_a_Ci%C3%AAncia_e_a_Cultura.

47 UNITED NATIONS, Gender Mainstreaming: an Overview, Office of the Special Adviser on Gender Issues, Department of Economic and Social Affairs, New York, 2002, disponível em http://www.un.org/womenwatch/osagi/pdf/e65237.pdf, acessado em 28/07/2015.

até a base da máquina administrativa, moldando o cotidiano e instilando a cultura almejada (DANKELMAN, 2002).

Bem entendido, a realidade onusiana comporta comitês de acompanhamento para exame periódico de informes, recebimento de denúncias e investigação com eventual puxão de orelha[48]. Uma lógica que ramifica para os organismos regionais vinculados à Organização Mãe por acordos de cooperação[49] e que explica, por exemplo, a adoção de políticas similares no teatro interamericano. Assim, o Programa dos Direitos Humanos da Mulher e Equidade de Gênero aprovado na Terceira Cúpula das Américas pela Assembleia Geral da Organização dos Estados Americanos-OEA[50] ...

> "Tal Programa inclui um acompanhamento institucionalizado, caracterizado pela sigla SEPIA ... e realizado pela Comissão Interamericana da Mulher (CIM). Entre os dias 30 e 31 de julho de 2002, foi realizado em Washington, o SEPIA II, sobre o tema 'Gênero e Justiça', que foi concluído com o documento final 'Para uma Justiça de Gênero'. Tal documento sintetiza as 'recomendações para integrar uma perspectiva de gênero nos programas e nas políticas dos Ministros [ ... ] ou dos Procuradores [ ... ] com competência no tema". (SCALA, 2011)

Depois de verticalizada nas relações entre ONU e Estados, desde então, a visão de gênero é regionalizada, delimitando finalmente a postura de um ministro[51] ou até de um Procurador Geral[52]. A transversalização entra, pois, em cada engrenagem para lubrificação ideológica da máquina decisória por completo.

A título ilustrativo, o Informativo Van Lancker do Parlamento Europeu sobre Saúde Sexual e Reprodutiva de 06/06/2002 recomenda a legalização

---

48 UNITED NATIONS, Dag Hammarskjöld Library Research Guides, UN Documentation: Human Rights, s/d, disponível em http://research.un.org/en/docs/humanrights/charter, acessado em 28/07/2015.

49 GENERAL ASSEMBLY OF THE UNITED NATIONS, High-Level Thematic Debate on Strengthening cooperation between the United Nations and regional and sub-regional organizations, 04 May 2015, disponível em http://www.un.org/pga/040515_hltd-strengthening-cooperation-between-un-and-regional-sub-regional-organizations/, acessado em 28/07/2015.

50 Organização dos Estados Americanos-OEA, http://www.oas.org/pt/.

51 MINISTÉRIO DA SAÚDE, Direitos Sexuais e Reprodutivos: uma Prioridade do Governo, 2005, disponível em http://bvsms.saude.gov.br/bvs/publicacoes/cartilha_direitos_sexuais_reprodutivos.pdf, acessado em 23/07/2015.

52 UOL NOTÍCIAS, Em parecer, Janot defende que homofobia vire crime de racismo, 25/06/2015, disponível em http://noticias.uol.com.br/politica/ultimas-noticias/2015/06/25/procurador-geral-da-republica-defende-que-homofobia-vire-crime-de-racismo.htm, acessado em 20/11/2015.

do aborto na União Europeia[53]. Já o Informativo Sandbaeck de 01/01/2003 a instruir o financiamento do desenvolvimento sugere a priorização dos programas de planejamento familial (SCALA, 2011).

É, pois, da ONU para a União Europeia com destino final na África e origem primeira nos Estados Unidos.

Entre 14 e 16 de maio 2002, o Seminário-Oficina "Promoção e Proteção dos Direitos Reprodutivos via Instituições Nacionais de Direitos Humanos", convocado pelo Alto Comissário das Nações Unidas para os Direitos Humanos-OHCHR[54], pelo Fundo da ONU para a População-UNFPA[55], e pelo Instituto Interamericano de Direitos Humanos elaborou propostas concretas de garantia dos Direitos Sexuais nos diversos Estados (SCALA, 2011).

O fermento onusiano rende tanto nas leis nacionais quanto regionais. Assim, o Novo Estatuto da Catalunha de 2006 comporta um temário de gênero redigido no mais casto dialeto Butler/Abzug. É orientação sexual, direito da mulher sobre o próprio corpo, família alternativa, combate à discriminação, erradicação do sexismo ... e por aí vai[56].

No mesmo veio, um documento elaborado pelo Comitê dos Direitos da Mulher e da Igualdade de Gênero do Parlamento Europeu recomenda a proscrição de qualquer material escolar retratando a família tradicional. Não satisfeitas com a introdução de livros a propagandear modelos alternativos do tipo "Jane tem duas Mães" ou "As Férias de Roberto com Papai 1 e Papai 2", querem proibir a exposição infantil à imagem da célula familiar natural. De acordo com o relatório, o quadro "pai-mãe-filhos" reforça os estereótipos e veicula uma visão de mundo prejudicial ao progresso profissional da mulher. Em termos claros, a menina não deve internalizar o estatuto "inferior" de mãe, mas sim projetar o futuro como executiva bancária ou coisa aparentada (CHAPMAN, 2012).

O mesmo parecer sugere a censura de programas televisivos infantis a idealizar as feições maternas ou o papel doméstico da mulher sob o pretexto que influenciam negativamente a autoestima e autoconfiança das adolescentes, resultando em inibição de ambição e prejuízo às opções de carreira. E, tra-

---

53 PARLAMENTO EUROPEU, Relatório sobre Direitos em Matéria Sexual e Reprodutiva, 06 Junho 2002, disponível em http://www.europarl.europa.eu/sides/getDoc.do?pubRef=-//EP//TEXT+REPORT+A5-2002-0223+0+DOC+XML+V0//PT, acessado em 23/07/2015.

54 Office of the High Commissioner for Human Rights, http://www.ohchr.org/EN/Pages/Home.aspx.

55 United Nations Population Fund, http://www.unfpa.org/.

56 GENERALITAT DE CATALUNYA, Estatuto de Autonomia de Catalunya 2006, disponível em http://www.parlament.cat/porteso/estatut/eac_es_20061116.pdf, acessado em 28/07/2015.

duzindo exatamente a noção de *mainstreaming*, a redação advoga a igualdade em todos os espaços, propondo quotas de representação feminina mínima nos corpos legislativos e conselhos de administração das empresas privadas[57].

Imbuídos da mesma ideologia, profissionais da saúde ensaiam tratamentos ou cirurgias a negar o bom senso e até o próprio conceito de medicina. Assim, o Observatório da Teoria de Gênero[58] relata que:

> "Marvin de 17 anos recebe, desde os 12 anos de idade um tratamento hormonal para viver a adolescência no gênero desejado [ ... ] nascido mulher tomou primeiro hormônios para bloquear a puberdade e, em seguida, hormônios masculinizantes [ ... ] ele é um dos numerosos pacientes do Departamento de Endocrinologia Pediátrica do Centro Médico Universitário de Amsterdam que realiza cirurgias de mudança de sexo com acompanhamento psicológico pós-operatório [ ... ] há 20 anos, a doutora Peggy Cohen Kettenis trata crianças que sofrem de disforia de gênero – o sentimento de ter nascido no corpo errado – com o intuito de realizar o processo de mudança de sexo antes da idade adulta[59]." (Arranjo do autor.)

O tratamento clínico acima aludido consiste, pois, em preparar o corpo dos adolescentes para uma cirurgia futura de reorientação sexual por aplicação sucessiva de hormônios antiandrógenos e estrogênios visando inibir a manifestação de características masculinas na puberdade e estimular o avanço de feições femininas. Ou, inversamente, por introdução de progesterona objetivando o bloqueio da menstruação seguido de adição de androgênios para complementar a passagem do feminino ao masculino.

O que evoca Frankenstein para muitos, não parece inquietar sobremaneira a responsável pelo programa. Esta, com efeito, afirma com cândido senso prático atender crianças que não querem vivenciar passivamente o desabrochar das particularidades secundárias do sexo biológico (sic) para depois ter de revertê-las por meio de processos cirúrgicos penosos e caros[60].

Saber se uma criança tem juízo para decidir enveredar por esses caminhos não parece preocupar médicos que, noutros casos, aconselhariam tratamento psicológico. Assim, os anais cirúrgicos não registram casos de

57 EUROPEAN PARLIAMENT, Report on elimitating gender stereotypes in the EU 2012/2116(INI), 06 December 2012, disponível em http://www.europarl.europa.eu/sides/getDoc.do?pubRef=-//EP//TEXT+REPORT+A7-2012-0401+0+DOC+XML+V0//EN, acessado em 28/07/2015.

58 Observatoire de la Théorie du Genre, http://www.theoriedugenre.fr/.

59 OBSERVATOIRE DE LA THEORIE DU GENRE, Aux Pays-Bas, des enfants "transgenres" peuvent prendre des hormones dès 12 ans, s/d, disponível em http://www.theoriedugenre.fr/?Aux-Pays-Bas-des-enfants, acessado em 28/07/2015.

60 Peggy T. Cohen-Kettenis, The Treatment of Adolescent Transsexuals : changing insights, The Journal of Sexual Medicine, International Society for Sexual Medicine, August 2008.

lipoaspiração em magras anoréxicas que se acham obesas. No entanto, o distúrbio mental existe. Mas, é encarado como transtorno psíquico e tratado como tal ... sem bisturi e sem teorias para convencer o mundo do contrário.

Na França, a associação transexual Existrans[61] reivindica ativamente o procedimento "com acompanhamento das crianças e dos adolescentes em sua autodeterminação ... notadamente, no quadro escolar"[62].

Num registro um pouco distinto, porém não menos sintomático do totalitarismo de gênero, um deputado francês sofreu punição disciplinar por chamar de presidente a quem devia ter chamado de presidenta. O legislador evocou as regras de gramática e alegou que a Academia Francesa mandava expressar o universal humano no masculino. Mas, em vão, pois a "chefa" da Assembleia Nacional, "doenta e verda" de raiva, corrigiu o desvio androcêntrico com uma multa[63].

Os acontecimentos acima são apenas uma pequeníssima amostra de uma dinâmica invasiva, multiforme e onipresente que se deixa ilustrar por centenas de exemplos. É, portanto, uma força ininterruptamente alimentada, realimentada e autoalimentada ... coordenada desde 2010 por uma nova instituição chamada de "Entidade das Nações Unidas para a Igualdade de Gênero e Empoderamento da Mulher" – ou, simplesmente, UN WOMEN em inglês[64].

Os efeitos de tal processo não são imediatos nem mecânicos. Todavia, são perceptíveis num horizonte histórico suficientemente representativo. A WEDO o sabia, o queria e o conseguiu. O grupo pró-família também estava ciente e tentou impedir a todo custo. Porém, não teve êxito. Sem dúvida, a diferença de recursos explica em grande parte o resultado, posto que a Fundação Turner, o bilionário Warren Buffet, a Fundação Bill&Melinda Gates e tantos outros investem pesado no feminismo antimaterno (SCALA, 2011).

A batalha não está decidida, todavia. A ONU não pode impor suas escolhas à força, porque os Estados Membros são soberanos. Alguns não têm personalidade política própria e se entregam facilmente. Outros têm senso

61 Existrans, http://existrans.org/?post/2013/10/15/Communiqu%C3%A9-de-presse-Existrans-2013.

62 OBSERVATOIRE DE LA THEORIE DU GENRE, Aux Pays-Bas, des enfants "transgenres" peuvent prendre des hormones dès 12 ans, 18 Octobre 2015, disponível em http://www.theoriedugenre.fr/?Aux-Pays-Bas-des-enfants, acessado em 28/07/2015.

63 OBSERVATOIRE DE LA THEORIE DU GENRE, Sanctionné pour avoir respecté la langue française et rejeté les ukases des militants de la théorie du genre, 07 Octobre 2015, disponível em http://www.theoriedugenre.fr/?Sanctionne-pour-avoir-respecte-la, acessado em 28/07/2015.

64 UN WOMEN, http://www.unwomen.org/en.

crítico e sabem mostrar quem é dono da casa. O Brasil optou por abrir as portas e fabrica gays em quantidades inéditas.

*– Sim. Essa conversa de nascer gay não se sustenta. Há clima cultural mais ou menos propício à produção de determinados tipos humanos. Nós não produzimos homens-bombas. A Líbia, sim.*
*– Os próprios gays insistem na sexualidade socialmente induzida, aliás ... e o Brasil atual corrobora a hipótese.*
*– Eles dizem que a versão não vale para gay. Lembra?*
*– É mesmo, José. Homem e mulher nascem indefinidos, e só viram homem ou mulher por imposição do meio. Gay é que nasce gay, e não há como influenciar de um jeito ou de outro. Tinha esquecido!*
*– Também não há nada em ciência para estear a tese.*
*– Não. É um dogma erguido na repetição mântrica, Rosa. Nada de gene gay. Nenhum cromossomo e nenhuma característica cerebral. Nada de nada. Talvez – quando muito – alguma instabilidade hormonal ou psicológica.*
*– A natureza não é perfeita. De vez em quando também nasce um deficiente auditivo. Verdade?*
*– Justo. Apenas, não se inventa conversa de não poder buscar ou oferecer tratamento. Não se faz da surdez um modelo. Não se enaltece a deficiência.*
*– De qualquer forma, fica óbvio que o contexto cultural interfere. Caso contrário, não haveria como explicar altos ou baixos índices de ocorrência.*
*– E a repressão?*
*– OK. Exceto que estopim curto faz parte da cultura. A Rússia, o Irã, a China e tantos outros não permitem a propagação desse tipo de ideologia no meio infantil, e todos desenvolvem uma sexualidade natural sem precisar bater. Há algumas exceções ... mas, certamente não em escala sociológica.*
*– É. Um pouco de bom senso não faz mal de vez em quando.*

## 5. A Conferência de Pequim

A Plataforma de Pequim – como qualquer outra a originar-se das conferências onusianas – passou por vários rascunhos, corrigidos de sessão em sessão até alcançar a versão definitiva. A metodologia padrão se vale de uma série de reuniões preliminares, formatadas em comitês temáticos e congressos regionais que produzem esboços para submissão a uma última discussão na sede da ONU em Nova Iorque antes de ir para a plenária de encerramento. As divergências, portanto, não emergem no momento das solenidades finais. São antes resolvidas na fase preparatória para não salpicar o mundo com brigas internas.

Também, não há votação formal. O procedimento desde já clássico é o chamado consenso.

A palavra não deve ser tomada na acepção geral. Ela tem, em tal contexto, um sentido técnico preciso e se refere a um procedimento consistindo num debate com leitura de conclusão seguida de aprovação automática na falta de oposição substancial. Logo, para interpretar o desfecho com critério, é preciso entender quem participa da peleja ... e com que força persuasiva.

Em primeiro lugar, convém lembrar que o conceito de gênero é invenção exclusiva de Primeiro Mundo. A África ou a América Latina não pendem espontaneamente para esse lado, visto que têm coisas mais básicas para pensar. Podem, a bem da verdade, deixar-se influenciar e cooptar com promessas de ajuda ao desenvolvimento ou coisas parecidas. Mas, obviamente, estão mais preocupadas com escolarização ou saneamento básico do que com transgenitalidade e mudança de sexo. Em termos claros, é possível ganhar uma eleição falando de direitos gays nos Estados Unidos. Mas, no Congo, é melhor prometer asfalto.

A ideologia em questão nasceu das preocupações burguesas de gente opulenta e invadiu o Terceiro Mundo montada no dinheiro das fundações e dos bancos. De um lado, portanto, norte-americanas e europeias solteiras e sem filhos – já que casamento e maternidade diminuem a mulher (?!?). Pessoas por conta, desde então. Com tempo e recursos financeiros para afinar o discurso. E, do outro lado, ugandesas e guatemaltecas com marido e filhos para cuidar – já que são pró-família – correndo em dois empregos para fechar o mês, sem a mínima condição de profissionalizar-se no ativismo, com dificuldade para pagar passagens de avião ou ausentar-se do serviço e sem tempo para polir a retórica.

Com todas as desculpas pela desconstrução do masculino e reconstrução do feminino, os tenoras e as sopranos de Washington e Bruxelas saíram com inegável dianteira. A pesquisa não conseguiu puxar o perfil de cada participante. Também a linha de demarcação entre uma parte do mundo e outra nunca foi totalmente clara em termos de posicionamento. Entretanto, as campeãs com *métier* para sustentar uma argumentação e virar o jogo vinham antes do Canadá que da Zâmbia.

Bella Abzug e suas tropas já chegaram mais afinadas e organizadas na primeira Conferência Regional de Viena:

> "Quando a coalizão pró-família deixou o Cairo, determinada a organizar-se e a preparar-se para a Conferência de Pequim, ela já estava dois anos atrasada em relação a seus oponentes. Duas conferências preparatórias já tinham sido realizadas, e diversos rascunhos de plataforma já haviam sido produzidos. Os preparativos para o Fórum das ONGs incluíam a publicação de um boletim regular. O número de setembro de 1994 informava que as ONGs feministas já estavam pressionando ativamente para a inclusão da perspectiva de gênero nos documentos da ONU. O boletim também fornecia informações sobre uma campanha internacional lançada pela Comissão Gay e Lésbica Internacional de Direitos Humanos com o intuito de mobilizar apoio para a inclusão da orientação sexual na Plataforma". (O´LEARY, s/d)

O problema maior estava no controle do processo pela WEDO. A ONU, na realidade, virou mera sombra da ONG. Bella Abzug estava em todas. Ela é quem discursava e dava o tom. As Nações Unidas pareciam ter abdicado em favor dela.

O prestígio da WEDO alcançou o apogeu em 2006 com a concessão do título "Campeã da Terra"[65] pelo Programa das Nações Unidas para o Meio Ambiente-PNUMA[66]. Em síntese, uma ONG inspirada pelo feminismo de gênero roubou o palco na Áustria num cenário que haveria de manter-se inalterado durante as demais conferências preparatórias de Mar del Plata, Amã, Dakar e Jacarta.

Explicando o processo de "chaveamento", a supracitada palestra de Fernanda Takitani ressalta com muita clareza a verdadeira relação de forças a dominar esse tipo de negociação. As palavras ou os trechos que suscitam dúvidas são normalmente colocadas entre parênteses pelos participantes. Ora, o termo "gênero" voltava constantemente, e as delegadas pró-família queriam uma definição para saber o que estavam assinando. Em função disso, chavearam o vocábulo cada vez que aparecia e pediram uma explicação.

Quando tomou conhecimento da iniciativa, Bella Abzug rodou a baiana e mandou todo mundo calar a boca de forma tão arrogante quanto clara:

> "Nós não seremos forçadas a retroceder para o conceito de que a biologia é o destino que procura definir, confinar e reduzir as mulheres às suas características sexuais físicas ... O conceito de gênero está incorporado no discurso contemporâneo social, político e legal ... a introdução da perspectiva de gênero em todos os aspectos das atividades da ONU é um dos principais compromissos aprovados pelas conferências anteriores e deve ser reafirmado e fortalecido nesta Quarta Conferência Mundial sobre as Mulheres ... A tentativa corrente de muitos Estados Membros de expurgar a palavra 'gênero' da Plataforma de Ação e substituí-la pela palavra 'sexo' é uma tentativa ofensiva e degradante de reverter os avanços realizados pelas mulheres. Nós não voltaremos a nos subordinar em papéis inferiores." (O´LEARY, s/d)

Ponto final!

A transversalização do pensamento de gênero nunca fora aprovada em conferências anteriores. De qualquer modo, a verdade não pesa em política. Interessa tão somente quem manda. E, para não deixar dúvida, veio a resposta oficial do comitê organizador da Conferência:

> "Gênero não tem definição, e não necessita tê-la". (O´LEARY, s/d)

65 Champions of the Earth, https://en.wikipedia.org/wiki/Champions_of_the_Earth.

66 United Nations Environment Program-UNEP, https://en.wikipedia.org/wiki/United_Nations_Environment_Programme.

Eis como Dale O´Leary conta o que vivenciou. A partir desse ponto, a batalha estava perdida para a coalizão pró-família. Formulou reservas para mostrar que uma metade de mundo não concordava. Mas, em vão: essas sutilezas não são revezadas pela mídia, e a declaração final foi a público com cara de consenso unânime.

Explicar por que não houve mais resistência e por que as delegadas não deixaram a conferência em protesto exigiria outro estudo. Seja qual for a razão, é preciso levar em conta que tudo não era negativo na plataforma adotada. Como aludido acima, a magia consiste em entregar o ruim e o gostoso em pacote único. E como pobre não pode prescindir de escolas, hospitais, proteção contra casamento forçado ou estupro, simplesmente não quer encrencar com a mal conhecida questão de gênero e leva o bicho junto com a maçã.

No total, "mulheres" que têm medo de casamento e maternidade se organizaram para abolir tudo isso com talento maquiavélico.

> "A cultura gay/lésbica pode ser vista como força subversiva, capaz de desafiar a natureza hegemônica da família. Mas deve ser feito de uma forma que as pessoas não percebam oposição à família em si; simplesmente falar em acabar com a família seria visto como ameaça ... Para a natureza subversiva da cultura gay operar com eficiência, precisamos apresentar formas alternativas de relações humanas." (SARGENT, 1981)

Não é para revelar as intenções, portanto. Não se deve atacar de frente. É para relativizar tudo e propor lesbianismo, casamento gay e coisas desse tipo para minar a família por diluição em formas alternativas.

A transversalização acima explicitada é que representa talvez o lado mais perverso, porque desemboca, a termo, no contágio da totalidade da vida social. Trata-se, pois, de uma ideologia totalitária no sentido etimológico da palavra. Eis o que sugere o conceito de *mainstreaming*. É a perspectiva de gênero tornando-se pensamento culturalmente estruturante e perpassando ensino, emprego, espaço institucional e absolutamente toda e cada dimensão da vida.

Chama-se particularmente a atenção sobre a reivindicação de quotas nos corpos legislativos. A chamada paridade representa uma linha estratégica universal que visa o controle último das iniciativas e dos mecanismos parlamentares.

> "Somente a inclusão de cotas de participação que imponham a mesma representação dos sexos em todos os postos de autoridade decisória pode fazer com que a participação das mulheres na *polis* seja real e irreversível." (KELBER, 1994)

Não satisfeitas com o controle político, as feministas querem ainda o comando econômico, exigindo regras análogas no campo acadêmico e na vida profissional. Já que negam aptidões inatas a suscitar vocações para certas profissões em detrimento de outras, querem equilíbrios paritários compulsórios nas universidades e nas empresas. Inclusive, com resultados às vezes cômicos. Porque se sentem discriminadas pela falta de presença feminina na engenharia. Enquanto reclamam, do excesso de mulheres na enfermagem. Isso – de acordo com as teorias em voga – também não serve. Para não discriminar, desde logo, teria que abrir vagas cativas para homens. Maneira de lutar contra os estereótipos ...

*– Uau! Estão ficando complicadas.*
*– Pior. E eu fui arrastado numa conversa dessas por uma do tipo que só para quando você desmaia.*
*– E ainda espera a reanimação para continuar.*
*– Coisa parecida, Rosa. Mas, por mais engraçada, a postura tem seu lado lógico, porque é uma maneira de rejeitar qualquer determinismo biológico.*
*– Se admitir que a mulher é mais carinhosa e solidária, toda a teoria desaba.*
*– Então, é preciso legislar contra a natureza. Porque, se deixar a espontaneidade operar, o instinto materno aflora, e ela vira enfermeira.*
*– Isso equivale a admitir uma propensão natural para a maternidade. A heresia suprema ...*
*– Precisamente, José. Toda ideologia funciona da mesma forma. Imagina um sistema ideal e massacra o ser humano para encaixá-lo na fantasia.*
*– Justamente. Não é o homem que cria um sistema à sua medida. É antes o sistema moldando um homem sob medida. E, se preciso, à força. Por isso, querem impor inclinação psicológica por lei.*

## 6. O Brasil vai com as Outras

A Conferência de Pequim impôs e transversalizou o conceito de gênero. A partir desse ponto, os Direitos Sexuais e Reprodutivos tornaram-se dimensão obrigatória de todas as políticas da ONU, de todos seus órgãos e de todas suas instituições especializadas. Portanto, também da maquinaria dos Direitos Humanos. E aqui está a grande jogada. Pois, se a rejeição de um comportamento sexual violar um Direito Humano, gay se torna intocável e vira *ipso facto* dono do mundo.

É preciso considerar essa faceta com cuidado.

A Declaração de Pequim não é um tratado. Como diz o nome, é apenas uma declaração. Desde então, sua aplicação não é compulsória. Depende da vontade política de cada Estado. O Brasil mergulhou fundo nessa ideologia nos últimos anos, mas por opção própria. Na realidade, não houve outro país para investir tanto no fomento do gayismo.

A Conferência LGBT inaugural – a primeira do mundo a ser organizada por um governo e bancada com dinheiro público – remonta a 2008[67]. Visava a promoção da cidadania gay, lésbica, bissexual, travesti e transexual (sic). Coincidia com as comemorações do 60º aniversário da Declaração Universal dos Direitos do Homem. Contava com a participação da Ministra do Turismo, que viu nisso um passo de gigante, bem como do Ministro da Justiça que falou em demonstração de respeito à condição humana. Estavam presentes, ainda, o Diretor do Departamento Especial de Direitos Humanos, a líder da Frente Parlamentar para a Cidadania LGBT, o Diretor das Políticas de Igualdade Racial, a chefe do Departamento Especial para as Políticas da Mulher bem como o diretor do Programa das Doenças Sexualmente Transmissíveis e AIDS do Ministério da Saúde. O evento foi realizado com base em Decreto Presidencial. Aproximadamente 300 observadores e 700 delegados tomaram parte, na proporção de 60% das ONGs e 40% do governo. E 16 ministérios colaboraram na redação das propostas de políticas públicas. Antes da Conferência Nacional, encontros estaduais e municipais ocorreram em todas as entidades federadas tal como em umas 100 cidades. A convenção tem-se reproduzido periodicamente desde aquela época[68].

O Estado em peso por conta da causa gay, portanto.

O Brasil decidiu erguer uma conduta sexual à categoria de Direito Humano ... sob o disfarce de uma terminologia pudica de identidade e orientação, como manda a cartilha. Inclusive, com proteção judiciária toda especial contra qualquer forma de oposição[69].

Em 2004, o governo Lula lançara o plano "Brasil sem Homofobia: Programa de Combate à Violência e à Discriminação contra a População LGBT e de Promoção da Cidadania Homossexual"[70], cujos desdobramentos até hoje mobilizam a administração pública e os recursos do contribuinte federal, estadual e municipal como praticamente nenhuma outra causa. O executivo está no pé. O judiciário é terra empossada. A OAB comunga. A Nação se deixou levar por uma prosa de fora que hoje impregna o aparato estatal em cada nível e

---

67 PRESIDÊNCIA DA REPÚBLICA, SECRETARIA ESPECIAL DE DIREITOS HUMANOS, Anais da Conferência Nacional de Gays, Lésbicas, Bissexuais, Travestis e Transexuais, disponível em http://www.sdh.gov.br/sobre/participacao-social/cncd-lgbt/conferencias/anais-1a-conferencia-nacional-lgbt-2, acessado em 22/07/2015.

68 LGBT Rights in Brazil, disponível em https://en.wikipedia.org/wiki/LGBT_rights_in_Brazil, acessado em 22/07/2015.

69 Veja Cap. IV, A Instrumentalização do Judiciário.

70 MINISTÉRIO DA SAÚDE/CONSELHO NACIONAL DE COMBATE À DISCRIMINAÇÃO, Brasil sem Homofobia: Programa de Combate à Violência e à Discriminação contra GLBT e de Promoção da Cidadania Homossexual, 2004, disponível em http://bvsms.saude.gov.br/bvs/publicacoes/brasil_sem_homofobia.pdf, acessado em 22/07/2015.

instância. A opinião pública associa o conceito de Direitos Humanos à questão gay com automatismo quase instantâneo. O Brasil investiu, pois, tempo, energias e recursos na impulsão da "cidadania sexual" – ou talvez no colapso moral da sociedade – como nenhum outro Estado.

Não é possível estender-se sobre todos os aspectos da cruzada governamental em prol da causa gay/gênero. As linhas acima, de qualquer forma, transmitem suficientemente o clima. No entanto, é útil ressaltar que a postura nacional não é universal. A China, a Rússia ou os países muçulmanos não compram a conversa. A onda se limita basicamente a Washington, Bruxelas e satélites ... à exclusão da África que – salvo Pretória – não acompanha. Por prova, a Resolução em defesa da família endossada em 01/07/2015 pela maioria dos membros do Conselho dos Direitos Humanos da ONU, apesar dos protestos da Europa e da América do Norte[71].

Cada um tende a conceber-se como umbigo do mundo e a fazer o resto girar em torno. É humano. Entretanto, o Brasil é antes exceção que regra, porque o entusiasmo local no apoio ao homossexualismo político é absolutamente ímpar. O PT foi realmente bom aluno, e o discurso dominante reflete isso com clareza, porque só fala em direitos gays e gênero.

É o que queriam as feministas de Pequim. No entanto, nenhum tratado universal com força vinculante fala em diversidade, orientação ou identidade sexual. A Declaração Universal[72], a Convenção de San José de Costa Rica [73] ou qualquer outro instrumento relativo à proteção dos Direitos Humanos só podem ser usados para tais fins por estelionato intelectual. Portanto, a estratégia passa impreterivelmente pela distorção dos textos legais. E isso se alcança não apenas pelo controle dos tribunais e dos comitês de monitoramento, mas, ainda, pela transversalização da ideologia LGBT/gênero nas engrenagens dos Direitos Humanos.

Assim, em 12 de dezembro de 1997, a Assembleia Geral da ONU votou a Resolução 52.100 visando a reinterpretação dos Direitos Humanos numa perspectiva de gênero (SCALA, 2011). Subscreve esse tipo de documento quem quiser, na realidade. Não tem caráter obrigatório e não compromete o Estado que não assinar. Mas, dá uma base de legitimidade no plano administrativo interno da ONU para repensar os conteúdos. E como os defensores do gênero mantêm maioria nas comissões e entidades de acompanhamento ...

71 United Nations, General Assembly, Human Rights Council, Twenty-Nith Session, Agenda Item 3, Protection of the Family, disponível em http://ap.ohchr.org/documents/E/HRC/d_res_dec/A_HRC_29_L25.docx, acessado em 20/11/2015.

72 Declaração universal dos Direitos do Homem, http://www.ohchr.org/EN/UDHR/Documents/UDHR_Translations/por.pdf.

73 Convenção de San José, http://www.pge.sp.gov.br/centrodeestudos/bibliotecavirtual/instrumentos/sanjose.htm.

*– Na interação com os Estados, esses comitês de monitoramento se encarregam de enfiar a agenda de gênero goela abaixo do mundo. Não é?*
*– E quase sempre em cooperação com ONGs gays e feministas que alimentam a pressão com dados estatísticos forjados sobre violência homofóbica ou sobre mulheres morrendo em aborto clandestino.*
*– Dados que os comitês se apressam em aceitar, evidentemente.*
*– Exato. Porque compartilham a mesma sensibilidade. É como a Secretaria de Direitos Humanos soltando estatísticas baseadas nas manipulações do Grupo Gay da Bahia.*
*– ...*
*– No informe sobre o Peru, o comitê estima que as mulheres morrem vítimas de aborto clandestino por culpa do Estado que não descriminaliza a prática.*
*– Então, colocam o Estado no banco dos réus ... e não a mulher que mata o próprio filho.*
*– Sim, Rosa. O relatório conclui que as mulheres são submetidas a tratamento desumano em violação dos artigos 3, 6 e 7 do Pacto Internacional de Direitos Civis e Políticos.*
*– Nesse ritmo, poderia condenar o Brasil, porque bandidos morrem de vez em quando em assalto a banco ... e descriminalizar o ataque a mão armada para atender o Pacto dos Direitos Civis e Políticos.*
*– O relatório sobre a Zâmbia afirma que o governo tem o dever de fornecer serviços de aborto seguro ... e o informe sobre a Indonésia explica que valores religiosos não podem violar os direitos da mulher. De qualquer forma, nunca se fala da criança. As "evidências estatísticas" fornecidas pelas ONGs levam à conclusão que as mulheres morrem por causa de leis discriminatórias. Então, recomenda-se a flexibilização de restrições como a exigência do consentimento paterno ... depois, pede-se a descriminalização ... e, finalmente, o custeamento pelo sistema de saúde pública.*
*– De qualquer forma, não se fala uma palavra da pobre criatura que morre no ato. Ela não existe nos relatórios.*
*– Porque não está na equação mental das feministas, Rosa. O pivô da trama, a figura central, o alvo da decisão sai de palco. O mundo gira em torno de uma mulher irresponsável.*
*– Simplesmente, se esqueceram de mim.*
*– É. Ninguém se lembrou de você, José.*

É de se notar que a Jamaica denunciou um protocolo adicional ao Pacto dos Direitos Civis e Políticos em protesto contra as manipulações em questão. Contudo, o Comitê dos Direitos Humanos negou a desvinculação sob o pretexto que o diploma legal não previa tal possibilidade[74]. Tal princípio

74 HUMAN RIGHTS COMMITTEE, CCPR General Comment Nº 26: Continuity of Obligations, disponível em http://www.refworld.org/docid/453883fde.html, acessado em 23/07/2015.

não tem cabimento em direito, mas o fato ilustra com perfeição o fascismo a tomar conta dos chamados Direitos Humanos.

Muitas vezes, a ideologia de gênero avança por descuido ou incompetência dos representantes nacionais na ONU:

> " ... cabe destacar que a Secretaria Geral da ONU organiza umas 600 reuniões por ano. Como o Secretário Geral e seu *staff* estão comprometidos com a inclusão da ideologia de gênero, resulta que as minutas dos documentos de trabalho sempre comportam referências concretas ao gênero, aos pseudodireitos sexuais e reprodutivos, etc. Em muitas dessas reuniões, os representantes nacionais ignoram a que se referem esses tópicos e aprovam as minutas sem mais trâmites." (SCALA, 2011)

*– Aliás ... é um ponto que queria conversar com vocês dois.*
*– As reuniões da ONU?*
*– Não exatamente. Quero antes chamar a atenção sobre uma tática em operação nesse contexto. Porque faz parte de uma estratégia geral que se reproduz invariavelmente em todos os planos internacionais e nacionais.*
*– Não apenas na ONU, então?*
*– Não. A assinatura de documentos sem muito entender a intenção ou o conteúdo não é próprio do contexto onusiano. O que acontece nas Nações Unidas é apenas expressão particular de um descuido geral.*
*– Você quer dizer que todo mundo anda meio distraído? Que todos concordam sem saber com que concordam?*
*– É mais ou menos isso. A estratégia gay/gênero tira proveito do desconhecimento público de um termo para introduzi-lo reiteradamente nos documentos oficiais e legitimar paulatinamente seu uso.*
*– Você quer dizer ... sem muito entrar no mérito de conteúdo?*
*– Precisamente. A repetição e aceitação geral de uma palavra geram um senso de normalidade e mitiga a resistência psicológica na hora de descobrir o real conteúdo.*
*– É por isso que insistem tanto em introduzir o termo "gênero" nos Planos de Educação, nos textos normativos ou em qualquer documento administrativo?*
*– Precisamente. Quem lê, geralmente ignora as verdadeiras implicações do vocábulo. Pensa que é sinônimo de sexo. Acha que se trata de garantir tratamento equitativo à mulher ... um valor desde já universalmente aceito. Então, qualquer um avaliza sem problema.*
*– E quem abre uma porta de gaiata, não acha argumento para fechá-la depois.*
*– Com certeza. E é isso que a turma explora. Lembra do desconstrutivismo? Foucault, Derrida e toda essa franja da intelectualidade francesa que gay evoca como verdade revelada?*
*– Sim. Você já explicou essa. Para mexer na realidade, basta mexer no discurso. As representações mentais induzem uma sensibilidade que, por sua vez, induz comportamentos políticos ...*

*– Aprendeu a lição, José. A mudança de discurso induz uma mudança de percepção ... que induz uma mudança de sensibilidade ... que induz uma mudança de comportamento político ... que induz uma mudança institucional ... que induz uma mudança societal ... que induz uma mudança civilizatória.*
*– Eis onde se quer chegar.*
*– Sim, Rosa. E se você avaliar que nada deve para ninguém e não se interessar pela proposta civilizatória alternativa ... então, tem que frustrar a estratégia de partida e barrar a mudança de discurso. Caso contrário, você se deixa arrastar e pilotar avoada, só para descobrir o embuste na linha de chegada.*
*– ...*
*– Ou nem descobre, porque já está de cabeça feita.*
*– Então, é para deter a expressão "gênero" a todo custo?*
*– Exato. Mostrou o nariz num texto? Você não assina. Foi mencionado numa reunião? Você protesta. Porque se deixar passar a sinalização sonora hoje, terá de engolir o conceito amanhã.*
*– ???*
*– É como alguém lhe oferecer um animal de estimação recém nascido.*
*– ...*
*– "O Chiquito é pequeninho. Mas, logo que desmamar será seu". Mas, ninguém define o Chiquito. E você acha que é cachorro sem pedir esclarecimento.*
*– Aí, na entrega, é um gato!*
*– Justamente, José. O que você tinha em mente era uma coisa que late e morde o traseiro do ladrão. Mas, o que queriam lhe enfiar é um bicho que mia e pega rato.*
*– É. O nome por si só não aponta para o conteúdo. Mas, fica difícil recusar o bichinho em fim de circuito.*
*– Entendeu tudo, Rosa. A guerra é verbal e visa a confundir as mentes. A linguagem é o suporte do pensamento. Portanto, se desorganizar a expressão oral ou escrita, você também desorganiza o entendimento.*
*– É como quem não sabe as regras de gramática e escreve uma frase sem sujeito ... outra, sem verbo ... mais uma, sem objeto ... aí, o texto é caótico ... porque a cabeça que escreve é caótica ... e, no final, o mesmo caos passa para a cabeça do leitor, e ninguém mais tem ideias claras.*
*– É basicamente isso. Não apenas do ponto de vista sintático, alias. Incorreção semântica também interfere na articulação mental. Se não tiver termos precisos ... se não usar a palavra certa para cada coisa, você também mergulha na confusão de ideias.*
*– Por exemplo ... se chamar de família o que não é família ... se chamar de casamento o que não se entende por casamento ... se chamar conceito de preconceito ou opção cultural de homofobia ... e coisas desse tipo?*
*– Sim. Você organiza a confusão, jogando uma palavra contra outra e inventando um sentido novo para uma terceira.*

*– Certíssimo, Rosa. Quem brinca com as palavras, também brinca com os valores que as palavras vocalizam, com o imaginário alicerçado nas palavras, com os significados sociais que encerram as palavras, com os conceitos morais presentes nas palavras, com o senso ético veiculado pelas palavras, com a força comunicativa das palavras ...*
*– Palavras não são apenas efeitos sonoros. São ferramentas de estruturação intelectual e de comunicação social. Verdade?*
*– Precisamente, José. Alicerçam e veiculam raciocínios. E se desconstruir tudo isso, você fabrica gente sem rumo. E gente sem rumo, você manipula e leva para onde quiser. Sem resistência, porque não tem critério.*
*– No final, é onde se quer chegar.*
*– Sim. E se você quiser saber, a intelectualidade francesa não inventou grande coisa, pois desconstruir o sentido das palavras é justamente o que o mundo faz desde Platão. A filosofia serve para isso mesmo. É para desconstruir e reconstruir a relação do homem com o mundo, com a vida, com a morte ... em bases sempre mais conscientes e sólidas.*
*– Então, o tão badalado Foucault não inovou.*
*– Francamente não, Rosa. Aprendeu a lição pela metade. Desconstruiu tudo sem saber reconstruir nada ... a não ser uma tremenda besteira que levou o Ocidente para a decadência.*

## 7. Casa Branca e União Europeia em Cruzada

Embora a ONU represente o terreno predileto da geopolítica gay/gênero, há outros campos de batalha. A título ilustrativo, menciona-se a diplomacia norte-americana que não hesita a comprometer interesses estratégicos para propagar a causa. Assim, a entrevista coletiva em Nairóbi onde Obama critica a postura africana sobre a questão na presença do seu homólogo queniano ... quando o motivo da viagem é um acordo comercial e militar para a cooperação econômica com a África Oriental e para o combate a uma guerrilha islamista na vizinha Somália[75]. E não é fato isolado. A atitude é constante na Casa Branca: empurra-se um aliado nos braços da Rússia ou da China, mas não se trai a causa LGBT[76].

Para medir o absurdo, basta reverter o quadro e imaginar um presidente africano em visita oficial a Washington, mandando americano repensar a política gay, porque a Nigéria ou a Uganda não gosta ... e a imprensa de Lagos ou Kampala chamar os Estados Unidos de intolerantes por não fazer os gostos da África.

75 THE WORLD POST, Kenya's President Calls Gay Rights A Nonissue During Obama Visit, 25/07/2015, disponível em http://www.huffingtonpost.com/entry/kenya-gay-rights-obama_55b39dede4b0a13f9d18c0cd, acessado em 25/07/2015.

76 Veja Cap. I, A Construção da Ideologia, 2-A Vitimologia Gay.

A opção pela promoção internacional do homossexualismo encontra-se limpidamente expressa em documento oficial do Departamento de Estado com uma mensagem de solidariedade pessoal de Obama e John Kerry[77].

> "O Departamento de Estado" – diz o texto – "não tem poupado esforços para promover e proteger os direitos humanos de lésbicas, gays, bissexuais e transgêneros (LGBT) nos últimos anos [ ... ] junto a governos, sociedade civil [...] através da diplomacia, da ajuda externa, do trabalho nos foros internacionais ... ".

A tomada de posição remete então a um anexo chamado "Memorando Presidencial de Iniciativas Internacionais para promover os Direitos Humanos LGBT[78]", que fala da descriminalização das práticas sexuais em questão, proteção dos refugiados LGBT, ajuda aos Estados cooperantes, reação rápida contra qualquer violação de direitos, defesa da causa nos foros internacionais, elaboração de relatórios. E a ordem vai para todo o pessoal diplomático, a Agência de Ajuda ao Desenvolvimento (USAID)[79], o EXIMBANK[80], o Tesouro, a Defesa, Justiça, Agricultura, o Comércio, a Saúde e a Segurança[81].

É literalmente todo o poderio estatal norte-americano por conta. Então, quem ainda trabalha com a visão da vítima discriminada deve rever seu quadro de raciocínio: gay é o elemento dominante, e oprimido é o outro lado.

E mais uma para não deixar dúvida.

A noção de asilo andou evoluindo. Falava-se de primeira em refugiados políticos, referindo-se a gente perseguida por motivo de oposição a algum governo. Depois, de refugiados econômicos para designar pessoas a fugir da miséria. Veio, então, o refugiado climático, correndo da seca ou coisa parecida. E, finalmente, o refugiado sexual ... basicamente o homossexual ameaçado em casa.

Tempos atrás, três gays africanos tiveram o pedido de asilo negado nos Países Baixos. Recorreram à Corte Europeia de Direitos Humanos que forçou uma revisão da decisão[82].

---

77 John Kerry, https://pt.wikipedia.org/wiki/John_Kerry.

78 US DEPARTMENT OF STATE, Fact Sheet, Office of the Spokesman, Lesbian, Gay, Bisexual, and Transgender Human Rights Issues, Washington DC, 16 May 2014, disponível em http://www.state.gov/r/pa/prs/ps/2014/05/226253.htm, acessado em 25/07/2015.

79 United States Agency for International Development, https://www.usaid.gov/.

80 Export Import Bank of the United States, http://www.eximbank.com/.

81 THE WHITE HOUSE, Office of the Press Secretary, Presidential Memorandum -– International Initiatives to Advance the Human Rights of Lesbian, Gay, Bisexual, and Transgender Persons, 06 December 2011, disponível em https://www.youtube.com/watch?v=s2_pIEtPbsA&index=47&list=WL, acessado em 25/07/2015.

82 EUROLEX, ECLI:EU:C:2013:720, disponível em http://eur-lex.europa.eu/legal-content/EN/TXT/?uri=CELEX:62012CJ0199, acessado em 25/07/2015.

O precedente abre perspectivas alarmantes.

A ideologia é, pois, um tom onipresente na política externa da Europa e dos Estados Unidos. Perpassa a retórica, as declarações, os acordos. E o Brasil – a julgar pelos Diálogos Brasil-EU LGBT – está plenamente a bordo[83].

83 SECRETARIA DE DIREITOS HUMANOS, Presidência da República, LGBT: Programas e Diálogos Brasil-UE, disponível em http://www.sdh.gov.br/assuntos/lgbt/programas/dialogos-brasil-2013-uniao-europeia, acessado em 25/07/2015.

## Capítulo III

# A CATEQUIZAÇÃO LGBT/GÊNERO

### 1. A Manipulação Midiática

O movimento gay soube como ninguém utilizar o aparato midiático para impulsionar sua causa. E, mais uma vez, a cartilha de Kirk Marshall e Hunter Madsen[1] comunica instruções claras a respeito.

> "A primeira fase" – diz o documento – "tem a ver com insensibilização: é preciso levar o público a enxergar a diversidade sexual com indiferença ... um pouco como se pensa em sabores de sorvete ... um gosta de morango, e outro, de baunilha ... tão simples assim ... chegando nesse ponto, a batalha pelo reconhecimento social e legal já está praticamente ganha ... a campanha para mudar a percepção [ deve ] falar de gay e homossexualidade sempre que possível e o mais alto que puder ... o sentimento de normalidade frente a um determinado comportamento decorre da exposição sistemática ... pode haver resistência de início, mas o público se acostumará ... as pessoas poderão ainda balançar a cabeça, pensando que o mundo está pirando, mas, com o tempo, esse tipo de objeção se tornará mais filosófica e menos emocional ... a maneira de entorpecer as sensibilidades a respeito da homossexualidade é falar muito ... de forma aberta ... até gastar o assunto ... até todos cansarem e acharem normal ... mas não deve haver exposição prematura a comportamentos homoafetivos explícitos ... pelo contrário, a coisa deve ser tratada como questão social abstrata ... é preciso entrar com o nariz primeiro e, depois, com o traseiro ... também é importante saber onde falar ... a mídia audiovisual ... o cinema e a televisão são os maiores fabricantes de imaginário na civilização ocidental ... o americano médio está exposto a 7 horas diárias de TV ... esse tempo abre uma porta para o espaço privativo ... eis por onde passa o Cavalo de Troia [...] Até aqui, Hollywood tem sido um grande aliado ... pouco a pouco ... personagens e temas gays foram introduzidos nos programas de TV e filmes ... os resultados são animadores, mas é apenas o começo ... " (Arranjo do autor.)

1 KIRK, Marshall & PILL, Erastes, The Overhauling of Straight America, *Guide Magazine*, November 1987, disponível em http://library.gayhomeland.org/0018/EN/EN_Overhauling_Straight.htm, acessado em 16/03/2015.

O entendimento é corretíssimo, e o apoio da poderosa Hollywood não é segredo para ninguém. O aval precoce das veteranas Elizabeth Taylor ou Debbie Reynolds – para limitar-se a duas figuras de proa daquela geração – sempre foi explícito. Artistas e diretores homossexuais marcaram grandes momentos do cinema. Assim, Ramon Navarro da versão muda de Ben Hur[2], William Haines da mesma época (DRABELLE, 1998), a bissexual Greta Garbo (PARIS, 1994), Montgomery Clift (STEPHAN, s/d), Rock Hudson (YARBROUGH, 1985), George Cukor e outros ícones dos tempos pioneiros (WALBER, 2013).

Em que pese a presença notória e a inegável influência nos bastidores artísticos, o público demorou para aceitar a veiculação direta da cultura LGBT. A bem da verdade, o *coming out* na tela começou muito discretamente na década de 1930 com os filmes humorísticos do artista gay Edward Everett Horton, envolvendo personagens espalhafatosos implicitamente homossexuais a provocar risadas antes que admiração ou reprovação. Mas, o incentivo aberto esperou os anos 1960 com enredos de desvalorização do casamento tradicional. Assim, "Quem tem Medo de Virgínia Woolf?", adaptação cinematográfica da obra do escritor gay, Edward Albee, contando com a participação de Richard Burton. Ou, ainda, "Divórcio Estilo Americano"[3], com Dick Van Dyke.

Veio, então, o momento da banalização de condutas alternativas com filmes leves apresentando homens disfarçados de mulher ou vice-versa. Nessa categoria, cai "Tootsie" (1982) em que Dustin Hoffman se passa por mulher para trabalhar numa novela; o musical "Victor/Victória" no qual Julie Andrews usa roupas masculinas (1982); ou a comédia "Mrs. Doubtfire" (1993)[4] onde Robin Williams entra na pele de uma matrona contratada pela ex-mulher para cuidar dos próprios filhos.

Depois da fase *cross dressing*[5], chegou finalmente o momento da celebração com "Philadelphia"[6] de Tom Hanks (1993).

---

2 Ben Hur (1925 film), http://en.wikipedia.org/wiki/Ben-Hur_(1925_film).

3 Who´s afraid of Virgínia Woolf, http://en.wikipedia.org/wiki/Who's_Afraid_of_Virginia_Woolf%3F; Divorce American Style, http://en.wikipedia.org/wiki/Divorce_American_Style.

4 Tootsie, http://en.wikipedia.org/wiki/Tootsie; Victor/Victoria, http://en.wikipedia.org/wiki/Victor_Victoria; Mrs. Doudtfire, http://en.wikipedia.org/wiki/Mrs._Doubtfire.

5 Cross-dressing, http://en.wikipedia.org/wiki/Cross-dressing. Comportamento consistindo em usar roupa comumente associada ao sexo oposto numa determinada sociedade. P. ex, homem vestindo-se de mulher. De *cross* = cruz, cruzado; e *dressing* = vestir. A prática é objeto de inúmeras referências Google, comportando manuais de instrução (*guide*) e produções parecidas (http://www.cross-dressing-guide.com/).

6 Philadelphia, http://en.wikipedia.org/wiki/Philadelphia_(film).

A obra chamou particularmente a atenção por retratar uma dignidade homossexual pairando longe acima da estreita mesquinhez homofóbica. O mundo não estava pronto para o beijo gay, mas o herói aidético conquistou a simpatia pela magnífica postura frente à adversidade. Difícil mesmo imaginar espírito mais elevado: não xingava, era humilde, sofria em silêncio e achara um nobre advogado simpatizante – negro, por cima – para dar a proteção generosa do bom hétero.

O filme faz bem para o coração. O mal, claramente identificado, é derrotado. Infelizmente, a AIDS não perdoa. São sempre os melhores que se vão primeiro. É injusto. Seja como for, fica a lembrança de uma personalidade que evoca o ápice da evolução humana. Houve o *homo erectus* ... o *sapiens* ... Neanderthal e Cro-Magnon ... e, para redimir a humanidade das baixezas passadas, a espécie *New Age* LGBT fechando o último estágio com chave de ouro.

Depois dessa, tudo andou rápido. Não houve mais resistência. Foi só torcida. AIDS, inclusive, saiu da esfera da saúde pública para virar questão de Direitos Humanos! Houve "A Gaiola das Loucas" com Robin Williams e Nathan Lane no papel de um casal homo rejeitado pelas famílias (1996); *In and out* (1997), contando a vida de um professor gay; os cowboys românticos de *Brokeback Mountain* (2005)[7]; e, finalmente, *the kiss* ... entre Kevin Kline e o machão Tom Selleck!

Hanks ganhou o prémio de Melhor Ator pela participação em "Philadelphia". Hillary Swank foi consagrada Melhor Atriz pelo papel de transgênero em "Meninos não choram". O *Academy Awards* do ano 2000, foi uma declaração de amor homoafetivo do início até o fim, com o Melhor Filme para "Beleza Americana"[8] ... um manifesto contra o casamento heteronormativo e em favor da pedofilia, ostentando nudez adolescente e comportamentos homossexuais.

É só prêmios e honrarias: *Tony Award, American Theater Hall of Fame, Best Actor in a Musical, Best Supporting Actor, Emmy, BAFTA, Golden Globe* [9]

---

7 The Bird Cage, http://en.wikipedia.org/wiki/The_Birdcage; In & Out, http://en.wikipedia.org/wiki/In_%26_Out; Brokeback Mountain, http://en.wikipedia.org/wiki/Brokeback_Mountain.

8 Academy Award for Best Actor, http://en.wikipedia.org/wiki/Academy_Award_for_Best_Actor; Academy Award for Best Actress, http://en.wikipedia.org/wiki/Academy_Award_for_Best_Actress; Boys don´t cry, http://en.wikipedia.org/wiki/Boys_Don't_Cry_(film); Academy Awards (the Oscars), http://en.wikipedia.org/wiki/Academy_Awards; Academy Awards for Best Picture, http://en.wikipedia.org/wiki/Academy_Award_for_Best_Picture; American Beauty, http://en.wikipedia.org/wiki/American_Beauty_(1999_film).

9 Tony Award, http://en.wikipedia.org/wiki/Tony_AwardAmerican Theater Hall of Fame, http://en.wikipedia.org/wiki/American_Theater_Hall_of_FameBest Supporting Actor, http://en.wikipedia.org/wiki/List_of_awards_for_supporting_actor; Emmy, http://en.wikipedia.org/wiki/Emmy_Award; BAFTA, http://en.wikipedia.org/wiki/British_Academy_of_Film_and_Television_Arts; Golden Globe, http://en.wikipedia.org/wiki/Golden_Globe_Award.

... Hollywood é gay e está gayizando o mundo, badalando gay, bajulando gay e excluindo quem não pensa gay. Sem chance, pois. Ser ou simpatizar são pré-requisitos à carreira artística. Não há futuro para contestadores: a Academia de Artes e Ciências Cinematográficas[10] expurga sem piedade.

Para completar com uma nota folclórica, a atriz Sharon Osbourne recebeu o *GLAAD Media Award*[11] de 2004, declarando sua tristeza por não ter pelo menos um filho gay (WORLDNETDAILY, 2010) ... uma felicidade que deverá contemplar muitas mães, já que até Disney parece estar entrando no jogo (SKAGGS, s/d).

Num trabalho meticuloso de 50 anos que começou com uma comedida apologia para terminar em aberta glamorização, o formidável aparato hollywoodiano se esforçou metodicamente para colocar um fã da causa homossexual em cada cabeça do Planeta. E é realmente de se perguntar onde, em meio a tanta força e glória, se esconde o quesito "fragilidade política" do conceito de minoria.

– *É o sapo na água quente.*
– *Como assim, Rosa?*
– *Sapo caindo no caldo quente pula para a vida de forma instantânea. Sendo que um ambiente líquido inicialmente frio e gradualmente aquecido esmorece os reflexos do bicho que morre fervido sem perceber a passagem do ponto crítico.*
– *É mesmo. Essa estória é antiga. E assim a indústria cinematográfica cozinhou o mundo devagar ... insensibilizando o público aos poucos ... e, no final, ninguém se deu conta do acontecido.*

A televisão – que, no fundo, pertence aos mesmos grupos – colaborou em muito.

Quem manda na telecomunicação via satélite governa os corações e domina as mentes. A TV se tornou a mais impressionante engenhoca de lavagem cerebral da história universal. Acompanha as massas no café da manhã, formata uma visão de mundo no almoço e alimenta todos os sonhos de noite. Uma máquina de idiotizar o público, monopolizada por alguns poucos a espalhar pensamento único em tempo real nos quatro cantos do Planeta ...

Alcançando o esquimó da Groenlândia, o favelado da Rocinha ou o banqueiro de Wall Street numa fração de segundo, vai moldando um tipo antropológico unidimensional de emotividade homogênea, reflexos iguais e raciocínio idêntico.

É interessante notar que nada disso se submete às mais elementares regras da democracia. Trata-se de um poder capaz de induzir percepções sociais e

10 Academy of Motion Picture Arts and Science, http://www.oscars.org/about.

11 GLAAD Media Award, http://en.wikipedia.org/wiki/GLAAD_Media_Award.

atitudes eleitorais, de fazer ou destruir um legislador, de eleger ou derrubar um chefe de Estado, de influenciar a sensibilidade judiciária e as condutas policiais, de impactar a posição de um procurador ou de um professor, de demonizar o inimigo, de massificar uma noção de legitimidade política e até de vender um conceito de democracia em detrimento de outro. Mas, tudo aquilo é movido por decisões tomadas à margem do sufrágio universal, no ambiente restrito dos conselhos editoriais ou das assembleias de acionistas.

Não existe praticamente qualquer mecanismo de controle democrático sobre o conteúdo ou a forma dos programas. Não há meios de fiscalização popular ... tipo, uma entidade formada por representantes de pais, docentes, sindicatos, empresas, associações profissionais, igrejas, ONGs e sociedade civil em geral com direito a escrutínio e julgamento. Apenas algumas centenas de pessoas arrogando-se um privilégio regaliano de censura por exclusão *a priori* de toda voz dissidente.

O funcionamento a contento da democracia implica, por certo, uma democratização da própria democracia que passa pela apropriação popular das ferramentas a modelar o entendimento e direcionar o voto. Porém, um raio-X da estrutura midiática ocidental revela uma concentração descomunal de controle. Basicamente 90% do que se fala e se mostra nos noticiários representa um pensado de pronta entrega, irradiado de 3 ou 4 pontos de produção para o resto do mundo (MATTELART, 1992).

Vale fazer a experiência e pegar o jornal televisivo francês, alemão, australiano ou brasileiro para perceber a uniformidade de fraseologia, quadros e símbolos. São mais de 200 canais distintos a dar uma ilusão de diversidade extrema. É, porém, um pluralismo de coisas iguais. Não adianta passar de um para outro em busca de algo diferente, porque todos dizem o mesmo em línguas diversas. Até o casalzinho de locutores é padronizado, de forma que o telespectador não tem opção a não ser escutar o que o sistema manda escutar, ver o que manda ver, sentir como manda sentir, pensar como manda pensar e agir como manda agir.

A Globo e homólogas pelo mundo afora não são inventoras de representações mentais. Funcionam antes como revendedoras de um produto acabado essencialmente norte-americano. Existem, pois, muitas distribuidoras, ao passo que a fábrica de imaginário é única. E quem nela se posiciona, manipula o mundo. O agredido Saddam Hussein vira assim agressor, porque não controla os satélites. E gay transforma feiura em beleza por razões análogas.

*– A paisagem da Europa profunda, por sinal, confirma o poder da mídia. Digo, as cidadezinhas do interior.*
*– De que forma?*
*– O agrupamento clássico das casas em torno da igreja continua atestando a força de Roma durante séculos de história. Mas, o campanário, que até pouco dominava a paisagem, olha desde já humilde para uma estrutura mais elevada.*
*– ...*

*– A torre de retransmissão televisiva paira soberba por cima do quadro bucólico para relembrar que alma tem outra dona na era numérica.*
*– É verdade. Inclusive, não se produz mais padres. As capelas estão vazias. Quem gera o discurso normativo é galã de novela. O paroquiano virou telespectador. Porém, sem deixar de ser carneiro.*
*– Corretíssimo, Rosa. Não existe mais Grão Tira no céu que tudo vê e escuta. Há antes um carnaval de sons e imagens a invadir cada milímetro de espaço mental, ditar gostos culinários, definir padrões estéticos, impor modelos culturais, induzir reflexos psicológicos e bitolar os comportamentos.*
*– ...*
*– Um bando de Dollies. Entende?*
*– O que é isso?*
*– Dolly foi a primeira ovelha clonada da história. Branquinha, bonitinha, rechonchuda.*
*– Perfeita, então.*
*– Sim. Pensa agora em milhões de réplicas. Todas idênticas. Todas com a mesma carga genética. Todas com as mesmas proteções imunológicas. Todas com as mesmas fraquezas. Se pegar um vírus contra o qual a matriz não tiver defesa, é todo o rebanho que morre na hora. Não sobra uma para contar a estória.*
*– Conclusão?*
*– É que clonagem cultural funciona da mesma forma. Não há um para pensar diferente. Um único design emocional. Uma só mecânica cerebral. Não sobra um com senso crítico. É o mergulho geral na catástrofe. De olhos fechados.*

Difícil raciocinar de maneira independente em cenário tão direcionado e excludente.

Nos Estado Unidos, o seriado "Will&Grace"[12], parcialmente centrado numa figura homossexual, sempre gozou de elevadíssimos índices de audiência, ganhou vários prêmios – autoconcedidos pelo mesmo universo de controle financeiro – e fez parte das recomendações *must see TV*[13] da NBC[14], a maior rede de radiotelevisão dos Estados Unidos.

Revelando a intenção do programa, o ator Eric McCormack – atuando como gay assumido – declarou sem rodeio que ...

12 Will & Grace, http://en.wikipedia.org/wiki/Will_%26_Grace.

13 Must see TV, http://pt.wikipedia.org/wiki/Must_See_TV.

14 National Broadcasting Corporation-NBC, http://pt.wikipedia.org/wiki/National_Broadcasting_Company.

> "Gostaria de chegar ao ponto onde as vovós do Kansas desejassem um homem bom para o Will [15]... Will&Grace não é um show político, mas isso seria um golpe de mestre". (Arranjo do autor.)

O Kansas evoca o conservadorismo da América profunda. As avós, por sua vez, seriam as últimas a aceitar um estilo de vida homossexual. A frase de McCormack insinua, pois, uma vitória total e definitiva. Entretanto, o trecho mais sutil da entrevista reside no receio de rejeição pela comunidade gay e nos comentários do jornalista a respeito.

> "Ele não precisa preocupar-se" – escreve este – "porque já tem a benção da GLAAD." (LIPTON, 1998)

A TV, na realidade, não retrata caracteres homossexuais exatamente como quer. Precisa contar com a patrulha da Aliança Gay/Lésbica contra a Difamação-GLAAD[16], uma associação que persegue implacavelmente qualquer manifestação de opinião, tomada de posição ou apresentação julgada difamatória. O temor do artista era, pois, levar uma nota vermelha. Porque, com toda probabilidade, isso acarretaria o fim da novela e da carreira.

A julgar pelas iniciativas da entidade, a censura funciona bem. O show da CBS[17], "A Educação de Max Bickford"[18] com Richard Dreyfus estrelando como transgênero – para citar um exemplo a esmo – recebeu uma carta de sugestões sobre a maneira de tratar o assunto tanto no plano gramatical quanto terminológico. Tipo, usar pronomes femininos ou não utilizar vocabulário "problemático" e falar de transição em lugar de mudança de sexo ou de intersexual em vez de hermafrodita, etc. A atriz Hillary Swank foi contemplada com instruções parecidas para o discurso de aceitação de Oscar quando da premiação pelo papel de transexual no filme *Boys don´t cry* acima aludido (KAPLAN, 2001). E o *website* da GLAAD traz um Guia de Referência Midiática com definições visando calibrar o pensamento jornalístico, uma lista de expressões a evitar e um *link* remetendo a recomendações para a correta cobertura da comunidade transgênera[19].

---

15 O Kansas é considerado Estado conservador da América profunda. As avós, por sua vez, seriam as últimas a aceitar um estilo de vida homossexual. A frase de McCormack evoca, pois, a vitória total e definitiva.

16 Gay and Lesbian Alliance against Defamation, http://www.glaad.org/.

17 Columbia Broadcasting System-CBS, http://www.cbs.com/.

18 The Education of Max Bickford, http://en.wikipedia.org/wiki/The_Education_of_Max_Bickford.

19 GLAAD Media Reference Guide: Transgender Issues, disponível em http://www.glaad.org/reference/transgender, acessado em 16/01/2015.

Homossexual em si já não é mais sensação. A bola da vez é o *trans* em todos os matizes, tamanhos e coloridos do catálogo[20]. Eis porque a GLAAD demonstra tanto zelo com o caso, mas a postura sempre foi a mesma para todas as modas LGBTPTQQIIAA. Quem se diz perseguido, portanto, é antes "gaystapo" a constranger os outros.

A tática parece render, pois um estudo do Centro Nacional de Pesquisa de Opinião da Universidade de Chicago[21] indica que a porcentagem dos entrevistados a condenar o homossexualismo caiu de 74.9 para 54.6 entre 1988 e 1998. Respondendo à demanda de um mercado desde já receptivo, os shows humorísticos "Olho Queer para Cara Hétero" e "Tudo é Relativo"[22] estrearam na TV a cabo em 2003, mostrando respectivamente o relacionamento de alguns homos esclarecidos com amigos héteros um tanto quadrados e o entrosamento de uma família gay com uma heterossexual através do namoro de uma filha adotiva da primeira com o filho natural da segunda (SEARS&OSTEN, 2003).

Interessante notar que os autores de novela ou diretores de programas de diversão sempre alegam integrar protagonistas LGBTs para atender as expectativas do público, e é verdade que reagem a uma procura mercadológica em certa altura do processo. Entretanto, a demanda já é resultado do pioneirismo dos mesmos em um primeiro momento. Repara-se, nessa seara, uma tendência à eliminação dos programas direcionados à família clássica em favor de enlatados estridentemente libertários. Assim, "Os Caipiras de Beverly", "Heróis de Hogan", "Acres Verdes" e o "Show de Andy Griffith" entre outros, foram gradualmente substituídos por espetáculos do estilo de "Tudo em Família" e M*A*S*H[23], alicerçados num anticonservadorismo debochado.

A sexualização da comédia – muitas vezes sob a influência de produtores gays – fez parte da mudança de panorama, até todo mundo "relaxar" e tudo virar piada. Um episódio de "Tudo em Família" confronta assim um estúpido homófobo com um gay iluminado, promovendo um diálogo para ridicularizar o primeiro e extrair-lhe uma confissão implícita de ignorância. Outras partes

---

20 Veja o primeiro reporter transgênero em "Zoey Tur joins Inside Edition as first transgender reporter", https://www.youtube.com/watch?v=VyKfUJ9n5NQ.

21 National Opinion Research Center, http:/en.wikipedia.org/wiki/NORC_at_the_University_of_Chicago.

22 Queer Eye for the Staight Guy, http:/en.wikipedia.org/wiki/Queer_Eye; It´s all Relative, http:/en.wikipedia.org/wiki/It's_All_Relative.

23 The Beverly Hillbillies, http:/en.wikipedia.org/wiki/The_Beverly_Hillbillies; Hogan´s Heroes, http:/en.wikipedia.org/wiki/Hogan's_Heroes; Green Acres, http://en.wikipedia.org/wiki/Green_Acres; The Andy Griffith Show, http://en.wikipedia.org/wiki/The_Andy_Griffith_Show; All in the Family, http:/pt.wikipedia.org/wiki/All_in_the_Family; M*A*S*H, http:/en.wikipedia.org/wiki/M*A*S*H_(TV_series).

tratam da herança deixada por uma prima lésbica à parceira, do assassinato de um amigo travesti, etc (CLASSIC SITCOMS, s/d). M*A*S*H, por sua vez, ataca o problema da contratação de homossexuais no exército[24], contrapondo um simpático soldado gay com um graúdo preconceituoso. De sorte que os seriados televisivos catequizaram gerações inteiras na dogmática homossexual, preparando a quase teológica visão hodierna da virtude homófila a contrastar com o pecado homofóbico.

Lindas lésbicas em beijos apaixonados (STARR, 2001), adoráveis namorados gays, carinhosas famílias alternativas, detestáveis conservadores, reações negativas no primeiro contato com reconciliação e abraços em fim de circuito são quadros recorrentes em muitos seriados[25] (CAMPBELL, 2001; SPARTA, 2002). Mas, é de se notar que todos os casos citados recorrem à abordagem humorística como passo preparatório à dramatização, porque uma boa estratégia sempre amansa o público com brincadeiras antes de passar às coisas sérias.

Isso aconteceu em 1989 no seriado "Trinta e Pico"[26] da ABC com a primeira apresentação de um casal homossexual na cama. A iniciativa, no entanto, foi prematura. O público não estava pronto. Os patrocinadores tampouco. Várias empresas rescindiram os contratos de propaganda comercial. Foi uma catástrofe financeira. Mas – sinal dos tempos – uma repetição da cena em 2007 gerou exatamente os frutos contrários, cobrindo os protagonistas de louros e garantindo uma badalação eterna (MASAKI, 2007). Portanto, o mundo amadurece devagar, graças à ação civilizatória da pequena tela e malgrado as forças do atraso!

Até o seriado "Amigos"[27], de indiscutível orientação hétero, se sentiu obrigado a converter a ex-esposa de um dos personagens principais em lésbica e casá-la de papel passado em meio a declarações de simpatia e manifestos políticos (SEARS&OSTEN, 2003).

Em resumo, a televisão oferece propaganda permanente e gratuita (PAGLIA *apud* BOZELL, 2002) ... fora os canais específicos como o canaden-

---

24 List of M*A*S*H Episodes, George, 16 February 1974, http://en.wikipedia.org/wiki/List_of_M*A*S*H_episodes#Season_3_.281974.E2.80.9375.29.

25 É de se notar que a estratégia relembra os filmes a integrar caracteres negros na época da campanha pelos direitos civis. Era necessário comunicar uma imagem positiva da população afro-americana. Para tanto, Hollywood valia-se do talento de um ator negro humilde e muito simpático chamado Sidney Poitier, que muito contribuiu – justamente pela própria simpatia – a promover a causa da igualdade racial. Os Estados Unidos estão agora passando pela fase Sidney Poitier da causa gay, e os filmes ou seriados apresentam invariavelmente personagens homossexuais agradáveis.

26 Thirty something (TV series), http://en.wikipedia.org/wiki/Thirtysomething_(TV_series).

27 Friends, http://en.wikipedia.org/wiki/Friends.

se PrideVision-Out TV ou o norte-americano LOGO[28]. Da mesma forma que Hollywood glamorizou o cigarro na década de 1930 e popularizou a droga nos anos 70, a indústria do entretenimento propõe agora o charme LGBT. E com um público constantemente exposto a conversas de *coming-out* e coisas do estilo, não é surpresa isso acontecer em doses cada vez maiores na vida real.

A canção não foge à regra (CAPARICA, 2014). O universo radiofônico também não. Fora algumas irredutíveis difusoras cristãs, a postura é de torcida. E as emissoras especializadas – Rádio Balada, Gay FM, Rádio Circuito Mix[29], etc – representam desde já um nicho em expansão.

A imprensa escrita confirma o quadro. O jornalismo *mainstream* não abriga nenhuma oposição. Quem se atrever a vocalizar uma opinião dissidente perde imediatamente espaço nos jornais de alta tiragem e fica restrito a recursos marginais como o blog ou alguma folha paroquial. Peixe de outro mar simplesmente não prospera nas águas simpatizantes dos grandes tabloides. A Associação Nacional de Jornalistas Gays e Lésbicas[30] dos Estados Unidos afirma sintomaticamente que 75% das pessoas que definem a primeira página do prestigioso *New York Times* são homossexuais (REISMAN *apud* DOUGHERTY, 2002).

Daí, ...

O meio artístico brasileiro – onde se tornou chique assumir – denota tendência parecida[31], o que explica em parte a espiral de gayismo explícito nos programas de variedades[32] (SCIRE, 2014), a militância exacerbada de certas

---

28 Out-TV, http://en.wikipedia.org/wiki/OutTV; LOGO TV, http://en.wikipedia.org/wiki/Logo_TV.

29 Rádio Balada, http://e-balada.com/; Gay FM, http://tunein.com/radio/Gay-FM-s96482/; Rádio Circuito Mix, http://www.circuitomix.com.br/.

30 National Lesbian and Gay Journalists Association (NLGJA), http://en.wikipedia.org/wiki/National_Lesbian_and_Gay_Journalists_Association.

31 UOL Notícias: Conheça 50 gays famosos, http://noticias.uol.com.br/album/2013/05/27/veja-personalidades-do-mundo-do-entretenimento-esportes-e-politica-que-sao-gays.htm; UOL Entretenimento: Famosos que saíram do Armário, http://celebridades.uol.com.br/album/ap_celebridades_assumidas_album.htm#fotoNav=9; Famosos que assumiram que são gays, http://noticias.bol.uol.com.br/fotos/entretenimento/2012/05/16/famosos-que-assumiram-que-sao-gays.htm?fotoNav=73#fotoNav=75.

32 UOL Entretenimento: Os Personagens do Universo Gay da Teledramaturgia, http://televisao.uol.com.br/album/2014/12/19/conheca-personagens-homossexuais-da-teledramaturgia.htm; Conheça Personagens Homossexuais da Teledramaturgia, http://televisao.uol.com.br/album/personagens-gays-novelas_album.htm; UOL F5, Beijos Gays na Televisão Brasileira, http://fotografia.folha.uol.com.br/galerias/22470-beijos-gays-na-televisao-brasileira; Revista da TV: Os Beijos Gays na TV e no Cinema, http://infograficos.oglobo.globo.com/revista-da-tv/os-beijos-gays-na-tv-e-no-cinema.html; TV Foco: Atores Gays, http://otvfoco.com.br/audiencia/tag/atores-gays/.

novelas (ALMEIDA, 2015; MEDEIROS, 2015) e o vanguardismo todo particular da Globo, que estaria desde já estudando programas específicos para o público LGBT (FELTRIN, 2014). Sem mencionar a mãozinha do Ministério do Trabalho exibindo beijo gay num comercial contra a homofobia[33]!?!

As teorias conspirativas sempre surgem onde falta explicação racional para um fenômeno. A tese de uma exploração do tema pelo *establishment* político para desviar a atenção dos problemas reais brota, portanto, quase espontaneamente da perplexidade perante a adesão incondicional da máquina midiática à causa (WATSON, 2014). Por mais difícil de provar a alegação, uma parada gay de 2 milhões de pessoas, comparada com a parca participação na luta anticorrupção parece corroborar a manipulação. Mas, é mais uma coisa de que não se deve falar, sob pena de cair no preconceito.

*– O cerco da mídia é total mesmo, não é?*

*– Uma lavagem cerebral e tanto!*

*– ...*

*– Lembro do catedrático que inventou um teste de classificação de países numa escala de desempenho social baseada em índices de mortalidade infantil.*

*– ...*

*– Era exercício ardiloso, porque o senso comum tende a relegar os pobres à rabeira, reservando o topo do ranking às nações desenvolvidas.*

*– É o que eu faria.*

*– Sim, Rosa. Você assim procederia por condicionamento, porque é basicamente o que vê, lê e escuta todo dia. Ora, a realidade empírica mostra Cuba ou a Costa Rica à frente dos Estados Unidos.*

*– ... o que sugere uma reavaliação da percepção corriqueira.*

*– Justamente. Mas, após constatar uma média próxima a 0 para os estudantes, o pesquisador submeteu o questionário a chimpanzés de laboratório familiarizados com painéis luminosos*

*– E aí?*

*– Bem. Os símios apertaram botões a esmo e alcançaram um honroso 50%.*

*– De certo, porque animal é imune à influência do meio cultural, não é mesmo?*

33 PRAGMATISMO POLÍTICO, O Primeiro Comercial com Beijo Gay na Televisão Brasileira, Redação, 20/05/2014, disponível em http://www.pragmatismopolitico.com.br/2014/05/o-primeiro-comercial-com-beijo-gay-da-televisao-brasileira-2.html, acessado em 19/02/2015.

*– Isso mesmo, José. Apertando botões aleatoriamente, a probabilidade de erro/acerto é 50/50. Mas, não satisfeito, chamou a participação dos professores ... que erraram mais que os alunos e, consequentemente, muito mais que os macacos!*

*– E não deveriam ser mais informados !?!*

*– Ou talvez mais intoxicados.*

*– Pior!*

*– A pesquisa requisitou, finalmente, os docentes de geografia.*

*– E eles?*

*– Tiraram nota 10, José.*

*– Dedução?*

*– A moral da estória é que a capacidade cognitiva esbarra mais na ideia pré-concebida do que na ignorância propriamente dita. Porque macaco, que nada sabia, venceu o professor que de maior informação – ou intoxicação – dispunha. E pupilo, por não ter visão tão deformada, ainda, alcançou uma lógica posição intermediária.*

*– Beleza. E os geógrafos, então?*

*– Justamente, Rosa. Os únicos a brilhar foram precisamente os especialistas da área. Conclui-se, pois, que o estudo objetivo e metódico é o único caminho para um patamar de conhecimento realmente válido.*

*– ...*

*– O drama é que tem gente por aí julgando os outros sem nunca ter lido nada a respeito ou sem nunca ter refletido um minuto para evitar os atropelos do mundo.*

*– Você fala do judiciário.*

*– Isso mesmo.*

*– Tem juízes distribuindo etiquetas de homofobia e falando em preconceito a torto e a direito sem a menor visão de conjunto. Você vai perceber quando a gente entrar na parte que trata da instrumentalização do judiciário.*

*– E a solução, então? Um banho de neutralidade na Justiça?*

*– Por aí. Um recomeço do ponto zero. Ou qualquer coisa assim.*

*– Você quer dizer ... juiz de mente despoluída virando orangotango ou babuíno para reescrever toda a estória numa página em branco?*

*– Bem. Quem diz isso, é você lá do alto, Rosa. Aqui, na Terra, vai presa por esse tipo de brincadeira. De qualquer forma, é fundamental alcançar o estudioso do último estágio ... o que implica recolocar o relógio a zero para limpar a cabeça e sair das armadilhas.*

## 2. A Doutrinação Escolar

Não há campo de batalha mais importante que a escola na guerra ideológica. A infância, a adolescência e a juventude são momentos cruciais numa estruturação mental fadada a acompanhar o indivíduo e desenhar sua relação com a realidade para o resto da vida. Logo, o aparato de construção e transmissão do saber é tradicionalmente alvo predileto de todo grupo com vocação a definir os destinos da sociedade. E não é de se estranhar a luta ferrenha travada pelo movimento gay/gênero para ocupar a máquina educacional.

Está em jogo a formação dos conceitos de certo e errado, de bem e mal, de conveniente e inconveniente e tantos outros aparentados a delinear o senso de pudor, os critérios de normalidade, a matriz moral, o reflexo ético e a noção de justiça. O amadurecimento e as circunstâncias levam indubitavelmente à revisão de muitas certezas, mas os primeiros anos impregnam a alma para sempre e marcam a personalidade até a morte. Por isso, o homossexualismo politicamente organizado quer as crianças e os jovens em idade receptiva e maleável, do jardim até a formatura universitária. Naturalmente, colide com quem tem aspiração concorrente. O universo religioso, com certeza. Também grupos representativos da moral laica. E tantos outros que simplesmente não querem ver educandário perder tempo com frioleira. Mas, muito mais sutilmente, atropela os pais e as famílias cuja resistência tenta vencer por cansaço com a ajuda do Estado.

O drama vem desdobrando-se há muito e transcende a questão gay. Tem a ver com o problema maior da perda de autoridade parental. A utopia do direito sem dever foi minando o princípio de responsabilidade mútua que outrora governava a casa. O filho rei tomou conta ao amparo de leis mal inspiradas que sequer deixam corrigir uma birra ou ensinar a trabalhar em preparo à idade adulta.

Educar é treinar a fazer na infância o que se terá de fazer mais tarde na vida, e não se entende como sobreviverá uma pessoa criada na ociosidade e sem noção de hierarquia num mundo que exige precisamente produtividade e disciplina. Por mais absurdo, no entanto, o confisco estatal da missão paterna está em marcha, condenando milhões a um amanhã de assistencialismo e delinquência. Portanto, "crianças iluminadas e pais antiquados" são apenas expressão particular de um quadro mais amplo em que o Estado proíbe reprimir ou orientar com a pretensão de substituir a família no papel de educar.

A competição entre influência LGBT/gênero e consciência parental pela formação das gerações vindouras é, pois, tão somente uma singularidade específica numa tragédia profunda a mostrar o núcleo duro da sociedade em reação imunológica contra a profusão de ameaças externas. Uma luta heroica. Porém, desigual. Muitas vezes travada nas irredutíveis trincheiras do amor materno com o genitor em fuga (MACHADO, s/d).

A doutrinação na escola reveste invariavelmente a roupagem de uma tolerância mão única a expulsar os "intolerantes" do palco quando os "tolerantes" anunciam a chegada com discursos de diversidade, igualdade e – se pode? – tolerância. Um documento de título "Brasil sem Homofobia: Programa de combate à violência e à discriminação contra LGBT e promoção da cidadania homossexual" dá o tom da retórica.

O texto – é bom mencionar para saber com que o Brasil gasta energias e dinheiro – foi elaborado pelo Conselho Nacional de Combate à Discriminação do Ministério da Saúde. Contou com uma Comissão Provisória de Trabalho e uma reunião ampliada da mesma realizada no Edifício-Sede do Ministério da Justiça.

Valeu-se da participação de uma lista impressionante de nomes – presumivelmente funcionários públicos – além da colaboração da Associação Brasileira de Gays, Lésbicas e Transgêneros (ABGLT), Articulação Nacional de Transgêneros (ANTRA), Arco-Iris-Grupo de Conscientização Homossexual/RJ, Associação Amazonense de Gays, Lésbicas e Travestis (AAGLT)/AM, Associação Goiana de Gays, Lésbicas e Travestis (AGLT)/GO, Associação Goiana de Transgêneros/GO, Estruturação-Grupo Homossexual de Brasília/DF, Grupo Dignidade-Conscientização e Emancipação Homossexual/PR, Grupo Gay da Bahia (GGB)/BA, Grupo Gay de Alagoas (GGAL)/AL, Grupo Habeas Corpus Potiguar (GHAP)/RN, Grupo Resistência Asa Branca (GRAB)/CE, Grupo Somos/RS, Instituto Edson Néris (IEN)/SP, Lésbicas Gaúchas-LEGAU/RS, Movimento d´Ellas/RJ, Movimento do Espírito Lilás (MEL)/PB, Movimento Gay de Minas (MGM)/MG ... em síntese, a "sociedade civil organizada" que concebe e propõe as políticas públicas! Sem falar da colaboração da Secretaria de Educação Continuada, Alfabetização e Diversidade do Ministério da Educação, Secretaria Especial de Políticas para Mulheres da Presidência da República, Programa Nacional de DST/AIDS do Ministério da Saúde, Secretaria Nacional de Segurança Pública/Ministério da Justiça, Subsecretária de Promoção dos Direitos da Criança e do Adolescente/SEDH, Secretaria de Políticas Públicas de Emprego/SPPE /Ministério do Trabalho e Emprego, Subsecretário de Articulação da Política de Direitos Humanos/SEDH, Conselho Nacional de Combate à Discriminação/SEDH, Gabinete/SEDH, Conselho Nacional de Combate à Discriminação/SEDH, Grupo Gay da Bahia, Coordenação de Assuntos Acadêmicos do Grupo Arco-Iris/Universidade Federal Fluminense, Assessoria Legislativa do Grupo Arco-Íris, Ministério Público do Trabalho, Procuradoria Federal dos Direitos do Cidadão do Ministério Público Federal, Secretaria Especial de Políticas de Promoção da Igualdade Racial da Presidência da República-SEPPIR, Grupo Homossexual de Brasília, Secretaria Executiva do Ministério da Saúde, Secretaria de Promoção dos Direitos Humanos/SEDH, Secretaria Nacional de Segurança Pública/Ministério da Justiça, Centro Latino-Americano de Direitos Humanos e Sexualidade do IMS da Universidade do Rio de Janeiro, Centro de Estudos de Segurança e Cidadania da Universidade Candido Mendes, Secretaria Geral da ABGLT e Assessoria de Comunicação/SEDH.

Contou finalmente com uma revisão realizada pelo Secretário de Direitos Humanos da Associação Brasileira de Gays, Lésbicas e Travestis (ABGLT) e pelo Secretário-Executivo do Conselho Nacional de Combate à Discriminação/SEDH da Presidência da República[34].

*– Caramba! E tem gente para se achar discriminado. Com um Estado inteiro à disposição!*
*– Posar de gay no Brasil é negócio. Ser contribuinte, nem tanto. Porque é preciso bancar tudo aquilo.*
*– E sem preconceito!*

Dar direitos a piolho sem consultar a galinha não representa a melhor das políticas, mas é inconfundivelmente marca registrada dos últimos mandatos. Assim, o documento preconiza regimes especiais em vários segmentos. E os pontos VIII e IX acenam com promessas direcionadas às áreas culturais e educacionais, notadamente ...

> " ... a criação de um Grupo de Trabalho visando elaborar um plano para o fomento ... às produções artísticas e culturais que promovam ... a não discriminação por orientação sexual ... [ o apoio ] à produção de bens culturais e a eventos de visibilidade maciça de afirmação de orientação sexual ... a distribuição, circulação e acesso aos bens e serviços culturais com temática ligada ao combate à homofobia e à promoção da cidadania LGBT ... [ a execução de ] ações para diagnosticar, avaliar e promover a preservação dos valores culturais ... decorrentes da participação da população homossexual brasileira no processo de desenvolvimento, a partir de sua história ... a capacitação de atores da política cultural para valorização da temática de combate à homofobia e de afirmação da orientação sexual ... [a articulação] com os órgãos estaduais e municipais de cultura para a promoção de ações voltadas ao combate da homofobia e à promoção da cidadania GLBT." (Arranjo do autor.)

É preciso entender que a referência acima foi escolhida aleatoriamente entre centenas de textos nacionais e internacionais com propostas similares a indicar uma estratégia global de exaltação. A título de exemplos, cita-se o investimento milionário na instalação do Museu da Diversidade Sexual em São Paulo (UNIÃO DOS LIVRES, 2014) ou o financiamento público de paradas gays (AIRES, 2014). Na mesma cepa, o incremento do feminismo radical pela UNICEF (SYLVA, 2003) e dos estudos de gênero pela UNESCO (CASTRO, ABRAVOMAY & SILVA, 2004). Ainda, os trabalhos de

34 Conselho Nacional de Combate à Discriminação, Brasil Sem Homofobia: Programa de combate à violência e à discriminação contra GLTB e promoção da cidadania homossexual. Brasília: Ministério da Saúde, 2004, disponível em http://bvsms.saude.gov.br/bvs/publicacoes/brasil_sem_homofobia.pdf, acessado em 15/02/2015.

antropologia lésbica/gay convidando à reflexão sobre um novo tipo humano (FOX, 2012), a realização de seminários LGBT no Congresso Nacional (PSOL 50, 2015) e o patrocínio público de convenções gays (VIVAS, 2014), etc.

O texto adentra, então, a "Política para a Juventude" nos termos seguintes:

> "Apoiar a realização de estudos e pesquisas na área dos direitos e da situação socioeconômica dos adolescentes LGTB ... respaldar a implementação de projetos de prevenção à discriminação homofóbica nas escolas ... capacitar profissionais de casas de apoio e de abrigos para jovens homossexuais ... em parceria com as agências internacionais de cooperação e a sociedade civil organizada". (Arranjo do autor.)

O desdobramento do segundo princípio em ações concretas é que leva a cultura LGBT para as salas de aula. E o episódio rocambolesco do Kit-Gay se inscreve nessa perspectiva.

A Escola sem Homofobia – como a iniciativa fora batizada por seus defensores – foi uma tentativa de impor a projeção de vídeos e distribuição de cartilha nas salas de aula com o intuito de enaltecer a homoafetividade na adolescência (CADERNO BRASIL SEM HOMOFOBIA, s/d)[35]. De todos os planos de doutrinação em massa, representou a maior trapalhada do movimento LGBT brasileiro até o presente dia e teve o grande mérito de expor a conjuração à luz do dia. A Internet se encheu de posicionamentos a favor ou contra. A bancada evangélica balançou o Congresso. Bolsonaro espumou. Jean Wyllys engasgou. E Dilma engavetou a ideia com perda seca de quase 2 milhões de reais. Mas, antes de tudo, os pais acordaram para a realidade de uma trama de envergadura inédita contra os fundamentos morais da família.

De certa forma, há o antes e o depois do Kit-Gay. A percepção mudou. A compaixão para com o diferente cedeu lugar a um sentimento de agressão à base de valores a pilotar as relações pai-filho, homem-mulher, marido-esposa ...

E não foi por nada, pois a filmagem dos trabalhos do MEC chega a mostrar o depoimento chocante de um participante transexual afirmando que suas melhores professoras foram prostitutas[36] ... comunicando assim a curiosa impressão de uma assessoria de travestis com orientação pedagógica da zona!

---

35 Video do Kit Gay do MEC – Video 1, https://www.youtube.com/watch?v=ufDolnFjovM; Polêmico vídeo do kit gay do MEC – Vídeo 02 – Cristãos Hoje – by Done, https://www.youtube.com/watch?v=ov49Zomk-qU; ALERTA AOS PAIS DO BRASIL. Vídeos do MEC disseminavam* Homossexualismo! Parte ½, https://www.youtube.com/watch?v=r1kzHZ0X8HM; Kit Gay do MEC – Filme 3 – Encontrando Bianca, https://www.youtube.com/watch?v=0x1Kokj2KnM.

36 Pedofilia no Brasil: A Volta do KIT GAY para Crianças nas Escolas Públicas, https://www.youtube.com/watch?v=XmKR7DjLojM.

O material era asqueroso. Coisa de gente doentia. Foi simplesmente excessivo. Chamou a atenção e, por isso, foi barrado. Assim mesmo, a mensagem passa diariamente em discretas doses homeopáticas. As virtudes pedagógicas da interação escolar com o mundo externo são sabidamente reconhecidas pela comunidade docente. O convite de policiais rodoviários para palestras sobre as regras de trânsito ou a visita de professores e alunos a uma indústria local são recursos didáticos frequentemente usados. E a cultura LGBT soube acomodar-se proveitosamente no senso de legitimidade a cercar a prática.

A presença de ONGs gays em salas de aula ou em cursos de formação docente tornou-se assim um quadro não só comum, mas ainda recomendado pelos profissionais da educação (AGÊNCIA ALAGOAS, 2015). Aos poucos, autoridades municipais ou estaduais "progressistas" foram contratando os serviços de entidades representativas da "diversidade" para elaborar e implementar programas de educação sexual ou coisas afins. E o caso do Grupo Nuances[37] oferece exemplo repleto de ensinamentos sobre o fenômeno.

A ONG, que luta pela livre expressão sexual há 26 anos no Rio Grande do Sul (SUL 21, 2013) andou – segundo trabalho publicado por acadêmicos do Núcleo de Pesquisa em Sexualidade e Relações de Gênero da UFRGS –, educando para a diversidade nas escolas de Porto Alegre no quadro de um projeto de formação de professores financiado pelo governo como parte do programa Brasil sem Homofobia (NARDI&QUARTIERO, s/d).

De acordo com o supramencionado artigo,

> "[ ... ] a Secretaria Municipal de Educação-SMED realizou programas de educação sexual ... na primeira gestão do Partido dos Trabalhadores por meio de uma proposta de capacitação para a rede municipal. Em 1990, a Secretaria promoveu o curso 'Sexo em Debate na Escola', em parceria com a Secretaria Municipal de Saúde e Serviço Social. Esta capacitação de professores/as foi proposta com a duração de um ano e, na continuidade, o trabalho feito junto à sua escola de origem pela/o educador/a formada/o contava com assessoria sistemática. O projeto de orientação sexual da SMED de Porto Alegre foi implantado em 25 escolas da rede em 1991 ... o trabalho deveria ser desenvolvido em caráter permanente no currículo escolar ... Em várias escolas da rede municipal, as oficinas de sexualidade se mantiveram por alguns anos ... Todas essas propostas de intervenção ... abordando o tema da sexualidade foram extintas, e a temática só foi retomada, com propostas de maior abrangência, dentro do programa 'Brasil sem Homofobia' e do projeto federal 'Saúde e Prevenção na Escola' (SPE), este último sendo lançado em 2003 – uma ação do Ministério da Educação, Ministério da Saúde, UNESCO, UNICEF e UNFPA." (Arranjo do autor.)

37 Nuances, Grupo pela Livre Expressão Sexual, Facebook, https://www.facebook.com/ong.nuances.

O projeto – segundo os mesmos pesquisadores – propõe articulação com os programas pedagógicos nos campos dos Direitos Sexuais e Reprodutivos, da prevenção de doenças sexualmente transmissíveis/AIDS, do combate a preconceitos de orientação sexual ... de carona com as questões raciais e étnicas, da promoção de igualdade de gênero e da prevenção de gravidez na adolescência. Tudo aquilo, no entanto, numa abordagem qualificada de medicalizada.

É curioso notar que não se questiona a promiscuidade à origem dos problemas abordados. E é interessante reparar uma frase a desvendar inadvertidamente a estratégia oculta da iniciativa, pois a prevenção em saúde funciona – na visão dos idealizadores – "como garantia moral (sic) para introduzir a temática da sexualidade na escola".

Falar de doença sexualmente transmissível fornece, pois, pretexto a doutrinação futura. É a chegada discreta ...

Eis precisamente o que explica o resto da exposição, já que o programa "Brasil sem Homofobia", sucessor de "Sexo na Escola", se diferencia ao "inserir o tema da diversidade sexual no espaço escolar", trazendo a discussão da "identidade de gênero e orientação sexual" e buscando a "proteção das minorias sexuais contra os efeitos do preconceito e do estigma" assim como a "promoção do respeito à diversidade sexual como direito fundamental para o pleno exercício da cidadania".

E para dar conta desse objetivo, "o Ministério lançou editais, em 2005 e 2006, propondo o financiamento de projetos de formação de professoras/es", aprovando 15 programas em 2005 e 32 em 2006, entre os quais "Educando para a Diversidade", coordenado pelo Grupo Nuances de Porto Alegre.

O texto segue informando que a entidade trabalhou em parceria com a Secretaria Municipal de Educação-SMED, a Secretaria Estadual de Educação-SEC e diversos núcleos da Universidade Federal do Rio Grande do Sul como o Laboratório de Psicologia e Políticas Públicas, o Núcleo de Pesquisa em Antropologia do Corpo e da Saúde e o Grupo de Estudos das Relações de Gênero e Educação.

*– Questão de Estado, então!*

*– Para bem dizer, sim. Impressiona ver o desperdício de tempo e recursos humanos com tudo aquilo.*

*– O que explica os resultados da educação nacional. Aluno escrevendo uma frase sem sujeito, outra sem verbo e uma terceira sem objeto.*

*– É consequência inevitável. Ponto e vírgula já saíram de pauta. Professor educa para a diversidade, fabricando diversos às toneladas e massacrando os diferentes ... porque, ai de quem insistir na contramão da onda dominante!*

O Brasil ainda vive a fase da patrulha ideológica, da coação pessoal e da sabotagem profissional, mas outros alcançaram o estágio da repressão policial. Por mais kafkiano, choques com as autoridades educacionais já resultaram em encarceramento de pais insistindo em retirar criança das aulas de educação sexual. Assim, o caso norte-americano de David Parker, que saiu algemado de um conselho escolar por recusar-se a deixar a reunião sem autorização formal para manter o filho fora dos programas em questão. O "delito" sempre acha outro enquadramento. Na ocasião, o contestador foi preso por tumultuar o ambiente. Mas, a origem da rebelião era a frustração decorrente do autoritarismo LGBT/gênero, e o resultado foi claramente a neutralização das resistências (MASS RESISTANCE, 2015).

O mesmo tipo de fascismo emerge em Salzkotten na Alemanha, onde duas mães foram presas por guardar as filhas em casa quando de apresentações teatrais com conteúdo duvidoso. A alegação foi aparentemente o desrespeito à obrigatoriedade do ensino (DIE FREIE WELT, 2010). Porém, ...

Esses acontecimentos vêm se repetindo perigosamente no plano externo e farão parte da paisagem nacional com a chegada do "progresso" ... embora um surto de bom senso ainda possa reverter os acontecimentos. Porto Alegre, em todo caso, passará para a posteridade como exemplo de iluminação gay/gênero em meio às trevas, porque uma geração inteira passou pelos ritos de iniciação civilizatória.

De acordo com Nardi e Quartiero, o local da formação foi inicialmente o auditório da Secretaria Municipal de Educação e contou com a parceria da Secretaria Estadual. Muitos dos professores foram dispensados do trabalho para frequentar as aulas, marcando assim o comprometimento de algumas escolas com a formação.

> "As teorias educacionais e as inúmeras disciplinas que constituem os cursos de formação docente" – esclarecem – "pouco ou nada dizem sobre os corpos e os prazeres das/os estudantes ... Os processos de escolarização ao longo do tempo estiveram voltados para moldar, corrigir e construir homens e mulheres. Neste sentido, podemos recorrer às descrições feitas por Michel Foucault em seu livro *Vigiar e Punir* (1975) e a toda a produção no campo da educação inspirada nos conceitos de poder disciplinar e de seus componentes relativos à vigilância e ao exame. Estas práticas, hoje, não estão tão explícitas, parecem 'andar por si'. As teorias educacionais se preocupam com fases do desenvolvimento cognitivo e psicológico, enquanto os corpos generificados continuam sendo construídos sem que seja reconhecida a intervenção cotidiana da rotina escolar que define o que é adequado ou desprezível. As práticas do dia a dia, os arranjos físicos, a distribuição espacial reafirmam todo o tempo as diferenças sexuais e de gênero." (Arranjo do autor.)

Disciplina não, portanto. Construir homens e mulheres não faz parte da educação de amanhã. O que interessa é prazer. Em vez de focar o desenvolvimento cognitivo, as teorias educacionais devem ocupar-se das vítimas de "arranjos físicos e espaciais" – leia-se banheiros separados para meninos e meninas, p. ex – que perpetuam a reprodução de corpos generificados no opressivo padrão binário que os marca socialmente e simbolicamente com as cores rosa/azul, o recato feminino e todas as convenções da matriz sexista!

Sugerindo amplos apoios, Nardi e Quartiero seguem explicando que os encontros logo passaram para a sede do Sindicato dos Bancários, atraindo um público mais variado em decorrência da conquista de espaço na pesquisa universitária. E, mal conseguindo dissimular o colorido anti-família do universo em foco, referem-se à filosofia normalizadora heterossexista e "familista" – desde então, inadequada – de cursos anteriores onde a diversidade era abordada superficialmente numa perspectiva de tolerância ... o que não parece agradar os autores que, presumivelmente, esperam uma atitude proativa de louvor e celebração.

As aulas deram-se finalmente na Faculdade de Educação da Universidade Federal do Rio Grande do Sul em parceria com o Grupo de Estudo das Relações de Gênero e Educação. E, a pedido dos formandos, houve uma oficina extra para ...

> " ... mecanismos de interlocução ... visando o respaldo na disputa a valores religiosos que permeiam a comunidade escolar e aprisionam confusas crianças no discurso do pastor e da família (sic). O que chama naturalmente um reordenamento dos arranjos históricos do saber nos domínios da sexualidade, bissexualidade, transexualidade, travestilidade (re-sic) e, sobretudo, uma nova hierarquização da ciência e da religião". (Arranjo do autor.)

*– A libertação está a caminho, pois.*

*– Sim, José. Gay chegou para recolocar Deus no seu devido lugar e repensar o pecado para mostrar quem realmente manda no firmamento.*

*– E quem imaginava o homossexualismo como coisa de esfera íntima, já fica sabendo que é antes questão de Direito Humano, não é mesmo?*

*– Exatamente, Rosa. E sem essa de desinteressar-se pelo sofrimento LGBT, alegando desconhecimento para justificar a omissão ... porque "homofobia passiva" também é delito.*

*– Então, simplesmente ficar quieto não basta? É preciso fechar fileiras de forma explícita?*

*– É por aí, menina. É bem por aí ...*

Eis, em algumas linhas, a visão de mundo a alicerçar o ensino da diversidade. Obrigação de atender cantada gay para não ir preso não está em pauta, ainda. Se bem que, a tirar conclusão das estratégias aventadas, a hipótese paira no ar para o futuro, já que ...

> " ... as pequenas iniciativas pontuais aqui e ali produzem modificações importantes ... e a escola que passa a respeitar a professora travesti mostra que modificações pouco prováveis há vinte anos no contexto escolar são hoje possíveis ... a escola sozinha não vai modificar a sociedade, mas o conjunto de ações – na mídia, no embate político, na jurisprudência, na produção de saberes voltados para este campo – produz a sinergia necessária para a construção de um mundo no qual os direitos não sejam definidos pela hierarquia da moral sexual." (Arranjo do autor.)

Como ressaltam os pesquisadores, os Parâmetros Curriculares Nacionais – em conformidade com as sugestões da ONU – definem a sexualidade como tema transversal, ou seja, "como uma obrigação legal". E um texto apresentado na Universidade do Vale do Rio dos Sinos sobre o jornal "radical alternativo" do Grupo Nuances comunica a medida exata da poluição "obrigatoriamente" despejada nas escolas.

O artigo é pré-requisito parcial para a obtenção de um título de doutor em Ciências da Comunicação e analisa a postura dos "nuanceiros" no combate a táticas de silenciamento, apagamento, estereotipificação, normalização e domesticação (sic) que a mídia comercial incrementa a respeito dos homossexuais, contribuindo assim "com a visibilidade transgressora dos homossexuais como meio de conquistar o respeito e a cidadania" na transformação da sociedade (BARROSO, s/d).

Beleza!

Só que umas entrevistas logo revelam a personalidade dos participantes.

> "Nós estamos numa ONG para mexer com a moral da sociedade ... de todo mundo" – diz um coordenador – "da direita, da esquerda, do centro ... pra provocar o desequilíbrio ... para que as pessoas caiam a ficha ... as bichas que se virem ... os héteros ... os homofóbicos também ... a questão é fazer um debate político sobre o que é democracia na sociedade ... o que é direito de uso do corpo ... a gente defende temas que ninguém defende ... por exemplo, a prostituição ... a promiscuidade ... a liberdade de trepar com quantos parceiros quiser por dia ... com um, com dez, com vinte ... isso não é desvio de conduta ... não tem nada a ver uma coisa com a outra ... defendemos esses temas ... o direito das travestis ficarem na batalha, dando o *close* ... essas coisas morais da sociedade." (Arranjo do autor.)

*– Uau! Animado, esse cara. Melhor sair da reta!*
*– E pensar que o Grupo nasceu com recursos do Ministério da Saúde no quadro das políticas de combate à AIDS!*
*– É mesmo?*
*– Sim. O próprio relatório menciona a fonte do financiamento.*
*– O aliado ideal, sem dúvida!? Redução de parceiros e incentivo à monogamia "não tem nada a ver".*
*– O Ministério basicamente convidou cachaceiros para tratar alcoólatras com pinga!*

O entrevistado prossegue, então, contestando o modelo familiar heterossexual:

> "Nós questionamos a normalidade da família heterossexual ... nenhum outro grupo tem coragem ... porque são covardes ... porque querem ser assimilados ... questionamos a ideia da naturalidade da família heterossexual ... que não tem nada de natural ... é tudo artificial ... uma invenção totalmente ridícula ... nós questionamos isso ... todos esses valores ... essas coisas ... não queremos fazer militância pra passar por mais umas outras bichinhas quaisquer ... umas idiotas ... como muita gente passa ... e acha que está sendo altamente revolucionária ... não é isso que a gente quer ... isso já está claro pra nós." (Arranjo do autor.)

Respostas de elevadíssimo teor moral, alta respeitabilidade e inquestionável densidade intelectual que justificam amplamente a contratação pública! Sem sombra de dúvida.

O discurso acima é apenas uma amostra do lixo a degradar o ambiente educacional dos últimos anos. O Brasil, contudo, não inventou nada. O Grupo Nuances veicula um produto de fora[38]. Os Estados Unidos estão muito à frente. Já existem aí estruturas indutoras de *coming out* (CHASE, 1998) que lembram os ambientes de condicionamento à vocação sacerdotal nos internatos católicos de outrora. Comitês de recepção/orientação da Rede Educacional Gays/Lésbicas/Héteros[39] e outras entidades homólogas (MACGILLIVRAY, 2007) fazem todos se sentirem em casa com o apoio da associação dos Pais e Amigos de Lésbicas e Gays[40]. Os grêmios em questão

38 HOMOSEXUAL AGENDA! Brainwashing our children in schools Part 1 of 2 http://www.youtube.com/watch?v=uGpl44ihuFQ, youtube. HOMOSEXUAL AGENDA! Brainwashing our children in schools Part 2 of 2, https://www.youtube.com/watch?v=C3zEC97E2kw, youtube.

39 Gay, Lesbian, Straight, Educacional Network (GLSEN), http://en.wikipedia.org/wiki/Gay,_Lesbian_and_Straight_Education_Network.

40 Parents and Friends of Lesbians and Gays (PFLAG), http://en.wikipedia.org/wiki/PFLAG.

atuam no meio escolar, prestigiando de tal forma a condição LGBT que se torna opção para adolescente em busca de afirmação e aplausos.

O principal sindicato de docentes, ademais, reveza o visão LGBT de forma totalmente acrítica e funciona como locomotiva da agenda gay/gênero no meio estudantil. O avanço do gayismo é obsessão da Associação Nacional para a Educação-NEA[41]. Resoluções expressando apoio à causa são comuns. Uma prevendo recursos financeiros para combater a discriminação. Outra, criando o Mês da História LGBT, preconizando a educação sexual compulsória ou condenando a homofobia e o uso de estereótipos.

Interessante notar que nenhuma tomada de posição contra a rotulagem manda parar de chamar os outros de homófobos. Mas, o que seria, então, essa etiqueta, a não ser precisamente um estereótipo? Razão unidirecional caracteriza mesmo a militância, mas é anormal no meio professoral que – por definição e função – deveria demonstrar isenção e equidistância. Nada disso, contudo, aflora nos textos da NEA. Alguns são verdadeiras antologias de tapeação. Assim, a Resolução B-9 contra a discriminação por orientação sexual não apenas faz a clássica associação com o racismo, mas ainda amalgama gay com ameríndios e nativos do Alaska, asiáticos e ilhéus do Pacífico, negros, hispânicos, mulheres, lésbicas e deficientes. Tudo junto pelo mesmo preço[42]!

Clamando pela aceitação de grupos tradicionalmente rejeitados, a fórmula tenta jogar a população LGBT no mesmo saco, mas a manobra desvaloriza sobremaneira a classe docente que tem precisamente por missão ensinar a organizar o intelecto com base em conceitos bem definidos.

O aparato educacional se deixou levar nos Estados Unidos. Pegou a mesma onda no Brasil, com a consequente priorização da temática homossexual no mais alto escalão. A proposta de Plano Nacional de Educação-PNE 2010-2020, expressando confusão parecida, apregoava a "superação das desigualdades educacionais, com ênfase na promoção da igualdade racial, regional, de gênero e de orientação sexual" (Art. 2, III)[43] ... o que fazia do gayismo uma política de Estado e entregava o ensino infanto-juvenil à influência do Grupo Nuances e coisas parecidas.

---

41 National Education Association, http://www.nea.org/.

42 O texto vai assim: « Increase respect, understanding, acceptance, and sensitivity towards individuals and groups in a diverse society composed of such groups as American Indians/Alaska Natives, Asians and Pacific Islanders, Blacks, Hispanics, women, gays and lesbians, and people with disabilities». (NEA 1999-2000 Resolutions, B-9. Racism, Sexism, and Sexual Orientation Discrimination, National Education Association-NEA, disponível em http://www.personproject.org/Alerts/Old/2000/NEA.html, acessado em 21/04/2015).

43 Plano Nacional de Educação-PNE, http://www.unb.br/administracao/decanatos/dex/formularios/Documentos%20normativos/DEX/pne_redacao_final_ccjc.pdf.

A provisão foi removida quando da votação do texto definitivo graças à ação dos grupos pró-família no Congresso. Valendo-se da autonomia dos Estados e municípios, contudo, a militância LGBT/gênero deslocou a guerra para as Assembleias Legislativas e Câmaras Municipais para reintroduzi-la nos Planos locais (MARTINS, 2015; ROSA, 2015). O Brasil, na realidade, está só iniciando a caminhada. A briga apenas prenuncia reivindicações que se deixam imaginar em perspectiva comparativa com o vizinho do Norte. Uma proposta apresentada numa Convenção Anual da NEA, com efeito, proporciona um vislumbre preocupante do que poderá vir a ser o futuro pátrio.

A NEA – expõe a redação – reconhece a necessidade de um ambiente tão seguro quanto inclusivo para os estudantes LGBT e recomenda a elaboração de currículos bem como de materiais e programas aptos a atender suas conveniências; a inclusão de caracteres gays nos livros escolares; a disseminação de plataformas de apoio à população estudantil LGBT e assistência em casos de depressão suicida, desistência escolar e problemas de saúde; a inclusão de professores gays como forma de oferecer modelos adultos diversos; a disseminação de informação sobre as contribuições, o legado, a cultura e a história LGBT; e a promoção da saúde LGBT (SEARS&OSTEN, 2003).

Uma reação de grupos conservadores forçou um recuo, e a moção foi encaminhada a um comitê para estudo ... e implementação discreta sem votação pública. Porque é basicamente isso – e até muito mais – que acontece nas escolas norte-americanas.

Há tantos episódios para citar. Tantos textos para mencionar. Tantas decisões judiciais para respaldar a hipótese do autoritarismo de gênero na educação, que tentar estabelecer o fato por inventário de casos resultaria em congestão mental na metade do caminho. Uma boa didática deve antes trabalhar o fio condutor e apontar para a dinâmica interna. E uma redação panfletária de 20 páginas emergiu providencialmente do caldo de cultura em questão para entregar a cabala a quem souber capturar o nexo.

Foi publicada pela Associação Americana de Psicologia-APA em 1999 sob o título "Apenas os Fatos sobre Orientação Sexual e Juventude: um ABC para Diretores, Educadores e Pessoal Escolar"[44] para ser atualizado em 2008 com o endosso não somente da NEA, mas também da Associação Americana de Pediatria, Associação Americana de Administradores de Escola, Associação Americana de Orientação Pedagógica, Federação Americana dos Professores, Associação Americana de Conselheiros Escolares, Associação Americana de Saúde Escolar, Fundação Aliança Interconfessional, Associação Nacional

44 Just the Facts about Sexual Orientation and Youth: a Primer for Principals, Educators and School Personnel, Just the Facts Coalition, 2008, disponível em http://www.apa.org/pi/lgbt/resources/just-the-facts.pdf, acessado em 20/04/2015.

de Psicólogos Escolares, Associação Nacional dos Diretores de Escolas Secundárias, Associação Nacional de Trabalhadores Sociais e Associação de Trabalho Social Escolar da América[45].

O texto é um argumento de autoridade de A a Z. Ou seja, uma referência a algum autor consagrado ou a si próprio na falta de fatos científicos para provar um enunciado.

*– Tipo, "sei o que digo, porque tenho notório conhecimento e, ademais, outros que também sabem muito falam exatamente o mesmo".*
*– Sim. É um pouco o "você não sabe com quem fala" do trabalho acadêmico, José.*
*– Então, é um citando outro, e o outro citando o primeiro, alegando ter razão porque ambos são sabidos e pensam de modo idêntico.*
*– Isso mesmo. A produção intelectual aceita o artifício no conta-gotas. Porém, articulado com evidências mais sólidas. Um raciocínio baseado exclusivamente nisso vale para se divertir quando muito, mas não leva a nada que se possa chamar de ciência.*

Em termos claros, a APA arrota alto para disfarçar a inconsistência. E o que tem a dizer se explica pelo contexto da época. Os cristãos – como sugere o documento em pauta – estavam reagindo à catequese gay com iniciativas de terapia reparativa que faziam milagres nos colégios de segundo grau e campus universitários. O homossexualismo político nega veementemente a possibilidade de um retorno para a heterossexualidade, mesmo porque a convicção de nascer gay exclui a própria noção de ida. Entretanto, os exemplos de "cura" são muitos, como também os exemplos de "contágio". Assim, tem gays, ex-gays, ex-ex-gays (CÉSAR, 2013) e – quem sabe? – ex-ex-ex-gays.

Não há como fazer estatísticas confiáveis, porque tanto os meios religiosos quanto os homossexuais tendem a forçar os dados em busca de conforto nos respectivos credos. Porém, não há dúvida que o conto do "gay um dia, gay para a vida" não se sustenta.

45 National Association of SocialWorkers, http://www.naswdc.org/; National Association of Secondary School Principals, https://www.principals.org/; National Association of School Psychologists-NASP, http://www.nasponline.org/; Interfaith Alliance Foundation, http://www.interfaithalliance.org/; American School Health Association-ASHA, http://www.ashaweb.org/; American School Counselor Association-ASCA, https://www.schoolcounselor.org/; American Federation of Teachers-AFT, http://www.aft.org/; American Counseling Association-ACA, http://www.counseling.org/; American Association of School Administrators-AASA, http://www.aasa.org/; American Academy of Pediatrics-AAP, https://www.aap.org/; American Psychological Association-APA, http://www.apa.org/; School SocialWork Association of America-SSWAA, http://www.sswaa.org/.

Os cristãos, em resumo, estavam entrando com toda a força e – no próprio entendimento – não alcançavam melhores resultados só porque não dispunham do mesmo tempo e espaço que a parte adversa. Portanto, defendiam a paridade e exigiam acesso igual a salas de aula, auditórios ou grêmios e a tudo que pudesse garantir um contrapeso equitativo. A reivindicação não carecia de legitimidade e, por isso mesmo, causou pânico quando oficialmente endossada por uma conferência de organizações evangélicas no Ohio em 1998.

Como explica a cartilha da APA, uma equipe da Rede Educacional Gay/Lésbica/Hétero-GLSEN[46] acompanhou o evento e compartilhou as tensões com algumas entidades dos setores de saúde, educação e psiquiatria que, finalmente, tomaram a iniciativa da primeira edição.

Eis onde a campanha conduzida para remover a homossexualidade das listas de doenças da Associação Americana de Psiquiatria e a consequente conquista de espaço nas organizações afins começam a fazer sentido. Conforme análise acima realizada[47], cada entidade a abonar a redação da APA é uma "Maria vai com as outras" que mudou de campo para jurar fidelidade à causa imediatamente após a rendição da porta-bandeira. O movimento LGBT/gênero tem assim um mundo vassalo por conta que reage no primeiro estalar de dedos, mas que, desprovido de armas científicas para lançar na batalha, atira com afirmações peremptórias respaldadas por argumentos de autoridade.

A brochura começa explicando que se destina à orientação dos diretores, educadores e pessoal escolar para fazer frente às tentativas de conversão – ou reconversão – sexual por evangelização nos colégios e nas faculdades. Prossegue anunciando que contou com a participação de médicos, conselheiros escolares, assistentes sociais, psicólogos e peritos legais bem informados. Diz, em seguida, que gays e assimilados são pessoas perfeitamente saudáveis que sofrem de discriminação e assédio ... daí o estresse, o uso de drogas, o sexo inseguro e a depressão suicida. Mas, afirma logo que com mais compreensão, achariam a felicidade.

O bom senso indica que choram e querem se matar porque agem em dissintonia com a natureza, violentando o corpo e a psique com práticas contrárias às instruções genéticas primeiras. Eis, aliás, o que pensam os cristãos. Porque, embora deixando a biologia de lado para falar de projeto divino, estimam que a busca de equilíbrio não prescinde de uma volta para a norma natural.

---

46 Gay, Lesbian, Straight, Educacional Network (GLSEN), http://en.wikipedia.org/wiki/Gay,_Lesbian_and_Straight_Education_Network.

47 Veja Cap. I, A Construção Ideológica, 3-A Conquista do Campo Médico-Psiquiátrico.

Contrariando o juízo, os "especialistas" garantem que gay vive triste por falta de reconhecimento social e que sairia da fossa com um mínimo de consideração. A noção de pecado à base do discurso cristão, por sinal, o estaria deixando com um amargo sentimento de fracasso moral. O remédio seria consequentemente incensá-lo na própria condição como quem trataria uma intoxicação com doses suplementares de veneno. Tentar tirá-lo disso, ademais, resultaria em mais ansiedade com sequelas irreparáveis no plano da autoestima.

Eis o substrato simplório que o texto transmite em termos grandiloquentes ... sem, porém, dar qualquer motivo fundamentado para acreditar na tese. Resta, então, comparar gays e conversos religiosos para ver quem acha alegria no final do caminho.

Vale aqui ressaltar uma curiosa chantagem emocional recorrente no discurso LGBT. As linhas da APA, em síntese, insinuam que homossexual não gera o próprio problema. Tem baixa estima porque o mundo condena seu estilo de vida. Desde logo, a culpa é dos outros, e basta cada um assumir sua parte de responsabilidade, revendo a posição para tirá-lo da mágoa.

*– Nesse diapasão, a gente poderia aceitar a volta da escravidão para contentar racista que ameaça dar um tiro na cabeça.*
*– Ou acorrentar mulher no fogão para levantar moral de machista!*
*– Coisa desse tipo, Rosa. Na mesma linha de raciocínio, deveríamos coadunar com a prostituição infantil para tirar pedófilo da melancolia.*
*– Há muitas aberrações rolando por aí.*
*– Pensar assim justificaria até botar gay na cadeia para agradar homófobo à beira do colapso nervoso!*
*– Kkkkkkkkk!*

"Se não me achar lindo, vou me enforcar, e você levará a culpa" condensa a essência de uma mensagem subliminar homeopaticamente instilada no subconsciente popular há décadas. Gay é vítima de homofobia difusa, e ninguém tem o direito de fingir que não acontece nada. Portanto, é hora de mudar de atitude e paparicar um pouco quem sempre foi mal-amado.

*– O pior é que funciona!*
*– O que não se faz com o tal de preconceito!?*

O texto continua em tom declaratório com a chancela oficial de várias associações de classe para finalmente desferir o golpe baixo, advertindo que tem lei para punir os teimosos.

Diretor de escola – alerta a APA – deve pensar duas vezes antes de ceder à solicitação dos crentes, porque poderia ter problemas. Antes de mais nada, precisa informar-se sobre os direitos do estudante LGBT, porque terapia pode causar danos e acarretar a responsabilidade tanto do estabelecimento quanto do pessoal. Por isso, muitas instituições de ensino já têm políticas e regras para proteger alunos homossexuais contra discriminação, assédio e outras humilhações. Ademais, alguns princípios constitucionais como a separação da religião e do Estado, a liberdade de expressão e a igualdade de tratamento são de aplicação em qualquer instituição pública de ensino. Opera, outrossim, a Cláusula de Estabelecimento que proíbe o proselitismo religioso. Logo, promover a visão bíblica do homossexualismo e discutir a cura gay podem levantar questões legais. Fora a obrigação de evitar o debate religioso, existe, ainda assim, liberdade programática, e a escola pode optar por excluir certa informação por falta de fundamento científico.

*– Fechou o círculo.*
*– Fechou sim, José.*
*– ...*
*– A militância LGBT politiza a APA ... que evoca conhecimento técnico para fazer política e dizer que afrontar gay causa trauma ou fere direitos ... aconselhando, então, manter a oposição fora da escola para prevenir problemas com a Justiça.*
*– A "liberdade de expressão com igualdade de tratamento" só vale para um lado, pelo visto.*
*– Campo de reeducação e manicômio ainda não estão no cardápio, mas o recado tem cheiro de estalinismo.*
*– Justo, Rosa. E olha que Stalin dominou precisamente com a cumplicidade da classe psiquiátrica!*

O ardil revolve em torno da laicidade, liberdade de expressão e igualdade. Os conceitos fazem parte de uma base falaciosa de argumentação contumaz no discurso LGBT.

O "Estado laico" é uma espécie de chave-mestra reiteradamente brandida para trancar as portas a todo valor religioso no espaço administrativo, legislativo ou judiciário. O falatório, a bem da verdade, organiza a confusão com o ateísmo estatal que vigorou em certas horas na União Soviética (ANDERSON, 1994) e segue caracterizando a Coreia do Norte ou a China (DECCAN HERALD, 2011) onde o poder opta pela exclusão oficial de qualquer influência religiosa na vida pública (ANDERSON, 1994).

A laicidade, contudo, é outra coisa.

A noção não se deixa cercar com facilidade, porque o conteúdo tem mudado no tempo e no espaço. O que tem sido na França não é o que significou na Espanha. E o que é hoje em cada país não é o que foi ontem nem o que será amanhã. Trata-se de uma construção política de geometria variável, incessantemente reconfigurada de acordo com as forças em presença e as hegemonias do momento (BAUBÉROT, 2014).

Ora adquire traços de anticlericalismo virulento, ora se arruma nos moldes de uma democracia cristã amplamente aberta aos influxos da fé. Contém destarte um princípio essencial de acomodação camaleônica que a prédica gay veio reduzir a mero mecanismo de rejeição no confronto com uma forma de espiritualidade constrangedora. Todavia, vale recuperar a gênese do conceito para devolver-lhe o verdadeiro sentido.

Em síntese, planta raiz nas Guerras de Religião a assolar a Europa com o fim da Idade Média (GUIMONNET, s/d). Protestante num canto, católico no outro e judeu no meio, o mundo queimava hereges em praça pública com a mesma naturalidade que a modernidade se diverte assistindo um filme.

> *– Tem a ver com os mistérios da fé. Todos não sentem o mesmo.*
> *– Justamente, Rosa. Abrão de punhal na mão, pronto para imolar Isaac, deixaria muitos em alvoroço.*
> *– Eu chamaria a polícia e o juizado de menores para proteger a criança.*
> *– Entendo, José. Mas, o Patriarca via e escutava coisas que você não vê nem escuta. Por isso, confiava em reversão de quadro por intervenção divina no último segundo. É próprio da intuição religiosa. Mas, como a percepção varia de um para outro, costuma dar briga.*

Não podia continuar assim. Era imprescindível entender-se sobre um princípio de convivência edificado na razão e imune à emoção. Uma regra pragmaticamente voltada para a funcionalidade social sem qualquer referência mística. E essa busca envolve justamente o embrião de uma proposta que viria a mudar de vez o teatro cultural com as Revoluções Burguesas (JOXE, 1998).

O recado da época se resume numa ideia singela: não é mais preciso brigar e fazer justiça com as próprias mãos, porque um Estado confessionalmente isento chegou para garantir a liberdade de crença e impor o respeito de cada religião ou convicção filosófica por igual. Não foi, pois, um projeto excludente. Firmou-se, pelo contrário, na tentativa de assegurar o pluralismo, visando antes permitir que proibir.

Tal leitura não esgota a laicidade. O conceito abrilhanta-se com aportes do Humanismo, do Iluminismo e do parlamentarismo a fazer da Lei de Deus uma questão de foro íntimo para assentar o homem no centro do palco legislativo mundano. Em nenhum momento, contudo, mandou cortar os laços com o Divino. Criou, antes, um receptáculo neutro, aberto a todos os ideais materialistas e a todas as contribuições espirituais.

A democracia laica não é nem crente nem ateia. É apenas uma mecânica civilizada e equidistante, desenhada para trocar brutalidade por palavras. Uma espécie de casca vazia à espera de recheio secular ou pio, que institucionaliza a discussão no colégio, na universidade, na mídia, na arte, na igreja, na rua, no tribunal, no sindicato, no parlamento e em todos os ambientes de debate a plasmar a sensibilidade do eleitor, a direcionar as iniciativas do legislador, a inspirar a sentença do juiz, a polir a visão do professor, a esculpir a decisão do administrador e até a definir ou redefinir os contornos da própria laicidade.

A noção não é, pois, Revelação imutável escrita no Céu em letras de fogo como os Dez Mandamentos. É sim um conceito fixado momentaneamente por certos homens e suscetível de alteração por outros homens. Caso contrário, seria outro dogma religioso e não justamente um construto laico.

*– É precisamente onde a turma erra. Porque propõe uma noção dogmática de laicidade que troca dogma por dogma.*
*– Exatamente, Rosa. Na época em que o conceito se firmou, a ideologia dominante era religiosa, e o pensamento dogmático alvo da ira laica exibia inevitavelmente a mesma natureza. Mas, a religião em si nunca representou o fundo da questão. O problema, desde o início, está no dogma – religioso ou ateu – porque barra o caminhar da razão e obstrui a reflexão em cuja base se erige a laicidade.*
*– ?!?*
*– Não entendeu? Então, presta atenção.*
*– ...*
*– Educação confessional não é proibida entre nós. Só que é paga. Se você quiser colocar seu filho numa escola católica, terá de arcar com o custo e pagar mensalidades. A ideia é que o Estado laico não banca o ensino religioso. E sugerir o contrário é heresia de acordo com a ideologia dominante no Brasil.*
*– Essa regra não é geral?*
*– De maneira alguma, José. Para vários países europeus, a obrigação laica de garantir igualdade de tratamento para cada credo religioso e consciência filosófica implica o dever estatal de subvencionar os colégios confessionais. Do contrário, a opção só existe para rico.*
*– É verdade. Ou pobre estuda de graça ou simplesmente não estuda.*
*– Precisamente. Por isso, escolas cristãs conveniadas oferecem educação gratuita exatamente como a rede pública.*
*– Os pais não pagam?*
*– Não. Nem um centavo. O Estado repassa recursos conforme o número de alunos. O contribuinte é que sustenta. Exatamente como a escola pública. Porque os povos em questão assim escolheram de moldar a laicidade que os governa.*
*– Por meio do voto popular e de toda a mecânica política laica. Não é?*
*– Sim.*
*– Então o conceito tem conteúdo evolutivo mesmo.*
*– Com certeza. Muda em função dos interesses e de acordo com o princípio decisório da própria laicidade.*

De qualquer forma, restringir a salada mista à matéria prima LGBT faz parte da lógica militante, e ninguém – a não ser acometido por ingenuidade doentia – espera postura distinta. Espanta, entretanto, ver a APA fraudar o selo da ciência para validar uma operação de intimidação a respaldar a doutrinação na escola. Entidades profissionais brasileiras análogas, diga-se de passagem, são cúmplices de manobras parecidas que haverão de levar a resultados idênticos.

Partindo da falseta, o texto propõe uma liberdade de expressão caolha que enxerga um lado e ignora o outro com o intuito de arquitetar uma cidadania sob medida para determinado tipo humano ... e em detrimento dos demais. Desde logo, cristão terá de falar com Deus enquanto gay conversa com crianças. Porque – na opinião dos *experts* – este tem impacto salutar sobre a formação do caráter, ao passo que aquele é nocivo e deve ser afastado para proteger o menor de desestabilização afetiva.

E não falta adolescente para tirar nota baixa por causa de assédio evangélico. Não falta mãe para processar pastor por louvar a virtude e condenar o pecado. Não falta ONG para cutucar o Ministério Público. Não falta perito para soltar atestado psicológico. Não falta promotor para silenciar padre com laudo técnico. Não falta juiz para ameaçar com perda de guarda do filho. Nem falta advogado para fabricar casos de olho nos honorários[48] (JANOVSKY, 2005; CORNWELL, 2012; STERN, 2015). Eis a Califórnia hoje. E será o Rio amanhã. O Plano Nacional de Educação-PNE, por sinal, já tentou enveredar por esse caminho com a recomendação de medidas contra a homofobia (JUSBRASIL, s/d).

Temperando laicidade excludente e liberdade de expressão mão única com uma pitada de igualdade, a APA completa, então, o tripé antológico do argumentário LGBT.

Não há dúvida que todo mundo é igual. Porém, perante a lei. A legislação cria um quadro comportamental geral que todos respeitam e de que todos

48 LAWYERS.COM, Gay and Lesbian Rights, disponível em http://civil-rights.lawyers.com/gay-and-lesbian-rights/, acessado em 22/04/2015; HUFF POST, redação, Davis School District In Utah Sued For Restricting 'In Our Mothers' House,' Book Featuring Lesbian Couple, 13 November 2012, disponível em http://www.huffingtonpost.com/2012/11/13/davis-school-district-in-_n_2124829.html, acessado em 22/04/2015; THEDEN, Teachers, public schools, & gay rights, redação, 19 November 2012, disponível em https://www.denison.edu/theden/2012/11/teachers-public-schools-gay-rights/, acessado em 23/04/2015; EQUALITY CALIFORNIA, High School Student Files Complaint Against Fringe Anti-LGBT Group for Operating Illegally, redação, 25 September 2013, disponível em http://www.eqca.org/site/apps/nlnet/content2.aspx?c=kuLRJ9MRKrH&b=5609563&ct=13342495&notoc=1, acessado em 23/04/2015; CONSERVAPEDIA, Parker v. Hurley, 20 December 2008, http://www.conservapedia.com/Parker_v._Hurley; etc ... etc ...

se beneficiam. O dia em que houver legalização de cocaína, prostituição infantil ou assassinato em série, narcotraficante, pedófilo e *serial killer* poderão reivindicar igualdade de tratamento. Mas, enquanto isso não suceder, serão submetidos a regime diferenciado.

Sendo assim, gay poderá casar por igual se o direito redefinir a família. E quem se incomodar com grudo de bigodudos terá que retirar-se do ambiente público para frequentar uma boate hétero. Por mais absurdo, madame e cachorrinho poderão também convolar união estável em justas núpcias e adotar uma garotinha ou um periquito, o dia em que a Constituição estender a noção de matrimônio à zoofilia. Da mesma forma, entomologista e besouro trocarão alianças quando o legislador resolver institucionalizar a coleopterofilia. Enquanto tudo aquilo não acontecer, contudo, não cabe a nenhum humano, aracnídeo ou quadrúdepe alegar discriminação.

A democracia pressupõe um quadro normativo evolutivo comandado pelo voto popular a demarcar o permitido do proibido. E é nessa perspectiva que se deve analisar a igualdade. A sensibilidade pública vira representação mental para, com o tempo, tornar-se lei. É com esse alvo em mente que o cidadão desiste da violência para interagir com a coletividade através do debate.

Os cristãos não concordam com as políticas de diversidade sexual e entendem dar sua contribuição à formação dos valores com vistas a pesar na balança legislativa e impactar os mecanismos democráticos de moldagem social segundo seu senso do certo e errado. Mas, como poderão fazer isso na escola, se a laicidade preconizada lhes confisca a liberdade de expressão?

O autoritarismo LGBT acha tudo aquilo perfeitamente justificado. No entanto, a democracia manda claramente deixar cada qual com suas críticas e contracríticas, seus cultos e suas paradas. Porque é simplesmente assim que funciona. O *lobby* gay, de qualquer forma, não quer igualdade. Quer, isto sim, privilégios e se organiza com muita eficiência para monopolizar o aparato cultural[49].

Para concluir, releva repetir que o pensamento LGBT é do tipo dogmático, desprovido de fundamento científico. Sob esse aspecto, condiz com a noção de doutrina religiosa. Ideólogo de gênero, portanto, esbarra na porta da escola com base no próprio discurso.

A reflexão sobre a conspiração educacional nos Estados Unidos não cabe num livro introdutório. Haveria matéria para produzir uma biblioteca inteira. À guisa de conclusão, contudo, releva chamar a atenção sobre uma evolução que aponta para o delírio ora pendurado no nariz do Brasil, caso não abrir os olhos enquanto houver tempo.

49 Oregon Ballot Measure 9 (1992), http://en.wikipedia.org/wiki/Oregon_Ballot_Measure_9_(1992).

No caos intelectual acima insinuado, o uso de banheiros e vestiários não podia deixar de virar encrenca, e o que tinha de acontecer, aconteceu. Onde cada um vai fazer xixi ou trocar de roupa se tornou questão de Estado, com mobilização de polícia, poder judiciário, políticos, legisladores, associações de pais gays e mães lésbicas[50], sociólogos, antropólogos, pedagogos, psicólogos e basicamente todo o aparelho que normalmente reage a uma declaração de guerra ou a um fim de mundo. Uma vez abolida a conexão entre a configuração fisiológica e a convicção íntima – para resumir o imbróglio – cada um se sente homem ou mulher segundo a lua e pode incomodar-se com exposição de nudez para quem, por ventura, for percebido do sexo oposto.

Pois bem. Após anos de intrigas, veio o primeiro passo para o libera geral sob a forma de uma lei californiana autorizando estudante transgênero a utilizar o sanitário e a equipe esportiva de sua escolha. A iniciativa, apoiada pela Rede de Alianças Gays-Héteros, pelo grupo Espectro de Gênero, Igualdade Califórnia, União Americana pelas Liberdades Civis e Centro Nacional para os Direitos das Lésbicas assim como por associações locais de pais e alunos, foi festejada nesses termos pelo diretor executivo do Centro de Direito Transgênero[51]:

> "Agora, todo estudante transgênero da Califórnia poderá levantar de manhã, sabendo que, indo à escola como ele mesmo, terá as mesmas chances de sucesso que seus companheiros de aula[52]".

50 Para o lado tragicômico, os Estados Unidos até inventaram uma escola Internet para pais gays aprenderem a cuidar de criança: SINAL DE FÊNIX, redação, "Gays com crianças": Escola para pais gays na Internet, 20/06/2015, disponível em http://www.sinaldafenix.com.br/site/diversidade-sexual/gays-com-criancas-escola-para-pais-gays-na-internet/, acessado em 15/04/2015.

51 Gay-Straight Alliance Network, https://www.gsanetwork.org/; Gender Spectrum, https://www.genderspectrum.org/; Equality California, http://www.eqca.org/site/pp.asp?c=kuLRJ9MRKrH&b=5609559; American Civil Liberties Union of California, https://www.acluca.org/; National Center for Lesbian Rights, http://www.nclrights.org/; Transgender Law Center, http://transgenderlawcenter.org/.

52 FOX NEWS, California Gov. Brown signs Transgender-student bill, redação, 13 August 2013, disponível em http://www.foxnews.com/politics/2013/08/13/california-gov-brown-signs-transgender-student-bill/, California Gov. Brown signs transgender-student bill, acessado em 02/05/2015.

Nem todo mundo ficou feliz, porque a legislação atropela a privacidade dos demais alunos. Como bem ponderou "savecalifornia.com":

> "[ ... ] a lei ... força as escolas a permitir a utilização de banheiros e chuveiros ... femininos por alunos biologicamente masculinos ... assim como a participação de mulher em time esportivo de homem e vice-versa[53]".

O Brasil se atrasou um pouco na cruzada da diversidade, mas o Kit-Gay acima aludido já insinuou umas coisinhas sobre uso de toaletes. Fora do ambiente escolar, um *cross-dresser*[54] sexagenário de batom, brinco e vestido exigiu – com cobertura midiática de ato heroico – o direito, segundo ele cabível a todo bissexual, de usar o banheiro do seu gosto num restaurante de São Paulo. O fato envolveu uma menininha surpreendida com a presença do indivíduo no sanitário feminino. Mas, os jornais não se tocaram muito com os direitos da criança assustada, da mãe indignada, do garçom estupefato ou da freguesia constrangida. Só houve atenção para as fantasias do velho (SEVERO, 2012). E, com a Nação às voltas com a mais profunda corrupção, o Supremo Tribunal Federal – para não ficar para trás e como quem não tem o que fazer – acaba de atacar a importantíssima questão de saber onde afinal transgênero pode ou não constitucionalmente fazer as necessidades no âmbito da soberania nacional (RAMALHO, 2015). O debate ocupou os ministros por alguns dias no último trimestre de 2015. Voltará com mais intensidade em 2016. O cidadão alcançará, então, a plena liberdade de expressão fisiológica com o direito inalienável de urinar sem interferência estatal no mictório ou vaso da sua espontânea e irrestrita escolha em conformidade com o espírito da Declaração Universal dos Direitos do Homem e os ensinamentos implícitos da Convenção de San José de Costa Rica.

Agora ... para quem imaginava ter visto o fundo do poço, vem a moda do Seminário LGBT infantil por aí. Diretamente promovida pela Comissão de Educação e Cultura da Câmara dos Deputados[55] ...

É interessante notar, contudo, que uma mobilização política barra os avanços da ideologia em questão quando bem articulada. Os embates no congresso sobre a redação final do Plano Nacional de Educação 2011-2020 fornecem disso prova indiscutível.

A briga girava em torno das diretrizes e estratégias onde os partidos de esquerda (PSOL, PCdoB, PV/PPS, PT) propunham a "promoção da igualdade de gênero e de orientação sexual" assim como a "prevenção à evasão

53 *Ibidem*.

54 Homem que se veste de mulher ou vice-versa.

55 FACEBOOK, Família Padre Paulo Ricardo, 23/06/2012, disponível em https://www.facebook.com/familiapadrepauloricardo/posts/355373357828228, acessado em 12/05/2015.

motivada por preconceito, orientação sexual ou identidade de gênero". No fim, o texto foi expurgado de tais referências pela ação de uma coligação PRB, PROS, PTB, PR, PP, PSDB e PMDB (PROVIDA, 2014).

Impressiona ver quem vive de retórica anti-imperialista engajado com tamanha dedicação na defesa de uma ideologia tão flagrantemente norte-americana. O gayismo representa um movimento burguês de sociedade afluente. Não é obviamente preocupação de proletário no café da manhã antes de um dia de labuta. Trata-se tipicamente de uma temática para filho de papai sem contas a pagar, sem responsabilidades e com tempo de sobra para elucubrar. Cabe perguntar o que abecedário socialista tem a ver com sodomia e parada gay. Pedreiro sofrido pagando imposto para bancar congresso LGBT mataria Marx ou Lenin de raiva!

A ausência de referência no Plano Nacional de Educação, de qualquer forma, não obstaculiza em muito os avanços da coisa no ensino em geral. Das 350 propostas trabalhadas pelo Conselho Nacional da Educação-CONAE[56] em 2014, 39 diziam respeito à ideologia de gênero, enquanto violência e droga mereciam apenas uma. Indicando supervalorização de temática, ainda, o documento final citava 30 vezes a sigla LGBT e 69 vezes a palavra "gênero"... contra 3 e 15 vezes os termos "droga" e "violência" (SOUZA, 2014).

*– Não se pensa noutra coisa!*

*– É o que parece. Mas, tudo isso é apenas uma faceta particular de mais um complô.*

*– Mais um !?!*

*– É. Mais um, José. Orquestrado essencialmente pela UNESCO, desta vez. Fico devendo os detalhes, porque chama outro estudo. Prometo um trabalho específico sobre o assunto.*

*– Nem para matar a curiosidade?*

*– OK, então.*

*– ...*

*Em duas palavras, os organismos internacionais dedicados à educação foram sequestrados por um projeto psicopedagógico global que mantém claro parentesco com o discurso gay/gênero.*

*– O que é psicopedagogia?*

*– É um termo suscetível de interpretações diversas. Mas, me refiro aqui a técnicas de manipulação que muito lembram os métodos de lavagem cerebral dos regimes totalitários.*

*– Como assim?*

56 Conselho Nacional de Educação-CONAE, http://conae.mec.gov.br/.

*– Bem. Repetição, exposição sistemática a determinadas imagens, associação de ideias, ilusão participativa, dinâmica de grupo e outras técnicas permitem influenciar os influenciáveis para desenhar um perfil psicológico de massa em conformidade com as necessidades de um sistema.*
*– Sim. Isso é bem conhecido. Esse tipo de coisa sustentou várias formas de poder na história. Apenas, não vejo o que isso tem a ver com a ideologia LGBT/gênero na escola?*
*– É que todo esse acervo "científico" forma a base de uma teoria educacional de origem norte-americana que tomou conta das instituições multilaterais voltadas para o ensino nas últimas décadas.*
*– E daí, a coisa se propaga para o mundo.*
*– Como sempre, Rosa. E com uma disfunção assustadora, porque os métodos preconizados tendem a prestigiar a moldagem social do aluno em detrimento das matérias cognitivas clássicas.*
*– ...*
*– Visam antes formatar um novo modelo humano ... universal ... de tipo indiferenciado, pensamento único e conteúdo igual.*
*– Um cidadão Coca-Cola, então? Igual na Índia, no Brasil, na Alemanha ...*
*– É bem por aí, José. O Fordismo aplicado à cidadania. A produção em série de um cidadão global padronizado.*
*– ...*
*– Se você produz milhões de canetas iguais, você tem que produzir milhões de consumidores com gostos iguais. E se você enche o mundo de ideias políticas iguais, você precisa também fabricar eleitores de aspirações iguais.*
*– Uma robotização da humanidade, em suma.*
*– Uma uniformização, pelo menos. A estratégia banha basicamente numa retórica de liberdade, tolerância, multiculturalismo, igualdade e Direitos Humanos. Mas, é importante entender que trabalha o afeto, a emoção, os sentidos, a intuição ... em detrimento do intelecto, bem entendido ... porque a razão não se deixa teleguiar com tanta facilidade.*
*– Você insinua que as práticas produzem gerações intelectualmente subdesenvolvidas?*
*– Talvez seja um pouco o caso. Os métodos em questão tendem a quebrar a relação mestre/aluno para liberar a espontaneidade da criança e produzir vivacidade mental ou esperteza. Mas, deixa a desejar quando se trata de desenvolver uma capacidade de reflexão mais profunda.*
*– Muita interação de grupo, teatro, dramatização, pintura e coisas assim ... não é?*
*– Exato, Rosa. Em compensação, pouca aritmética, gramática, química, física, história, geografia e tudo aquilo que forma o corpo clássico de conhecimentos. Se você quiser umas pistas de estudo, é só procurar Maquiavel Pedagogo de Pascal Bernardin na Internet. A obra analisa os fundamentos da teoria e sua aplicação na França.*

*– E os resultados?*

*– Catastróficos! Paris, que tradicionalmente ostentava um dos mais eficientes sistemas escolares do Planeta, está produzindo analfabetos funcionais em quantidades assustadoras. Mas, há um aspecto mais preocupante, ainda.*

*– Ah!?*

*– Sim, Rosa. Porque esculpir um homem novo pressupõe refrear as influências a plasmar o homem antigo ... o que subentende desautorizar a família na educação.*

*– E transferir a função para o Estado.*

*– Justamente. Uma sociedade que não educa filhos é uma sociedade que formata alunos, porque alguém, em algum ponto do circuito, tem que inculcar um senso do certo e do errado.*

*– E como o mau exemplo vem de casa, resta barrar a mãe na porta da sala de aula.*

*– Ou lapidar os pais nos valores da cidadania global por interlocução com a escola. O discurso fala muito em mecanismos de interação. Resta que o papel do professor já não se reduz a instruir. Ele substitui antes a família na função de educar.*

*– ...*

*– Dê uma lida no livro que indiquei. E procure informar-se sobre o psicólogo americano John Dewey, porque seu pensamento está na raiz da "revolução" em questão.*

Nem sempre as estratégias têm seguimento totalmente em acordo com as expectativas. Há casos em que o tiro sai pela culatra, com o inesperado resultado de induzir uma rejeição em massa a inspirar as mais variadas ferramentas de resistência. Assim, a introdução da perspectiva de gênero nas salas de aula via programas de educação sexual engendrou acalorado debate público e interessante reação por parte dos pais de alunos na França.

O país comporta uma numerosa população islâmica de origem magrebina notoriamente impermeável à decadência ocidental e amplamente disposta a brigar para defender sua cultura. Conta, por outro lado, com uma vertente católica herdeira da ruptura iluminista e da rica tradição filosófica greco-latina. Alta densidade intelectual e sensibilidade epidérmica somam-se, pois, numa reação inédita a inspirar várias nações europeias em situação análoga.

A estória começou com uma gigantesca manifestação de rua contra o casamento gay aprovado pela Assembleia Nacional em maio de 2013. A iniciativa – interpretada por muitos como manobra de diversão de um governo socialista em perda de popularidade – foi o gatilho de um movimento de protesto sem precedente em Paris e nas cidades do interior. Mobilizados por organizações religiosas e laicas, um milhão de cidadãos tomaram inesperadamente as ruas da capital para gritar sua oposição à deriva moral em curso. O mesmo tanto demonstrou repulsa nas províncias. Foi o maior movimento de massa desde a Libertação no fim da Segunda Guerra[57].

O tumulto tomou o governo de surpresa e polarizou dramaticamente a sociedade francesa. Não ocasionou recuo por parte do legislativo, mas resultou em avanço inédito na reflexão sobre moral sexual, feminismo, aborto, gayismo, drogas e sobre todos os desvios dos últimos 40 anos. A França reencontrou assim a efervescência intelectual que tantas vezes marcou sua história. Muitas foram as personalidades a engajar-se na luta, mas o campo de batalha escolar é dominado por uma professora muçulmana de ascendência argelina.

Farida Belghoul[58] é mulher de terreno. Uma espécie de Joana D´Arc à sua maneira[59]. Desvendou a política de gênero com a ajuda dos católicos – como explicou certa vez em entrevista. E com o furor da indignação, partiu para a batalha, falando com os pais e as mães do fundo do coração e sem intelectualismo, exatamente como falam pais e mães de família. Por isso mesmo, virou pesadelo para um Ministro da Educação mal-acostumado com anos de inconteste autoritarismo.

Não foi difícil deixar cidadão de bom senso em alvoroço. O governo estava introduzindo programas de educação sexual em aplicação a normas europeias inspiradas por uma recomendação da Organização Mundial da Saúde que mandava basicamente esquecer o ensino dos pontos e das vírgulas para explicar a masturbação[60].

Farida lançou o Dia de Ausência Escolar[61] em que os pais são periodicamente convidados a manter os filhos fora da escola para participar de atividades de reflexão sobre temas de interesse geral[62]. A coisa não vai sem

57 Images de manif pour tous 24 Mars, disponível em https://www.google.com.br/search?sourceid=navclient&aq=&oq=manif+pour+tous+24+mars&hl=pt-BR&ie=UTF-8&rlz=1T4AVNF_pt-BRBR624BR624&q=manif+pour+tous+24+mars&gs_l=hp..2.0j0i22i30l4.0.0.0.29188...........0.bi8o0DrYI9E, acessado em 14/05/2015.

58 Farida Belghoul, http://fr.wikipedia.org/wiki/Farida_Belghoul.

59 Farida Belghoul nouvelle Jeanne d'Arc? Elle propose l'Union sacrée des familles, vídeo, disponível em https://www.youtube.com/watch?v=lCnQCaFutAU, acessado em 02/05/2015.

60 WORLD HEALTH ORGANIZATION, pdf, OMS Bureau régional pour l'Europe et BZgA, Standards pour l'éducation sexuelle en Europe, Un cadre de référence pour les décideurs politiques, les autorités compétentes en matière d'éducation et de santé et les spécialistes ; Version originale Centre fédéral allemand pour l'éducation à la santé BzgA, Cologne 2010 ; Version française SANTE SEXUELLE Suisse, Lausanne 2013.

61 Jour de Retrait de l´Ecole = Dia de Retirada (das crianças) da Escola.

62 FACEBOOK, Jounée de Retrait de l´École – Page de Soutien, disponível em https://pt-br.facebook.com/JRE91lj, acessado em 01/05/2015.

dificuldade, com certeza. A adesão é parcial. As críticas são muitas. A líder sofre perseguição disciplinar[63]. Apesar dos pesares, a experiência sobrevive contra ventos e marés como mais uma faceta da guerra cultural em curso.

Tem razão de sobra para ficar preocupada, Farida. Se comparada à América do Norte, a França tem ainda ampla margem para piorar. Por prova, um caso recente envolvendo o sistema educacional do Massachussets que revela com detalhes picantes o cenário surrealista de fim de caminho onde se pretende levar o mundo.

A estória foi extensivamente boicotada pela mídia *mainstream* e mal teria alcançado o público se não fosse por um artigo da revista conservadora *The Weekly Standard* (DREHER, 2000). Contém elementos repugnantes que poderão chocar o leitor, mas será contada sem cortes para evidenciar as nuvens de insanidade a pairar sobre a humanidade.

Boston é cidade de vanguarda no fomento da agenda gay, mas também na oposição organizada das famílias. Nesse contexto, dois pais de alunos pertencentes à "Coligação para os Direitos Parentais"[64] e engajados na luta contra a influência LGBT nas salas de aula, resolveram atender e gravar uma conferência municipal da Rede Educacional Gay/Lésbica/Hétero-GLSEN[65] na Universidade de Tufts em março de 2000 (DREHER, 2010).

A finalidade do evento era, conforme anunciado, "desafiar a cultura anti-gay e héterocêntrica na busca de um ambiente de respeito e tolerância". Tudo isso, bem entendido, regado a dinheiro público generosamente disponibilizado pelo governador republicano Paul Gellucci que se vangloriava de destinar um orçamento de US$ 1,5 milhão à Comissão para a Juventude Gay e Lésbica, encarregada de supervisar o apoio às Alianças Gay/Hétero[66] no meio estudantil.

Camenker e Whiteman vinham queixando-se em vão junto às autoridades estaduais da introdução de conteúdos ofensivos na escolarização infantil e decidiram infiltrar-se no campo inimigo para colher evidências e provar seu ponto de vista.

A conferência em questão era ambiente sonhado para tal finalidade. A iniciativa, aberta a professores, estudantes e ao público em geral por contar

63 L'EXPRESS, Journées de retrait de l'école: Farida Belghoul visée par une procédure disciplinaire, 22/09/2014, disponível em http://www.lexpress.fr/education/journees-de-retrait-de-l-ecole-farida-belghoul-visee-par-une-procedure-disciplinaire_1578213.html, acessado em 01/05/2015.

64 Parents'Rights Coalition, http://www.parentsrightscoalition.org/.

65 Gay, Lesbian, Straight, Education Network, http://www.glsen.org/.

66 Gay Straight Alliance = clubes estudantis encarregados de promover a causa gay nos meios escolares e universitários. Veja http://en.wikipedia.org/wiki/Gay%E2%80%93straight_alliance.

com financiamento governamental, comportava *workshops* com títulos chamativos como "Pergunta o que Transexual pensa disso", ou – para professores de escola primária! – "Optando pelo *Coming Out* no Trabalho", "Inclusão da Homossexualidade no Currículo Secundário", "Estudo da História Gay", etc.

Whiteman entrou de espião numa oficina denominada "O que não lhe contaram sobre Sexo *Queer* e Sexualidade em Sala de Aula" e animada por duas funcionárias do Departamento de Educação chamadas Margot Abels e Julie Netherlands assim como por um educador da Agência de Saúde Pública de nome Michael Gaucher.

Este último abriu a sessão perguntando para os jovens o que era ato sexual, e quando alguém perguntou se sexo oral era sexo de verdade, respondeu com ironia que se não fosse, o número de vezes que fizera sexo cairia dramaticamente e prosseguiu questionando outro participante sobre os orifícios com vocação a participar da coisa. Ao ser interrogado, na sequência sobre *fisting*[67] – uma prática que consiste em inserir o punho no reto do parceiro – Gaucher prestativamente demonstrou a posição apropriada e aconselhou consultar a Aliança Gay/Hétero local para indicação de parceiros, enquanto Abels falava em "modo exploratório consistindo em deixar-se penetrar o corpo de maneira a tornar-se mais íntimo". A conversa continuou sobre a busca lésbica de prazer por fricção mútua de clitóris. E, como se não bastasse, passou finalmente para umas dicas sobre a melhor forma de engolir ou cuspir sêmen no sexo oral.

Uma bizarrice educativa gravada e disponível na Internet para quem duvidar[68] ...

Camenker e Whiteman enviaram a fita com retranscrição textual para a imprensa. Fora o conservador *Massachussets News*, ninguém quis embaraçar ninguém, e ninguém publicou. O material foi, em seguida, entregue a legisladores locais. A GLSEN ameaçou com ação judicial por invasão de privacidade (?!). Assim mesmo, a fita seguiu para uma estação de rádio que encheu o prato. Abels e Netherlands foram finalmente dispensadas do serviço público e Gaucher perdeu o contrato. Não impede que nada disso teria acontecido sem a gravação. E, de qualquer forma, a poluição moral continua invadindo o espaço infantil através de centenas de conversas que nunca foram e nunca serão registradas. O Departamento de Educação, por sinal, fez questão de frisar que o incidente fora apenas uma aberração que não devia jogar o descrédito sobre o programa em si. Nenhuma intenção de rever nada, desde então. E Abels berrou para os jornais dispostos a ouvir, que vinha fazendo isso desde

67 De *fist* = punho.

68 MASS RESISTANCE, The "Fistgate" conference: Here´s what homosexual activists in schools do with children, 19 October 2012, disponível em http://www.massresistance.org/docs/issues/fistgate/index.html, acessado em 103/05/2015.

sempre com o conhecimento dos seus superiores, e que a indiferença geral só cedeu lugar à indignação quando se tornou público.

O episódio, entretanto, não tomou um rumo unidirecional. Teve desdobramentos multifacetados em que os heróis acabaram levando a pior. Assim, o *Boston Globe* não demorou em soltar artigos hostis a Camenker e Whiteman, e milhares de jovens homossexuais ou simpatizantes marcharam até a assembleia legislativa, denunciando – com a participação do presidente da Comissão Governamental para a Juventude Gay e Lésbica – o ódio e o preconceito propagados pelos programas radiofônicos e televisivos.

Num silêncio midiático de cemitério, o tribunal superior do Estado emitiu uma ordem proibindo a divulgação da fita – apesar do caráter público do seminário. O juiz teve, porém, que dar marcha à ré por força da Primeira Emenda sobre a liberdade de expressão. Mas, no interregno, um grupo de advocacia gay chamado "Defensores e Advogados dos Gays e Lésbicas-GLAD"[69] entrou com uma ação indenizatória contra Camenker e Whiteman em nome dos estudantes do *workshop*. Uma acusação criminal paralela não prosperou, mas ambos foram praticamente arruinados com a ajuda do judiciário e apenas sobreviveram graças a um fundo de defesa organizado pela torcida conservadora.

Não é de se estranhar de uma "Justiça" que obrigou um desfile de veteranos de guerra a aceitar a participação de um bloco gay. A decisão, a bem da verdade, foi cancelada pela Corte Suprema, mas resta que fora previamente confirmada em apelação no Massachussets[70].

O *lobby* gay de Boston não saiu abalado da aventura. Continua fomentando uma doutrinação escolar que haverá de replicar-se com o patrocínio entusiasta da American Airlines, Dockers Khakis e Kodak[71] nos 50 Estados e em Washington DC ou – quem sabe? – em Juazeiro, se o Brasil insistir na mesma trilha.

A GLSEN segue em cruzada e oferece, desde já, todo um programa de pronta entrega sobre promoção de cidadania gay e prevenção de preconceito do primário até a faculdade ... junto com toda uma estratégia inquisitória para neutralizar a teimosia dos pais heréticos. Fechando o cerco, por outro lado, a Califórnia condicionou a participação da rede de ensino particular nos eventos esportivos interescolares à adoção da plataforma de educação sexual dos estabelecimentos públicos (SEARS&OSTEN, 2003). E a prática alterna-

69 Gay&Lesbian Advocates&Defenders, http://www.glad.org/.

70 New York Post, Gay Vets can now march in Boston´s St. Patrick´s Parade, 16 December 2014, disponível em http://nypost.com/2014/12/16/gay-vets-can-now-march-in-boston-st-patricks-parade/, acessado em 03/05/2015.

71 American Airlines, https://www.aa.com.br/; Dockers Khakis, http://global.dockers.com/; Kodak, http://www.kodak.com.br/ek/BR/pt/corp/default.htm.

tiva de escolarização domiciliar[72] – permitida nos Estados Unidos – já é alvo dos ataques da Associação Nacional da Educação-NEA[73], que propõe proibir o expediente para cortar toda escapatória à doutrinação forçada[74].

A julgar pelos estudos em Direitos Humanos conduzidos nas universidades pátrias, a dependência cultural opera hoje exatamente como nos dias de Dom João VI. As elites "intelectuais" pensam em problemas de ricos e vivem antenadas à moda alienígena. O direito fundamental de sair de casa pela manhã e voltar vivo após o dia de trabalho não faz parte das ementas, embora segurança seja claramente o que mais falta à periferia sofrida. Estado que não garante prerrogativa tão básica conclama por si só à mudança de sistema. Mas, a academia teoriza a Cidadania Sexual e os Direitos Homoafetivos de costas viradas para o Zé Ninguém, cujo trabalho a mantém em vida[75].

Fazer jus ao imposto suado não está em pauta. O compromisso é outro. Do salão de Lisboa à Convenção LGBT da Pensilvânia, a burguesia historicamente viveu com a cabeça noutro planeta e nunca viu a pobreza gemendo à sua porta. Classe indigna do comando que se arroga, jamais foi capaz de formular um projeto nacional realmente inclusivo. Olhou tradicionalmente para umbigo estrangeiro com um discurso de direita e o faz agora com retórica de esquerda. Em 500 anos, não mudou absolutamente nada. Endeusou modelos portugueses, olhou babando para Londres ou correu atrás de perfume francês conforme a hora, para finalmente entregar-se à paixão cega por uma fantasia norte-americana.

> *– Realmente, é de se perguntar que compromisso um menino desses tem com a Nação ... com a Dona Maria que ficou velha limpando seu banheiro e arrumando sua cama ... e a quem chama de "homofóbica" por criar os netos na contramão da onda.*
> *– E não satisfeitos com a rotulagem ofensiva, apoiam projetos legislativos a ameaçá-la com cadeia ... porque a PL-122 que foram aclamar no Congresso é precisamente isso.*

---

72 Home schooling = sistema em que as crianças são escolarizadas em casa e submetidas a provas organizadas pelo sistema educacional oficial.

73 National Education Association, http://www.nea.org/.

74 NEA B-69 Resolution declares war on homeschoolers, Free Republic, 19 June 2002, disponível em http://www.freerepublic.com/focus/news/702586/posts, acesado em 06/05/2015.

75 RECONQUISTAR A UNE, Tese ao 51º Congresso da UNE – Brasília, 15 a 19 de julho de 2009, disponível em http://reconquistaraune.com.br/wp-content/uploads/2013/03/tese-completa-ao-51-CONUNE-2009.pdf, acessado em 14/05/2015; PROJETO UNE PELO BRASIL, 2014, pdf, disponível em http://une.org.br/site/wp-content/uploads/2014/12/Catilha-CONEG_10-07_01.pdf, acessível em 12/05/2015.

*– Exatamente, Rosa. Quando alguém não se impressiona com a acusação de preconceito ou homofobia ... quando o amuleto da discriminação e intolerância não funciona ... quando a oposição não se cala apesar das figas e dos patuás, o jeito é recorrer à prisão. E é exatamente aquilo que propõe o projeto de legislação anti-homofobia que patina no Congresso faz alguns anos.*
*– E é isso que nos espera se o Supremo assimilar "homofobia" a crime de racismo, conforme parecer favorável da Procuradoria Geral da República.*
*– Caramba! Não compartilho a sensibilidade política LGBT, mas não me passaria pela cabeça pedir encarceramento de gay ou lésbica!*
*– Porque você é movido por uma filosofia democrática, José. A doutrina gay, pelo contrário, é fascista e pede privação de liberdade para quem pensa diferente.*
*– E enquanto a academia está discutindo os direitos LGBT, o povo pasta nas periferias urbanas sem água, sem transporte, sem saúde ...*
*– Sim. Em vez de buscar soluções energéticas alternativas, sistemas de tratamento de lixo, melhorias educacionais ...*
*– ...*
*– Tempos atrás, estava observando um casal de lavadores de carro na rua.*
*– E?*
*– Uma catástrofe, rapaz! A cara da miséria. Sem dentes na boca. O rosto cavado. A ignorância personificada.*
*– Infelizmente, o Brasil produz e reproduz esse quadro deprimente muito mais do que a gente pensa.*
*– Não percebemos porque vivemos num corredor, Rosa. De casa para o trabalho. Do trabalho para casa. Da casa para o clube. Do clube para a pizzaria. Da pizzaria para o parque. Do parque para a novela ... mas, é só desviar do circuito classe média por alguns quilômetros, que a gente cai na paisagem lunar das periferias abandonadas.*
*– ...*
*– Na chuva, é lama. Na seca, é poeira. De dia, o calor. De noite, insegurança. Mas, é de outra coisa que queria falar. Porque, apesar da cara sofrida, o homem e a mulher abriam um sorriso de felicidade a sensibilizar a alma mais dura.*
*– Ora!?*
*– Um milagre suavizava a cena. Uma criança recém-nascida mamava no peito da mãe sob o olhar encantado do pai.*
*– Comovente, não? Não há brutão nessas horas. Todo mundo se derrete.*
*– Exatamente. E sabe, José ... criança nasce igual em qualquer lugar. Em Paris, em Toronto ou em Juazeiro, nasce bonita, rechonchuda e esperta. A vida é que se encarrega de estragar conforme o meio. Mas, no ponto de partida, todo mundo parece cheio de futuro. Então, peguei a sonhar ...*
*– ...*

*– Essa criança vai virar um grande médico ... um cientista famoso ou um escritor de talento ... ou um pianista . É isso. Vai tocar Chopin ... Schubert ...*
*– ...*
*– Mas tive que cair na real. O menino não vai virar nada disso. Na melhor das hipóteses, será lavador de carros, como os pais. Na pior, será bandido. Porque não nasceu no contexto certo para tornar-se outra coisa.*
*– Pensando bem, você tem razão. Um ou outro se salva. Mas, na escala sociológica, não há outra: pobre reproduz pobreza.*
*– Com certeza, José. A estrutura social do Brasil aborta Einstein e Beethoven muitas vezes a cada dia. É sem chance. Então, para não teorizar no abstrato, o que você acha que significa Direitos Humanos para esse homenzinho que acabava de ver a luz do dia? Será que vai querer direitos gays ... sexuais ... reprodutivos ... transgenitais?*
*– Não, com certeza. Imagino que vai precisar de saneamento básico, hospital, educação, emprego ...*
*– Sim, Rosa. A noção de Direitos do Homem para ele se confunde com o direito de crescer num quadro social expurgado dos vícios que impedem seu pleno desenvolvimento na vida.*
*– E a juventude chamada a mudar o cenário .... a classe universitária está elucubrando com Foucault e Judith Butler ... que não conhecem os lavadores de carros e nada acrescentam a não ser baboseira.*
*– É verdade. Essa alienação carregou uma geração inteira. Se não duas. Vai ser um trabalho e tanto para reverter o estrago.*
*– Muito complicado, José. Vai ser muito demorado. Vai ter que ter paciência. É como construir uma rodovia. Não há ninguém. Você está no deserto. Ai vem a limpeza do terreno. Mas, não aparece ninguém. Depois, a terraplanagem. E ainda ninguém. O asfalto, e ninguém. Finalmente a sinalização, e mesmo assim, ninguém. Mas, você continua se esforçando, porque sabe que se não abrir a pista, nunca virá ninguém ... e se você persistir e terminar a estrada, um dia por ela passará alguém.*
*– E esse alguém, sem dúvida, trará outro alguém ...*

Redefinindo o conceito penal de periculosidade social em atendimento à vontade política LGBT, iniciativas a erigir oposição à agenda gay em crime passível de privação de liberdade gozam de claro apoio estudantil. Portanto, a hostilidade totalitária à liberdade de expressão e de religião é tonalidade perceptível de uma geração que, em poucos anos, cobrirá a magistratura, o legislativo, a administração e o poder econômico. A intolerância, diga-se de passagem, opera desde já plenamente no ambiente universitário que proíbe autoritariamente qualquer forma de dissidência, pois manifestação contra professor ou reitor "homofóbico" já é coisa corriqueira (NOGUEIRA, 2010; COSTANTI, 2013).

A produção acadêmica, a bem da verdade, adentra outros assuntos. Há inúmeros artigos científicos abrangendo temáticas diversificadas. Existe reflexão política variada. Mas, o estudantado nunca sai em passeata para pedir a expulsão de um docente favorável à cultura da soja transgênica ou à diminuição da maioridade penal ... ou, então, contrário à reforma agrária e à energia solar. Qualquer tópico é sujeito a debate contraditório como se deve na faculdade. A questão gay, todavia, é dominada por um obscurantismo gregário de tipo fundamentalista.

A universidade, ademais, abriga muitas entidades precursoras[76] dos institutos de pesquisa em sexualidade tão comuns nos Estados Unidos[77]. A produção mistura gênero e raça como manda a cartilha[78]. Abre naturalmente espaço para outros temas sociais e societais, mas não raramente com abordagem de gênero. Assim, tratar o Movimento dos Sem-Terra ou fenômenos parecidos sob o ângulo da sexualidade não é coisa fortuita[79]. De qualquer forma, a academia está inundada de ideologia gay decidida a ocupar o espaço sem partilha[80].

O complô LGBT na universidade mereceria um livro. Mas, para encerrar com nota pitoresca, releva mencionar a reivindicação de quotas para transexuais. A ideia está no ar há muito e se estende à problemática do acesso ao trabalho. Assim, o muito oficial documento Brasil sem Homofobia[81], na dedicatória a Janaína, nascida Jaime César Dutra Sampaio, sugere quotas no emprego. A/O travesti – que sempre carregava uma cópia de lei contra a homofobia – ocupou a vice-presidência do Grupo de Resistência Asa Branca-GRAB de Fortaleza, fundou a Associação de Travestis do Ceará-ATRAC, exerceu o cargo de Secretária de Direitos Humanos da Associação Brasileira de Gays, Lésbicas e Transgêneros, presidiu a Associação Nacional

---

76 SENADO FEDERAL, Núcleos de Estudos Acadêmicos em Gênero e Raça, disponível em http://www.senado.gov.br/senado/programas/pro_equidade/nucleos.asp, acessado em 04/05/2015.

77 Kinsey Institute for Research in Sex, Gender, and Reproduction, http://en.wikipedia.org/wiki/Kinsey_Institute_for_Research_in_Sex,_Gender,_and_Reproduction; Institute for Advanced Study of Human Sexuality, http://en.wikipedia.org/wiki/Institute_for_Advanced_Study_of_Human_Sexuality; etc...

78 Trabalhos Escolares e Acadêmicos Prontos: Resumo de Desigualdades de Gênero, Resumo De Desigualdades De Gênero, disponível em http://www.trabalhosfeitos.com/search_results.php?query=Resumo+De+Desigualdades+De+Genero+Ra%C3%A7a+E+Etnias, acessado em 10/05/2015.

79 MAGRINI, Pedro rosas & LAGOZ, Mara Coelho de Souza, Produção Acadêmica sobre o MST: Estudos sobre Gênero, Sexualidade, Raça e Etnia, Seminário Internacional “Enlaçando Sexualidades, 15-17 de maio de 2013, Universidade do Estado da Bahia-Campus I, Salvador-BA.

80 I Encontro LGBT da União dos Estudantes-UNE, vídeo, https://www.youtube.com/watch?v=kI-FKluaABc.

81 Brasil sem Homofobia, Ministério da Saúde, 2004, http://bvsms.saude.gov.br/bvs/publicacoes/brasil_sem_homofobia.pdf.

de Transgêneros-ANTRA, foi membro do Conselho Nacional de Combate à Discriminação e participou de inúmeros congressos, mesas redondas e seminários sobre direitos humanos, AIDS e travestismo (sic), deixou – de acordo com a apresentação – algumas opiniões e declarações a revelar grandeza de personalidade e altruísmo e explicou, antes de falecer em 2004, que travesti começa o processo de hormonização e siliconização por volta dos 13 ou 14 anos e passa, a partir daí, a sofrer o preconceito, não tendo mais outro meio de vida a não ser a prostituição e merecendo, em consequência, quotas que garantam a participação no mercado de trabalho.

Isso consta de um programa do Ministério da Saúde! O que prenuncia provavelmente algum tipo de proposta futura. A ideia já emerge com certa frequência tanto em blogs[82] (MARINHO, 2009) quanto na esfera pública para as vagas discentes no ensino superior, mas também para vagas docentes no ensino fundamental e médio (SOUZA, 2014).

E mais uma.

O seguinte questionário circulou nas escolas de Framingham, Massachussets:

> 1 – Na sua opinião, o que causou sua heterossexualidade?; 2 – Quando você decidiu ser heterossexual?; 3 – Você acha que a heterossexualidade pode ser uma fase passageira em sua vida?; 4 – Você pensa ser heterossexual por medo das pessoas do seu sexo?; 5 – Se você nunca namorou com uma pessoa do mesmo sexo, como pode ter certeza que não gosta?; 6 – Para quem você revelou sua heterossexualidade, e qual foi a reação?; 7 – Porque os heterossexuais sempre ostentam sua heterossexualidade? Porque não podem ser discretos? Porque sentem a necessidade de beijar em público, usar alianças, etc? (HASKINS, 2001; SEARS&OSTEN, 2003).

É de se notar que, no caso, a heterossexualidade é apresentada como anormal! Gay virou o jogo e pede explicação, querendo saber por que estudante foge da homonormalidade. Ou quase.

Só falta propor a cura hétero!

Para fechar com uma alerta, importa ficar atento ao que acontece à margem da lei no Ministério da Educação e aparatos administrativos conexos, porque respeito à regra não é especialidade dos infiltrados. A proposta de gênero mal tinha sido extirpada do Plano Nacional de Educação pelos representantes do povo que voltava sob a forma de recomendação bibliográfica do MEC com o conteúdo a seguir[83].

---

82 LOBO, Chico, Quotas para Travestis nas Universidades, Organização Livres Pensadores, 09/05/2012, disponível em https://www.facebook.com/Organizacao.Livres.Pensadores/posts/411024105586047, acessado em 12/05/2015.

83 Christo Nihil Praeponere, A prova que faltava: livro recomendado pelo MEC ensina "gênero" nas escolas, 24/07/2015, disponível em https://padrepauloricardo.org/blog/a-prova-que-faltava-livro-recomendado-pelo-mec-ensina-genero-nas-escolas, acessado em 24/07/2015.

> "O peso cultural da família patriarcal e da Igreja em nossa sociedade ... continua a ser uma forte influência para a marginalização dos grupos LGBT. Isso leva à violência homofóbica e transfóbica (aversão a homossexuais e a transgêneros), assim como à violência doméstica contra mulheres, fenômeno social de intolerância e machismo que, por vezes, acarreta a morte de mulheres, homossexuais, transgêneros e pessoas que não se enquadram nos estereótipos tradicionais dos gêneros". (SILVA *et al*, 2013)

É o tipo de intoxicação que a democracia acabara de expulsar pela porta. E é o tipo de intoxicação que volta pela janela sob o disfarce de leitura complementar.

O ambiente educacional, na realidade, deve estar aberto a todas as correntes de ideias. Logo, o pensamento cristofóbico e anti-família acima expresso se discute como qualquer outro. O problema é que esse "qualquer outro" não aparece nas sugestões de leitura. Ora, literatura crítica em relação à lavagem cerebral de gênero existe em suficiência para garantir um saudável pluralismo. Porém, está fora da mente estreita de quem seleciona as obras. Em consequência, a religião gay Nova Era reina sem partilha.

## 3. O Delicado Caso do Escotismo

No campo para-escolar, os embates dos Escoteiros da América-BSA[84] mostram um trabalho de desmonte quase perfeito. A organização visa, entre outras coisas, a elevação espiritual e exclui a adesão de ateus ou agnósticos[85] assim como de homossexuais ... pelo menos até pouco tempo atrás.

A última categoria é um caso complicado, cheio de perseguição judiciária, administrativa, legislativa e política. A BSA, na realidade, estima – ou estimava – a relação íntima entre pessoas do mesmo sexo incompatível com o juramento e as regras do escotismo[86].

O posicionamento tem sido repetidamente atacado nos tribunais. Contudo, uma decisão da Corte Suprema[87] confirmou os direitos – cabíveis

84 Boy Scouts of America, http://www.scouting.org/.

85 WAYBACK MACHINE, Boy Scouts of America, National Council, Duty to God, s/d, disponível em http://web.archive.org/web/20080509074048/http://www.bsalegal.org/duty-to-god-cases-224.asp, acessado em 01/05/2015.

86 WAYBACK MACHINE, Boy Scouts of America, National Council, Duty to God, s/d, disponível em http://web.archive.org/web/20061004124538/http://www.bsalegal.org/core-values-286.asp, acessado em 01/05/2015.

87 Supreme Court of the United States, BSA v. James Dale, http://web.archive.org/web/20060927030531/http://www.lambdalegal.org/sections/sections/dalepresskit/nccs.pdf.

a toda entidade privada em virtude da liberdade de associação[88] – de definir seus próprios padrões morais e normativos[89]. No afã de sufocar a BSA e forçar uma mudança de postura, o mundo LGBT redirecionou então as táticas de litigação para questões de acesso a bens e recursos públicos. Proliferam ademais demandas contra a obrigação de religiosidade, o compromisso com certas formas de moralidade, a exclusão das meninas de determinadas atividades e a participação da BSA em foros governamentais[90]. Outros casos giram em torno da separação dos sexos em alguns programas[91].

Na campanha de 2012 – sintoma claro do gay power – tanto o candidato republicano, Mitt Romney (CNN-CNN POLITICAL UNIT, 2012) quanto o democrata, Barack Obama (DINAN, 2012), tomaram posição contra a política escoteira. Submetida a pressão crescente, a BSA revogou, então, a restrição para crianças e adolescentes ... se bem que a manteve para adultos[92].

A proibição reflete naturalmente o receio de entregar jovens a potenciais predadores sexuais. Por mais legítima a preocupação, nota-se uma rendição progressiva à agenda gay. Assim, membros bem posicionados do Comitê Executivo Nacional já se pronunciavam em favor de uma revisão da norma em 2012 (LEITSINGER, 2012; COBB, 2012). A posição tornou-se insustentável, e, malgrado o respaldo de igrejas tradicionais, diversos grupos religiosos, *sponsors* de muito tempo, legisladores, pais, ONGs e empresas passaram a manifestar seu desagrado. Sem contar com as dissidências internas.

A União Americana para as Liberdades Civis-ACLU[93] multiplicou as ações em Justiça.[94] Congressistas vocalizaram uma clara oposição[95]. Muitos

---

88 VOLOKH, Eugene, Freedom of Expressive Association and Government Subsidies, pdf, VOLOKH 58 STAN. L. REV. 1919, 23 May 2006, disponível em http://www2.law.ucla.edu/volokh/association.pdf, acessado em 03/05/2015.

89 Bot Scouts of America v. Dale, http://en.wikipedia.org/wiki/Boy_Scouts_of_America_v._Dale.

90 WAYBACK MACHINE, Litigation, s/d, disponível em http://web.archive.org/web/20060920071036/http://www.bsalegal.org/litigation-222.asp, acessado em 12/05/2015.

91 SCOUT PRIDE, BSA and Girls in Scouting, s/d, disponível em http://www.bsa-discrimination.org/html/girls-top.html, acessado em 12/05/2015.

92 Boy Scouts of America Statement, 23 May 2013, disponível em http://www.scouting.org/sitecore/content/MembershipStandards/Resolution/results.aspx, acessado em 09/05/2015.

93 American Civil Liberty Unon-ACLU, http://en.wikipedia.org/wiki/American_Civil_Liberties_Union.

94 Boy Scouts of America, National Council, disponível em http://web.archive.org/web/20080513083943/http://www.bsalegal.org/podcasts-284.asp, acessado em 05/05/2015.

95 WAYBACK MACHINE, Scouting for All, Congressman Frank´s Statement supoorting « Scouting for All », pdf, disponível em http://web.archive.org/web/20060620083326/http://scoutingforall.org/articles/2005112802.shtml,acessado em 23/04/2015.

líderes escoteiros saíram da organização em protesto[96] para criar diversas entidades dissidentes como "Escotismo para Todos", "Rede Escoteira Inclusiva" ou "Escoteiros para a Igualdade"[97], a qual se envolveu ativamente em campanhas de propaganda negativa, resultando em perdas de apoio financeiro nos meios empresariais[98]. Várias tropas desobedeceram à regra, abrindo-se a uma participação gay (REDDY, 2012) que acarretou alguns descredenciamentos regionais (JACKSON, 2001). Enquetes internas mostraram um profundo mal-estar com a norma de exclusão (ISRAEL, 2013). O Conselho de Los Angeles se manifestou publicamente a favor da inclusão (DOBUZINSKIS, 2013). O Connecticut se rebelou abertamente (MCNAMARA, 2013). O próprio presidente nacional publicou uma carta aberta em prol de mudanças nos critérios de adesão (PERRY, 2003). Alguns conselhos locais reclamaram o direito de definir suas próprias regras (ECKHOLM, 2012). A municipalidade de Filadélfia rescindiu um contrato de aluguel de favor que matinha com a seção local (DONALDSON-EVANS, 2007). Uma tropa teve seu registro revogado em Seattle e continuou a operar sem afiliação (JOHNSON, 2014). Bandas populares recusaram-se a tocar em *jamborees* (BENNETH-SMITH, 2013). Ex-escoteiros gays criaram um grupo de pressão chamado de Escoteiros Esquecidos[99] (ADAMS, 2014) liderado pelo neto de um dos fundadores lendários do escotismo (MERRETT, 2014). Outros dissidentes criaram a Rede de Escotismo Inclusivo que distribui prêmios para quem se pronuncia a favor da participação gay[100].

É de se notar uma inflexão gradual na posição das organizações religiosas patrocinadoras. A bem da verdade, a Igreja Batista de Westboro (GOODMAN, 1999) e a Igreja de Jesus Cristo dos Santos do Último Dia-LSD – a maior contribuidora – mantiveram uma atitude firme de rejeição. Da mesma forma, a Convenção Batista Sulista adotou uma resolução instando a BSA a não mudar o procedimento (GRYBOSKI, 2013). Em compensação, a Igreja Unificada de Cristo assim como a Associação Unitária Universalista dissociaram-se publicamente da política de exclusão (ORTIZ, 2003).

96 WAYBACK MACHINE, Scouting for All, Some Scouts Protest by Turning in Their Award Badges – Eagle, disponível em http://web.archive.org/web/20060629062034/http://scoutingforall.org/eaglebadge.shtml, acessado em 23/04/2015.

97 Scouting for All, http://en.wikipedia.org/wiki/Scouting_for_All; Inclusive Scouting Network, http://www.inclusivescouting.net/; Scouts for Equality, https://www.scoutsforequality.org/.

98 Intel Halts Boy Scout Donations Over Anti-Gay Policy, The Huffington Post, redação, 22 September 2012, disponível em http://www.huffingtonpost.com/2012/09/22/intel-stops-boy-scout-don_n_1905856.html, acessado em 01/05/2015.

99 Forgotten Scouts.

100 Inclusive Scouting Net, http://www.inclusivescouting.net; Inclusive Scouting Award, https://www.scoutsforequality.org/isa/.

Várias entidades privadas e públicas interromperam o apoio financeiro. Pelo menos 360 distritos educacionais controlando 4.532 escolas em 10 Estados pararam de apoiar programas da BSA. Departamentos de polícia de todo o país expressaram repúdio e cortaram toda forma de cooperação. Os bombeiros de Chicago e o Departamento de Aviação da mesma cidade extinguiram qualquer forma de relação. A municipalidade de Los Angeles revogou o acesso livre a parques e terrenos de *camping*. A Corte Federal de Apelação corroborou a decisão de cancelamento de benefícios por parte do Estado de Connecticut. Um tribunal da Califórnia confirmou a decisão da cidade de Berkeley de negar acesso à marina municipal, e outro aprovou a rescisão do uso grátis de terras públicas em San Diego. A Levi Strauss, Wells Fargo, Fleet Bank, CVS/Pharmacy, Pew Charitable Trusts, Chase Manhattan Bank e United Way cortaram todo tipo de doação[101].

A INTEL[102] retirou oficialmente qualquer contribuição para toda tropa que se recusasse a assinar um compromisso de não discriminação[103]. A Fundação UPS[104], o braço filantrópico da gigante UPS[105], anulou uma doação de US$ 85.000,00[106]. A Merck&Co suspendeu toda ajuda até supressão das regras "discriminatórias" (FERRARO, 2012). A cadeia de restaurante Chipotle anunciou o fim de todo auxílio (HOLT, 2013). A Caterpillar e a Lockheed Martin tomaram atitude igual[107] (ZONGKER, 2013).

O produtor cinematográfico Steven Spielberg renunciou à cadeira no Comitê Consultivo da BSA, alegando incompatibilidade de valores (DAVIS, s/d). Bill Gates pediu o fim da proscrição (DUKAKIS, 2013).

---

101 WAYBACK MACHINE, redação, 03 September 2005, The Impact of the Boy Scouts of America's Anti-Gay Discrimination, disponível em http://web.archive.org/web/20060626123129/http://www.lambdalegal.org/cgi-bin/iowa/news/fact.html?record=1325, acessado em 09/05/2015.

102 INTEL Corporation, https://en.wikipedia.org/wiki/Intel.

103 HUFFPOST, Intel Halts Boy Scout Donations Over Anti-Gay Policy, The Huffington Post, redação, 22 September 2012, disponível em http://www.huffingtonpost.com/2012/09/22/intel-stops-boy-scout-don_n_1905856.html, acessado em 07/05/2015.

104 UPS Foundation, http://www.pressroom.ups.com/Fact+Sheets/The+UPS+Foundation+Fact+Sheet.

105 United Parcel Service-UPS, http://www.ups.com/content/br/pt/index.jsx?WT.mc_id=TMP_BrazilBAU_00031&WT.srch=1.

106 CBS NEWS, UPS stops Boy Scout Funding over anti-Gay Policy, redação, 12 November 2012, disponível em http://www.cbsnews.com/news/ups-stops-boy-scout-funding-over-anti-gay-policy/, acessado em 28/04/2015.

107 Carterpillar cut funds to Boy Scouts because of discrimination, Associated Press, 14 June 2013, *apud* Wisconsin Gazette.com, s/d, disponível em http://www.theblaze.com/stories/2013/03/20/chipotle-pulls-sponsorship-of-boy-scouts-event-over-gay-ban/, acessado em 18/05/2015.

Com o fim da exclusão homossexual nas forças armadas (STOLBERG, 2010), o próprio Departamento de Defesa[108] foi forçado a cancelar uma cooperação de 100 anos com a BSA em decorrência de uma ação judicial [109] da União Americana para as Liberdades Civis-ACLU[110].

Em 2014, um escoteiro gay de 17 anos alcançou o grau de águia (REYNOLDS, 2014). Aos 18, o mesmo foi contratado como líder de campo de férias pela sessão de Nova Iorque, tornando-se o primeiro chefe adulto homossexual ao arrepio da regra nacional (ROWLEY, 2015).

Em julho de 2015, atacada por todos os lados, a BSA finalmente capitulou, revogando qualquer tipo de restrição (ECKHOLM, 2015).

*– O escotismo morreu, então?*

*– No meu humilde entendimento, sim, Rosa. As bandeiras, os uniformes e as fogueiras não me enganam. O espírito de Baden Powel já era. Foi desconstruído pelo lobby gay. Pedra por pedra. Princípio por princípio. A Internet está repleta de referências a ilustrar o fenômeno.*

*– E a mostrar quem realmente manda nos Estados Unidos!*

*– Exato. É apenas um aspecto a mais da cultura LGBT/gênero triunfante na educação da juventude norte-americana.*

108 United States Department of Defense, http://en.wikipedia.org/wiki/United_States_Department_of_Defense.

109 Department of Justice, Department of Defense settles part of Litigation challenging its involvement with the boy scouts, 16 November 2004, disponível em http://web.archive.org/web/20090508175203/http://www.usdoj.gov/opa/pr/2004/November/04_civ_751.htm, acessado em 14/05/2015.

110 American Civil Liberties Union, https://www.aclu.org/.

# Capítulo IV

# A INSTRUMENTALIZAÇÃO DO JUDICIÁRIO

## 1. Homofilia e Cristofobia nas Cortes

O lugar é Ribeirão Preto. O ano, 2011. O objeto, um *outdoor*. A ré, uma Igreja evangélica. A autora, a ONG Arco Íris ...

O caso simboliza com perfeição a incompatibilidade entre agenda homossexual e pensamento cristão, a instrumentalização dos tribunais pelo projeto LGBT e, sobretudo, o assédio judiciário na guerra contra toda forma de resistência religiosa.

A parada gay estava prestes a acontecer, e um pastor importunado insistia em exibir repúdio por meio de dizeres bíblicos ostensivamente estampados em pôster plantado na frente do templo.

> "Assim diz Deus" – advertia o texto – "Se também um homem se deitar com outro homem, como se fosse mulher, ambos praticaram coisa abominável." Levítico 20:13 (RA) ... "Por causa das coisas que essas pessoas fazem, Deus as entregou a paixões vergonhosas. Pois, até as mulheres trocam as relações naturais pelas que são contra a natureza. E também os homens deixam as relações naturais com as mulheres e se queimam de paixão uns pelos outros. Homens têm relações vergonhosas uns com os outros e, por isso, recebem em si mesmos o castigo que merecem por causa dos seus erros." RM 1:26-27 (NTLH) ... "Portanto, arrependam-se e voltem para Deus, a fim de que Ele perdoe os pecados de vocês." Atos 3:19 (NTLH)

Era preciso higienizar o percurso. E eis onde começa o confronto sob a forma da Ação Civil Pública 2103/11 impetrada na 6ª Vara Cível da Comarca de Ribeirão Preto com base em queixa da ONG gay[1].

1 Tribunal de Justiça do Estado de São Paulo, processo nº 0045315-08.2011.8.26.0506, http://esaj.tjsp.jus.br/cpo/pg/open.do.

> "A mensagem exposta em via pública" – alega o Defensor – "veicula aparentemente simples passagens bíblicas, porém traz expressões ... discriminatórias, preconceituosas e homofóbicas, gerando ofensa direta à população LGBT ... [ao arrepio dos] princípios fundamentais de direito à dignidade humana esculpidos na Constituição ... e nos tratados internacionais ... expressões ... como 'praticam coisas abomináveis' ... 'paixões vergonhosas' ... remetem [os destinatários] a situação de inferiorização ... desrespeitando-lhes a condição humana em que se inserem a partir de sua orientação sexual e identidade de gênero ... é possível compreender melhor o contexto ... quando se sabe que haverá ... no próximo domingo ... a 7ª Parada do Orgulho LGBT ... e, quando questionado sobre o caráter homofóbico do seu painel, o pastor [disse] que referida mensagem [fora] colocada para 'denunciar o pecado do homossexualismo' ... não é possível admitir que ... atitudes preconceituosas sejam expostas à luz do dia ... sem responsabilização ... a liberdade de expressão ... é direito constitucional ... porém, com seu limite à margem da ofensa do outro ... o direito ao respeito ... e o dever de respeitar ... pertence e cabe a todos ... a liberdade de expressão e orientação sexual bem como de identidade de gênero não deve ser relegada a categoria inferior ... [pode-se] expressar ideias, conceitos e pensamentos ... [porém] sem ofender a dignidade do outro ... portanto, o *outdoor* deve ser retirado ... sob pena de difundir a discriminação e o preconceito que geram a homofobia, hoje punida por lei ... ademais de serem potencialmente causadores de discórdia ..." (Arranjo do autor.)

Arguindo da legitimidade para agir, o defensor explica existir para garantir o acesso dos necessitados à tutela jurisdicional, para promover os Direitos Humanos em geral assim como os direitos da criança, do adolescente, do idoso, das pessoas com necessidades especiais e das minorias submetidas a regime discriminatório.

Explica, em seguida, que o conflito de normas constitucionais a contrapor livre expressão e liberdade religiosa com liberdade individual e sexual ou com o respeito à intimidade e vida privada é apenas aparente. Os princípios, diz ele, não se excluem mutuamente. Harmonizam-se, pelo contrário, em cada caso concreto por meio do método hermenêutico de ponderação de valores baseado na razoabilidade e proporcionalidade.

Cita, então, a Carta Magna que fala em liberdade de pensamento, consciência e crença numa sociedade fraterna, pluralista e sem preconceito de origem, raça, sexo, cor, idade ou qualquer outro. Arremata, chamando a atenção sobre a inviolabilidade da intimidade, vida privada, honra ou imagem e menciona a proibição de qualquer discriminação atentatória a direitos fundamentais para, finalmente, atacar a ponderação de valores anunciada, esclarecendo que os princípios constitucionais não são incondicionais e devem antes ser exercidos razoavelmente, de forma a não ferir o interesse alheio. Por isso, a manifestação de pensamento ou de crença esbarra no respeito à dignidade e aos atributos da pessoa humana. Logo, é pacífica conquanto de natureza geral e abstrata. Ao passo que é vedada quando dirigida a determinado indivíduo ou grupo.

Para exemplificar a distinção, menciona a "marcha da maconha" recentemente autorizada pelo Supremo por não atingir uma categoria específica e restringir-se a reivindicação genérica que – segundo ele e o STF – não viola direitos alheios e está, desde então, isenta de censura.

Ensina a continuação que, a par da tutela penal da honra e imagem via repressão de calúnia, difamação ou injúria, existe também a proteção civil geral. E, extraindo elementos da doutrina, constrói um conceito de personalidade para chegar à conclusão que a mesma fora vilipendiada no tocante aos homossexuais, propondo então a aplicação do artigo 12 do Código Civil respaldado pela garantia constitucional à dignidade da pessoa, já que a opção sexual é "faculdade pessoal, íntima e inquestionável ... que se coloca como impedimento a qualquer manifestação injuriosa ou hostil de pensamento" passível de punição nos termos da legislação estadual paulista.

O resto da argumentação versa sobre a importância do judiciário na garantia dos direitos fundamentais e sobre as diversas formas de tutela. Insta, outrossim, o juiz a ordenar a retirada imediata do *outdoor* em vista da parada próxima e a proibir a divulgação futura de mensagens análogas, sob pena de multa diária de R$ 10.000,00.

Eis, em substância, o que expõe e requer o defensor público em peça de incontestável elegância.

O problema da inicial – é útil ressaltar – não reside na falta de *métier*, de capacidade intelectual ou de estilo. Oculta-se, isto sim, no substrato ideológico a direcionar o arrazoado. O texto é, na realidade, uma tomada de posição unilateral em favor de um grupo e em detrimento de outro. Contém o germe da censura capciosamente restabelecida pelos tribunais em patente mostra de imaturidade democrática e cria uma casta privilegiada com o poder de silenciar as diferenças.

Após anunciar que os preceitos constitucionais em pauta são antes complementares que excludentes, o argumento expressa justamente o contrário, ignorando alguns para entronizar outros.

O bom senso assim como a prudência e a razoabilidade evocadas mandariam abortar o conflito no nascedouro, deixando o pastor com seu aviso e os gays com sua parada, porque é assim que opera a democracia. Mas, em vez de desprezar tese e antítese para elevar a mente a uma síntese equidistante, o silogismo segue unilateralmente rasteiro em apoio à dogmática homossexual e na oposição corolária às prerrogativas religiosas.

Entende-se o roteiro intelectual por parte da Defensoria que se deu precisamente a função de tutelar o interesse gay. O juiz a quem pertence teoricamente restaurar o equilíbrio, no entanto, aceita simplesmente a lógica sem contrapeso. A sentença[2] é, na realidade, uma peça antológica de verborragia

---

2 Processo n. 0045315-08.2011.8.26.0506 da comarca de Ribeirão Preto, disponível em http://www.jusbrasil.com.br/diarios/documentos/139141997/processo-n-0045315-0820118260506-da-comarca-de-ribeirao-preto, acessado em 02/01/2015.

LGBT. Porém, não singulariza o caso. Expressa antes uma tendência geral do judiciário. Nisso talvez resida o maior problema: a causa gay reina inconteste da primeira instância até o Supremo. Na espécie, a decisão sobrepõe a dignidade homo à liberdade religiosa com o resultado final de calar uma categoria para contemplar outra com direito a expressão exclusiva. Os dizeres bíblicos, com efeito, saem de tela. Enquanto, a parada continua.

Ora, como outros grupos – notadamente o homossexualismo politicamente organizado – as Igrejas avaliam a oportunidade social dos fenômenos comportamentais e exteriorizam juízos a respeito. Em resumo, distinguem o pecador do pecado, condenando o segundo sem agredir o primeiro. Suas batalhas se travam no plano das ideias – a exemplo da comunidade LGBT. E – exatamente como esta última – proselitizam suas convicções através de sinais visíveis e audíveis como se faz normalmente na esfera da comunicação humana em qualquer sociedade civilizada.

A proibir o pôster religioso, deve-se, com muito mais razão, cancelar a parada, porque tem muito mais visibilidade e é bem mais barulhenta. Para promover seus ideais, aliás, os meios gays não se privam de exercer o direito de expressão que pretendem negar à Igreja. Até valendo-se de atos que, praticados por heterossexuais em público, seriam qualificados de atentado ao pudor. Assim, a escancarada simulação de sexo oral com prótese peniana em carro alegórico no Acre (TRINDADE, 2011) ou o emprego da imagem de santos católicos para propagandear o uso da camisinha em São Paulo não parecem ferir o direito das crianças nem a dignidade dos pais de família ou dos cristãos por ventura expostos[3].

*– Esse unilateralismo é típico da cultura gay, não é?*
*– É sim, Rosa. Combate a exclusão da vertente LGBT, excluindo qualquer coisa que pense diferente. Luta contra a intolerâncias sem tolerar opinião dissidente. Fala em discriminação, porém discriminando quem não aplaude. É direitos para um lado e o dever de respeitar para o resto da sociedade.*
*– ...*
*– Quer ver? Cada um adere às propostas que quiser. Não é? Faz parte do jogo democrático. Mas, quem não simpatizar com a retórica homossexual e quiser opor-se ao projeto de gênero é automaticamente chamado de intolerante.*
*– A tolerância consiste, pois, em entregar-se por igual a qualquer cantada?*
*– Não exatamente, Rosa. Ser intolerante é confrontar a retórica gay. Ao mesmo tempo que rejeitar o discurso evangélico, por exemplo, não caracteriza intolerância.*

3 Blog 247, Igreja critica uso de santos católicos na Parada Gay, 27/06/2011, http://www.brasil247.com.br/pt/247/brasil/5918/Parada-Gay-mescla-sexo-e-religi%C3%A3o-contra-a-AIDS.htm, acessado em 17/05/2015.

*– É mesmo. Feminista pode criticar a posição cristã sem ser intolerante ... mas a recíproca não é verdadeira.*
*– Justo, José. Pega o pastor Feliciano ...*
*– ...*
*– É alguém que pensa ... que tem valores distintos ... que tem reflexão autônoma e que, obviamente, não precisa de Judith Butler para aprender a pensar direito.*
*– Claro. Uma cabeça dessas vai tocando a vida por conta própria sem muito dar ouvidos à conversa Nova Era.*
*– E por isso, é intolerante.*
*– É o que deixa entender a oratória LGBT.*
*– Agora, gay que não quiser aderir à linha bíblica de raciocínio e insistir em combater as teses do Malafaia não é intolerante. Certo?*
*– Você entendeu tudo, Rosa. Qualquer atitude contrária à agenda LGBT é excludente, discriminatória e preconceituosa. Mas, a lógica reversa não integra o padrão gay de tolerância.*

Eis precisamente o que explica a defesa.

Parafraseando a argumentação da Defensoria e reconstruindo todo o quadro de cabeça para baixo por troca dos termos da equação, menciona a dignidade dos crentes ameaçada pelo evento programado para passar na porta do templo. Explica que o direito da comunidade gay acha limite na ofensa à comunidade evangélica, tanto quanto o direito da comunidade evangélica tem seu limite na ofensa à comunidade gay ... e que o Estado deve garantir a livre expressão de ambas ou – na pior das hipóteses – silenciar as duas.

Esclarece que os direitos difusos da população LGBT têm como contrapartida os direitos difusos da população cristã. Informa que a balança proposta na inicial inclui a identidade de gênero sem falar de identidade religiosa. E ensina que, a partir dessa visão redutora, a presença do pôster deprecia a pessoa dos homossexuais, enquanto sua remoção forçada e a parada gay não lesam absolutamente nada.

Avisa, por outro lado, que a lógica exposta prenuncia o recolhimento das Bíblias e a prisão dos crentes que andam aos domingos com os versículos em foco por baixo do braço. Evoca, então, um cenário totalitário em que uma categoria privilegiada pode mandar calar todas as demais sempre que se sentir desrespeitada numa ou noutra dimensão identitária e sugere que a Defensoria foi manifestamente mal inspirada, porque tal princípio não é operacional numa sociedade pluralista.

Recupera, a seguir, cada argumento da acusação e cita exatamente as mesmas leis e provisões constitucionais para demonstrar que todas as armas do ataque servem também para a defesa. Assim, refuta a alegação de discriminação, dizendo que crente simplesmente fala o que pensa de homossexualismo e convida – via *outdoor* ou por qualquer outro meio – todos os homens sem exclusão a refletir sobre o tema à luz do Evangelho bem como a abraçar as particularidades morais, intelectuais e afetivas de uma diferença antropológica que tem modos distintos de relacionar-se com a vida, a morte ou o mundo e reivindica o legitimo direito à dignidade, expressão e existência em plena igualdade de tratamento com as demais diferenças.

Pontua que, não satisfeito com o uso monopolístico do espaço físico, o defensor propõe ainda o confisco do espaço mental e sugere a conversão do clérigo para o pensamento único da ONG, estranhando em tom de indignação que se possa pensar diferente e qualificar os comportamentos em foco de pecado ... um conceito chave numa cultura cristã constitucionalmente protegida que sequer poderia expressar-se fora de tal referencial discursivo.

Observa, ainda, que a inicial pede com desconcertante ingenuidade para o pastor deixar de ser pastor, já que tratar de salvação, virtude e pecado faz parte da missão que Deus lhe colocou nos ombros, e que calar a respeito nega a própria essência do ministério. E argui da profunda intolerância do ponto de vista assim veiculado, mostrando que, a pretexto de promover a inclusão homossexual, o defensor instila a exclusão do cristão.

Finalmente, requer a reintegração da Igreja no legítimo direito à propagação pública da fé, falando em pecado e usando sem restrição o corpo conceptual da cultura religiosa, exatamente como o movimento LGBT promove suas convicções, falando em preconceito ou homofobia e utilizando seus conceitos sem constrangimento na crítica à posição evangélica ou a qualquer outra[4].

Infelizmente, direito coletivo, difuso ou transindividual não vale para cristão. O juiz escolheu de rezar a missa para a metade gay da paróquia. A sentença é uma profissão de fé LGBT assentada numa nomenclatura e gesticulação litúrgica desde já clássicas. Não falta nada: orientação sexual, identidade, Direitos Humanos, discriminação, igualdade, preconceito, homofobia e até uma referência à Corte Suprema norte-americana para não deixar dúvida sobre quem ensina o mundo a pensar direito [5]. Mas, antes de entrar no mérito, releva notar que não analisa nem rebate os argumentos da defesa. O pastor apresentou rica refutação de 25 páginas que o juiz menciona em 3 míseras linhas, para logo entregar-se a considerações e raciocínios de pronta entrega aplicáveis a qualquer situação análoga.

---

4 Processo n. 0045315-08.2011.8.26.0506 da comarca de Ribeirão Preto, disponível em http://www.jusbrasil.com.br/diarios/documentos/139141997/processo-n-0045315--08201182605O6-da-comarca-de-ribeirao-preto, acessado em 02/01/2015.

5 Tribunal de Justiça de São Paulo, Poder Judiciário, @-SAJ, Portal de Serviços, https://esaj.tjsp.jus.br/cpo/pg/show.do?processo.foro=506&processo.codigo=E2Z10AITU0000.

> "A entidade religiosa" – diz o texto – "alegou, em estreita síntese, que realizou apenas um ato de manifestação pública de sua fé, o que lhe é assegurado pelo direito pátrio, e que, em nenhum momento, praticou atos de homofobia. Aduz que suas atitudes estão acobertadas pela liberdade religiosa e pela liberdade de expressão".

As demais 7 páginas são um "copié-colé" estilisticamente elegante de citações jurisprudenciais e doutrinárias a alicerçar uma decisão de 10 linhas em fim de percurso. A estrutura revela inquestionáveis qualidades profissionais, mas sugere que o redator mal leu a defesa, porque o texto é um átomo solto sem conexão alguma com as razões avançadas pela Igreja. Representa antes um pré-fabricado multiuso a repetir a matriz ideológica da Defensoria, dos tribunais superiores e do Ministério Público que – não diga! – declara pensar exatamente da mesma forma. Tivesse o pastor deixado de se defender, não teria feito qualquer diferença, porque a sentença estava basicamente pronta antes mesmo de começar a batalha.

O homossexualismo fechou com a magistratura há muito. O ativismo judiciário tem sido a principal ferramenta de implementação da agenda gay. A causa nunca teve votos para sustentar um processo de mudança por propostas legislativas. Mas, contou com musculosas cumplicidades forenses para burlar o sufrágio universal e gatunar a soberania popular. Há sim sobressaltos de bom senso que mostram juízes a julgar. Via de regra, contudo, as cortes são movidas pelo burburinho midiático e repercutem a moda das ONGs.

A decisão – como quase todas as que tratam do choque entre os valores judeu-cristãos e a proposta LGBT – explica que a República Federativa do Brasil é um Estado laico. E, em consequência, a Bíblia não governa a opinião da Justiça, porque o único texto sagrado é a Constituição no mundo togado. E não cabe a um juiz deliberar com base nos versículos do Levítico.

Sob o ângulo da lógica formal, o veredicto não apresenta falha. A coisa, contudo, complica quando se enche o envoltório conceptual com conteúdo concreto. O juiz, porém, não faz isso. Maneja, isto sim, noções sem tê-las estudado, com a dramática sequela de negar a laicidade e a Constituição que ele mesmo evoca para estear o silogismo. Compra um discurso militante sem distanciamento analítico e acaba perdendo o equilíbrio para resvalar no ativismo político.

Na psicologia LGBT, a locução "Estado laico" não merece definição ou explicação, porque sua função não demanda definição nem explicação. Não opera como conceito a comunicar atributos, feições ou significado. Resume-se a um sinal sonoro a induzir uma associação de ideias e um consequente reflexo de rejeição. Age como luz vermelha que manda parar a marcha do entendimento. Trabalha como aviso mão-única a obstar ou liberar o raciocínio num sentido ou no outro. Uma ferramenta de condicionamento que muito perderia em eficácia com elucidação teórica, porque um bom filósofo sempre dá um péssimo soldado: pondera, relativiza, vê razões dos dois lados e não atira.

*– A "laicidade" funciona como a buzina do Programa de Calouros, então?*
*– Exatamente como na televisão, Rosa. É a trombeta que manda parar quando o cantor desafina.*

A laicidade chama algumas considerações, porque é tópico complexo. Foi objeto de muitas teses e não se deixa compendiar em poucas linhas. Representa um misto heterogêneo. Em nenhum caso, entretanto, implica em desalojar os valores espirituais da vida pública – a não ser na crença gay a teleguiar a sentença.

A Carta Magna é disso prova clara. Nasce de uma constituinte encarregada de traduzir a composição cultural da sociedade em lei. O processo eleitoral subjacente não consulta marcianos moralmente neutros. Questiona, isto sim, terráqueos ateus, religiosos, agnósticos ou indefinidos que reservam seu voto para quem promete vocalizar suas aspirações na arena legislativa laica.

Embora não cite Karl Marx, Darwin, o Apocalipse, ditados populares ou Santo Tomás de Aquino, a Constituição inspira-se de tudo aquilo e de muito mais, enquanto o Estado atua como imparcial árbitro. Porém, a decisão em tela fere flagrantemente o princípio de equidistância, porque resulta em aval apriorístico dos cânones de gênero em detrimento de qualquer outra forma de pensamento.

Começa com o Primeiro Mandamento: homossexualidade não é doença, não! E quem falar o contrário merece castigo.

O princípio em operação não é novo. A Coreia do Norte também dá notícias oficiais do presidente e prende quem opina de forma distinta. O Brasil conseguiu melhorar a coisa, todavia, porque o juiz entende repreender quem o defensor imagina pensar diferente.

O pastor, realmente, nunca mencionou qualquer doença. Falou em pecado, porque não é médico. Seu problema é cuidar das almas. Por isso, foca questões de moralidade, e pouco tempo lhe resta para refletir sobre assuntos de saúde. Mas, a Defensoria acha que os versículos bíblicos sugerem a herética associação de ideias, e o juiz concorda, puxando a orelha do clérigo por uma coisa que nunca disse para início de conversa.

A defesa de 25 páginas – à qual o juiz se refere com algumas avarentas palavras – não contém uma única vez a palavra "doença". A argumentação do pastor passa a uma distância astronômica do conceito. O juiz e o defensor é que construíram conjuntamente uma representação da mente do reverendo ... o qual só se deu conta do acontecido com a publicação da decisão a encerrar o enredo.

O magistrado plantou uma ideia na cabeça do réu, porque estimou precisar disso para embasar uma sentença condenatória. Além do aspecto tragicômico da manobra, contudo, releva ponderar com cuidado seu sentido profundo.

Saber se homossexualidade é patologia ou expressão máxima de bem-estar mental e físico é ponto para resolver na esfera científica por experimentação, medição, comparação, replicação e toda a metodologia de pesquisa pacientemente elaborada pela humanidade desde a revolução intelectual iniciada na Renascença. Querer tomar posição a respeito por decisão jurisdicional é – para utilizar um eufemismo educado – um delírio ingênuo a reconduzir o mundo para as trevas inquisitórias da Idade Média. O movimento gay soube organizar a pressão sobre a Associação Psiquiátrica Americana para tirar a coisa da lista de doenças por votação, sem qualquer descoberta biológica, física ou genética ... como se ciência fosse democracia. No Brasil, consegue manipular os tribunais para fazer o mesmo por sentença judicial.

*– Essa conversa de negar o desvio patológico ou afirmar uma natureza gay é cansativa e não repousa em nada.*
*– Serve para encaixar no conceito de minoria, mas não se baseia em nada de palpável mesmo, José. É como o professor de geografia explicando que faz frio porque é inverno e que é inverno porque faz frio.*
*– ...*
*– Na realidade, o fenômeno tem causalidade astronômica.*
*– Sim. O Sol no centro ... a circunvolução da Terra em eixo inclinado ... a exposição do Sul em parte do ano ... a ocultação do Norte ... o calor de um lado ... o frio do outro ... e a reversão de quadro no resto do tempo ... com inverno virando verão, e verão mudando para inverno.*
*– Precisamente, Rosa. A ciência elucida os fenômenos por referência a um substrato causal mais profundo que você só enxerga com os olhos do intelecto. Então, enquanto não houver genes gays, cromossomos diferentes nem alguma coisa a mais ou a menos no cérebro para mostrar, estaremos perdendo tempo com o frio no inverno e o inverno no frio.*
*– De fato, o discurso não sai do abstrato: faz frio porque faz frio, minoria tem direito a proteção especial porque minoria é minoria, homofobia é crime porque homofobia é intolerância e gera discriminação, preconceito é preconceito, orientação é como identidade e identidade é como orientação, Direito Humano é tudo aquilo e – para quem ainda não sabia – frio não é calor mesmo, porque se fosse calor, com certeza, não seria frio.*
*– E não há como sair da especulação, porque o mundo real não bate com a serenata. Mulher e homem são diferentes em cada célula do corpo. Isso é uma evidência. É como dizer que o todo é maior que as partes ou que água é molhada. São axiomas que não necessitam de prova.*
*– É. São os pontos de partida do raciocínio. A partir daí é que se tira conclusões por concatenação de ideias em sequência lógica.*

*– Exato, Rosa. Você pode ainda errar o caminho e chegar errada ... mas a evidência de partida em si é a forma mais segura de conhecimento. Então, quem quiser negá-la é que fica com o ônus da prova. O problema é que nunca trazem um elemento material, uma molécula, um neurônio, um átomo, um campo de força ou um vácuo sequer para sustentar a divagação.*

*– Eu até acho esse ponto irrelevante. Não se trata de saber se é doença. A questão é saber se faz bem ou se faz mal para a sociedade em geral. É preciso analisar a proposta política e antropológica para avaliar se resulta em benefício ou prejuízo social.*

*– É mesmo uma questão moral, Rosa ... que começa, aliás, pela definição do que vem a ser o bem e o mal, o benefício e o prejuízo.*

*– Justamente. É uma questão de juízo moral no sentido mais profundo do termo.*

*– Nada a ver com doença e coisas parecidas.*

O juiz – que definitivamente não dá a impressão de ter lido a defesa – estima, em seguida, que o pastor se acha dono da verdade e quer impor uma orientação sexual natural. Sugerindo talvez que a natureza é categoria legalmente proibida no contexto em estudo. O réu, entretanto, nunca falou em orientação sexual, porque nem reconhece o conceito. O termo faz parte da retórica gay para escamotear cobranças embaraçosas da fisiologia humana. Uma criança entende a diferença entre macho e fêmea. Olhar para o óbvio e arriscar uma diferenciação entre natural e antinatural é, desde logo, mais uma atividade proscrita porque molesta quem vira as costas para a realidade biológica.

Ademais, não se pode achar homossexualismo errado. Isso também chama corretivo. Gay pode achar errado pastor achar gay errado, enquanto pastor não pode achar errado gay achar pastor errado. Com o perdão da confusão, é a ideia caótica que se desprende da sentença. E mais: não satisfeito com o sequestro da moralidade e do intelecto, o juiz entende mandar nas emoções, impondo um determinado senso estético, pois avisa que não vale sentir aversão pelo ato homossexual. Logo, se não achar bonito, melhor parar de pensar e falar a respeito, porque vai ter problema. O réu não expressou repulsa, mas os versículos bíblicos contêm o adjetivo "abominável" que – como explica o despacho – é sinônimo de "execrável".

Expressão hétero ou homoafetiva são suscetíveis de causar agrado ou desagrado conforme os gostos. A ideia de uma relação sexual homem-mulher pode incomodar gay tanto quanto a noção de sodomia poderá despertar asco no hétero. As emoções são ferramentas de sobrevivência que comandam a adesão a comportamentos inofensivos e a rejeição de condutas de risco. A sensação de dor ou prazer protege a vida da mesma forma que mau cheiro sinaliza ameaça e ambiente perfumado indica justamente o contrário, porque toda espécie é geneticamente programada para fugir da morte e abraçar a vida[6].

Eis a essência do sistema. E não pertence à esfera judiciária policiá-la com incentivos ou multas.

Com tantas opiniões preconcebidas sobre a mente e o coração do pastor, o juiz fala inocentemente em preconceito. E com tanto dogmatismo a vetar o uso da razão, diz – ironicamente, em nome da laicidade – aplicar a Constituição. Mas, não toda. Porque a liberdade de expressão e de religião do cristão colide com a liberdade sexual e a dignidade da população LGBT. E alguém tem que ceder.

É de se notar que a dignidade evangélica não entra em linha de conta. As palavras bíblicas ferem os sentimentos gays, enquanto a parada não ofende nada. Sendo assim, vale retirar as primeiras e deixar correr a segunda. A decisão simplesmente apaga mais da metade do Brasil. Deleta 50 milhões de protestantes e o dobro de católicos numa canetada. Uma sentença contra a exclusão (!?!) que sela sem apelo a ruptura entre as cortes e as Igrejas ...

O problema não reside na Carta Magna. O constituinte não fez pouco caso da espiritualidade do povo. A liberdade religiosa foi tratada com muito respeito e recebeu as mais claras garantias. Assim mesmo, o ativismo judiciário se achou no direito de trocar tudo isso por um trio elétrico e dois carros alegóricos.

O magistrado fez política e tomou partido. Foi homófilo e cristofóbico. Tal um Torquemada ao molho LGBT, emudeceu os hereges, solapando a livre expressão, abortando o debate, destruindo a diferença e impondo um pensamento único a pretexto de preservar a diversidade.

Bem entendido, cita um ou outro acórdão do Supremo a moldar a ortodoxia tal uma bula papal validando o último concílio.

> "O Pretório Excelso" – argumenta – "já teve a oportunidade de se manifestar em diversos momentos ... Se, de um lado, a Constituição, ao consagrar a laicidade, impede que o Estado intervenha em assuntos religiosos, seja como árbitro, seja como censor, seja como defensor, de outro, a garantia do Estado laico obsta que dogmas da fé determinem o conteúdo de atos estatais. Vale dizer: concepções morais religiosas, quer unânimes, quer majoritárias, quer minoritárias, não podem guiar as decisões estatais, devendo ficar circunscritas à esfera privada. A crença religiosa e espiritual ou a ausência dela, o ateísmo, serve precipuamente para ditar a conduta e a vida privada do indivíduo que a possui ou não a possui. Paixões religiosas de toda ordem hão de ser colocadas à parte na condução do Estado. Não podem a fé e as orientações morais dela decorrentes ser impostas a quem quer que seja e por quem quer que seja. Caso contrário, de uma democracia laica com liberdade religiosa não se tratará, ante a ausência de respeito àqueles que não professem o credo inspirador da decisão oficial ou àqueles que um dia desejem rever a posição até então assumida ... ".

6 David Pizarro, vídeo, http://video.ted.com/talk/podcast/2012X/None/DavidPizarro_2012X-480p.mp4.

A julgar pela referência acima, o STF é guardião de um sistema que não entende. A lei, com efeito, é expressão formalizada de uma vontade política formatada com base nos interesses econômicos, nos valores morais, nas crenças religiosas e nas convicções filosóficas a moldar as opções culturais e a mover as propostas legislativas. Aportes ateus ou espirituais a mais ou a menos determinam assim o balanço final a desenhar a norma laica.

Malgrado a opinião contrária dos Ministros, a fé entra na síntese da mesma forma que a mitologia LGBT. E ao Supremo, não cabe reinventar a laicidade, eliminando um componente. Às cortes compete apenas interpretar e aplicar o direito, porque o momento da gênese pertence por inteiro ao povo crente ou materialista e a seus representantes. O Estado laico, como bem diz o acórdão, não afiança concepções morais religiosas nem coage ninguém a observá-las. Também – isso o STF esquece de dizer – não avaliza valores ateus nem obriga ninguém a respeitá-los. Garante, isto sim, o processo legislativo laico e endossa seus resultados positivos de inspiração ateísta, religiosa ou mista ... sem direito a revisão para empoderar uma vertente social em prejuízo das demais.

O juiz da espécie – seguindo os ensinamentos do STF – quebra flagrantemente o equilíbrio. Anuncia que a religião não guia o tratamento estatal dispensado à orientação sexual sem, porém, tirar a conclusão inversa ou inferir preceito analógico no tocante à pregação de gênero.

*É o que se deduz do aresto.*

A um judiciário laico, contudo, cabe aplicar a lei laica numa lógica estritamente laica, mandando gay e crente resolver suas desavenças na arena laica do debate e da formação de opinião. Em vez disso, o juiz encampa a máxima homossexual para calar o discurso religioso.

A traição à principiologia laica parece limitada à questão gay, porque a sentença cita um parecer sobre a obrigatoriedade de menção a Deus nas constituições estaduais onde o Supremo deixa entender que a lei não pode forçar nem proibir qualquer coisa nesse terreno[7].

De fato, se uma população 100% cristã decidir por voto popular e método legislativo laico inserir a Lei Mosaica na Carta Magna, resta respeitar essa vontade em nome da laicidade. E caso um eleitorado 100% ateu determinar pelas mesmas vias a exclusão de qualquer referência divina, não há outra alternativa a não ser acatar a demanda em nome da mesma regra.

7 ADI 2.076, Supremo Tribunal Federal, Coord. De Análse de Jurisprudência, D.J. 08/08/2003, Ementário Nº 2118-1, 15/08/2002, disponível em http://redir.stf.jus.br/paginadorpub/paginador.jsp?docTP=AC&docID=375324, acessado em 03/05/2015.

É de se imaginar que uma nação 2%[8] gay e 86,8%[9] cristã não gera a intenção constitucional de sobrepor a imagem dos primeiros aos direitos dos segundos. De forma que a sentença pode achar inspiração em muita coisa, mas definitivamente não na laicidade clássica.

Por mais simplista, a explicação tem o mérito de sugerir que cristão não acha sua conta em sistema a tal ponto enviesado. Mesmo que o juiz candidamente afirme que "a Constituição é de todos, não distinguindo entre deístas, agnósticos e ateus", a parcialidade salta aos olhos.

A decisão tece ainda alguns comentários sobre a liberdade religiosa que não acrescentam nada em substância, para finalmente debruçar-se sobre a liberdade de expressão por analogia à liberdade de imprensa, explicando que esta não é absoluta e termina onde começa a ofensa. Mas, estima aparentemente que a parada gay é atração inócua que em nada insulta a Igreja, enquanto o texto bíblico é exibição injuriosa que muito desrespeita a parada. E, mais uma vez, cita o Supremo para dizer que a livre expressão não pode abrigar manifestação de "conteúdo imoral" nem pode constituir-se em salvaguarda de "condutas ilícitas".

Fica singularmente complicado – sobretudo para um justiciável cristão – entender que a Bíblia possa hospedar "conteúdo imoral" e que evangelização venha a albergar "condutas ilícitas". Mas, é o que o juiz aparenta insinuar. E isso, porque atropela a dignidade LGBT!

O mesmo bloco fala de tolerância, direito à felicidade, civilidade e igualdade. A julgar pela articulação de ideias, entretanto, mandar remover os versículos bíblicos não é intolerante. Visa, pelo contrário, ser mais tolerante. É para não abalar o orgulho civilizatório que passa, e talvez deixar crente feliz com a igualdade de tratamento.

Assim mesmo, não se deve levar uma impressão de dois pesos e duas medidas. Porque, do alto da neutralidade laica repetidamente proclamada, a sentença assevera que a Igreja, de qualquer forma, não precisa de cartaz para expressar-se:

> "... a religião professada pela requerida obviamente não inclui, como manifestação de fé, a publicação de frases bíblicas em *outdoors*, de modo que a supressão dessa conduta nem mesmo pode ser tida como um atentado a direitos fundamentais da ré".

---

8 Veja Cap. I, A Construção Ideológica, 1-O Mito da Minoria.

9 NEWS.VA, IBGE: Católicos ainda são maioria no Brasil, mas aumenta diversidade religiosa, 30/06/2012, disponível em http://www.news.va/pt/news/ibge-catolicos-ainda-sao-maioria-no-brasil-mas-aum, acessado em 25/12/2015.

O juiz sabe. E o promotor sabe mais, ainda. Porque o primeiro explica que o pôster ostenta caráter publicitário com a evidente intenção de conquistar adeptos e difundir ideias. Enquanto o segundo reforça, lembrando que a mensagem fora afixada em 17 de agosto, sendo que a 7ª Parada de Orgulho LGBT aconteceria do dia 21 "como é público e notório".

O apostolado cristão não pode atrapalhar o proselitismo gay. Este é "público e notório" e conta com a colaboração do Estado. Aquele não pode ser "público e notório", porque suja o ambiente do primeiro. Desde logo, precisa ser abafado com a ajuda do juiz "laico" ... que diz não poder interferir em assuntos religiosos "como censor ou defensor" por ser absolutamente neutro (!?).

Evangelização constitucionalmente permitida – salvo erro de interpretação – é coisa para plateia seleta entre as 4 paredes do templo. Enquanto conversão à diversidade sexual e catequização de gênero é coisa para escancarar na rua.

Depois de colocar o pastor de joelho com a poderosa ajuda do judiciário, o presidente da Arco Iris deu uma entrevista reveladora do padrão moral a destronar os valores religiosos.

> "*Entrevistador: Mudando de pau pra cacete – perdão pelo trocadilho – já comeu mulher?*
>
> *Pres. Arco Íris: Pouquíssimas vezes. Mas já sai com um cara casado que tinha tara em ser enr...b...do na frente da mulher. Naquele dia, acabou rolando de eu comer a mulher dele, e nem broxei. Ele ficou me beijando, me estimulando, e consegui não broxar, foi bem na boa. Mas gosto mesmo de ser gay, de homem.*
>
> *Entrevistador: Tem muita gente conhecida que não se assume?*
>
> *Pres. Arco Íris: É o que mais tem. Gente que procura os travestis querendo ser enr...b...da. Posso dizer que já comi até um vereador! E nem é aquele que todo mundo sabe que é veado. É outro, mais homenzinho, que ninguém desconfia. O que posso dizer é que, se todo gay enrustido se assumisse, não haveria tanto preconceito. Mas agora quero fazer uma pergunta. Você já saiu com homem, ou tem vontade?*"

A sessão de perguntas e respostas contem mais alguns toques de erudição e brio intelectual disponíveis na Internet para quem quiser avaliar toda a dimensão da tragédia.[10]

O pastor recorreu em pura perda, porque o Tribunal banha no mesmo caldo de cultura. Segue no ministério, orando com muito mais proveito pela alma do juiz e pela salvação do ilustre entrevistado ... que continua irradiando grandeza, enr...b...do vereador, com...ndo mulher de tarado e fazendo *bullying* judiciário para garantir a "dignidade pessoal" com a ajuda de desinformados togados a impor a censura para robustecer um projeto que em muito transcende seu entendimento.

10 Entrevista da Quinta, Blog do Schiavoni, disponível em http://blogdoschiavoni.wordpress.com/2010/03/27/entrevista-de-quinta-fabinho-da-ong-arco-iris/, acessado em 25/05/2015.

## 2. O Supremo Desaforo

O que está em jogo no caso acima comentado pouco tem a ver com honra ou dignidade. Por trás da cantiga, a decisão faz-se correia de transmissão de uma proposta antropológica de colossal envergadura. Liberdade sexual, respeito da intimidade ou direito à privacidade não são senão ideias desfiguradas e reconstruídas com a intenção de esvaziar o conteúdo ontológico de conceitos sociais matriciais.

Família já não é santuário de vida e cidadania. Sucumbe aos poucos à retórica alternativa. Duas mães ou dois pais com avô bissexual e tio travesti é ambiente ideal para a produção em série de desajustados. Por mais estranho, contudo, o cenário desponta em filigrana nas decisões do Supremo Tribunal Federal citadas em reforço. Fantasia excêntrica de adulto egoísta faz assim da criança um camundongo de laboratório com a benção de quem tem precisamente a missão de proteger o mais fraco.

A ideologia gay/gênero desmonta o ser humano no que tem de mais íntimo. Maternidade, complementaridade dos sexos, princípio paterno, procriação, diferenças naturais, aptidões inatas ou heteronormatividade são desde já ideias proscritas. E por decisão do mais alto escalão da magistratura, qualquer aglomerado sexual polimórfico – seja qual for a finalidade – logo terá direito a título de família com toda a proteção institucional voltada à entidade e assistência judiciária de graça para domar os descontentes.

No julgamento do Recurso Extraordinário 477.554[11], o Supremo usurpou o poder constituinte para repensar a unidade familiar por conta própria. Sem autorização popular. Quiçá, então, com base em mandato LGBT. Pois, salvo condicionamento ideológico, não se enxerga bem o que moveu a decisão.

A Corte bem que tentou racionalizar, mas em nada convenceu quem se pauta pela intenção democrática do sistema pátrio. Fato é que não lhe pertence retocar conceitos magnos sem a permissão do povo soberano. E a indigência intelectual dos argumentos é disso prova cabal, pois a sentença remói generalidades abstratas do início até o fim por falta justamente de razão válida.

Fala em afetividade. Depois em dignidade, autodeterminação, pluralismo e liberdade. Cita alguns autores que pensam igual e cala sobre quem opina diferente. Menciona a Declaração de Independência dos Estados Unidos, evocando John Adams, Thomas Jefferson, Benjamin Franklin e mais alguns importantes. Discorre sobre neoconstitucionalismo. Ensina que o Japão e o Butão no Himalaia consagram constitucionalmente o direito à felicidade. Refere-se a alguns *rulings* da Corte Suprema norte-americana, que falam de *happiness* envolvendo proteção de intimidade, casamento com pessoa de et-

11 RE 477.554, disponível em http://www.conjur.com.br/dl/decisao-pensao-companheiro--gay-celso.pdf, acessado em 03/06/2015.

nia diferente, guarda de filhos menores, exercício de atividade empresarial, uso de anticoncepcionais e até do aprendizado de línguas estrangeiras! Alude à Carta Magna francesa de 1958 e à Declaração dos Direitos do Homem e do Cidadão de 1789. Enfim, enche o mar de tanta água que afoga o peixe para vender a união homoafetiva de sobremesa em farto banquete civilizatório de igualdade, tolerância e plenitude sentimental.

Vale lembrar que lésbica pode ser feliz como todo mundo. Porém, não casando com mulher. Porque a legislação em vigor não lhe dá esse direito. Felicidade tem a ver com amor, e a Norma de 1988 não impede ninguém de amar. Mas, casamento é uma instituição constitucionalmente desenhada para albergar pessoas de sexos opostos. E, se a vertente LGBT quiser alterar a definição do Artigo 226, precisa de votos e maioria parlamentar para tanto. Porque esse é o jeito de mudar a lei na ordem democrática.

Desde logo, a "brilhante decisão", citada como "aula de civilidade" pelo magistrado de Ribeirão Preto, cheira a golpe de Estado. Por sinal, muito mal legitimado. Pois os ministros se referem a uma tendência mundial para justificar a importação de modelos alternativos, quando se trata de mera involução ocidental poderosamente projetada no palco internacional pelo controle europeu e norte-americano da máquina onusiana.

Arrastou boa parte da América Latina, é verdade. Porém, não conquistou a China, a Rússia, a África, os países islâmicos e tantas culturas que pensam de forma autônoma. De sorte que o STF confunde o mundo com Paris e Nova Iorque. Mas, não satisfeito com essa geografia redutora, o Pretório Excelso ainda cita os Princípios de Yogyakarta[12] para alicerçar seu remanejo semântico.

Ora, o documento alinhado na batalha não é um texto de direito positivo. Não é tratado. Também não é norma pátria. É apenas um farol ideológico elaborado na Indonésia em 2006 por uma constelação de ONGs e simpatizantes articulados na Associação Internacional Gay/Lésbica-ILGA[13] sob a égide de grupos de pressão como a Comissão Internacional de Juristas[14] e o Serviço Internacional de Direitos Humanos[15].

O texto é um condensado de feminismo radical e gayismo utópico que ninguém comprou fora o Conselho da Europa, o *Human Rights Watch*, um ou outro aparato de promoção social e agora o Supremo Tribunal Federal. Refletindo o credo dos participantes, diz essencialmente que homossexua-

12 Yogyakarta Principles, http://en.wikipedia.org/wiki/Yogyakarta_Principles.

13 International Gay and Lesbian Association, http://ilga.org/.

14 International Commission of Jurists, http://en.wikipedia.org/wiki/International_Commission_of_Jurists.

15 International Service for Human Rights, http://en.wikipedia.org/wiki/International_Service_for_Human_Rights.

lismo é Direito Humano. E recorrer a esse tipo de documento para amparar um raciocínio jurisdicional equivale a buscar justificativa na Encíclica *Rerum Novarum* do Papa Leão XIII, já que ambos os textos compartilham a mesma natureza de inventário doutrinário sobre uma dogmática de inspiração metafísica.

A Corte, no caso, se deixou levar por um pensamento de tipo religioso. Presumivelmente, em nome da laicidade.

Cortando em miúdo, o judiciário olha para fora, importando conceitos de outro planeta. Nisso, faz o que sempre fez o Estado herdado do colonialismo. Se escutasse a voz de dentro, aplicaria a Constituição que quis o povo. Entenderia que Direito Humano pode evocar genitalidade devassa no Primeiro Mundo doentio, enquanto tem mais a ver com segurança, emprego, hospital e escola em contexto periférico.

Em vez de ler a Carta Magna para saber o que pensa Zé da Silva sobre família, o Santo Sínodo do poder judiciário reverencia Stephanie Swartz Driver que escreve sobre a Guerra de Independência norte-americana. Depois, pede a bênção de Roberto Bobbio que também discursa sobre muitas coisas. Fala em exegese, hermenêutica, axiologia e até em coeficiente de legitimidade jurídico-democrática para impressionar os ingênuos. Cita a teoria do silêncio eloquente para romancear o filme e usa toda a liturgia das comissões, dos plenários e dos relatórios para sacralizar estapafúrdias teses gringas. Mas, ainda assim, não consegue tirar a Constituição das pernas.

Dobrar a dose de piruetas ritualísticas, escavar argumentos na física quântica, citar mais um julgamento do Connecticut e multiplicar referências a um algum von Braukschwitz ou MacDingeling da vida já não adianta, porque a incômoda locução "entre homem e mulher" do Artigo 226 segue encarando teimosa quem tem a missão de protegê-la. Então, a Corte finalmente sai do vago para revelar o que tinha em mente desde o início e anuncia sem rodeio que entende reformar a lei, porque o legislador não o faz!

> "Reconheço" – diz o relator – "que o direito à busca da felicidade... [está] gravemente comprometido, quando o Congresso Nacional, influenciado por correntes majoritárias, omite-se na formulação de medidas destinadas a assegurar a grupos minoritários, a fruição da dignidade da pessoa humana, qualificando-se como um dos mais significativos postulados constitucionais implícitos cujas raízes mergulham, historicamente, na própria Declaração de Independência dos Estados Unidos da América, de 04 de julho de 1776 ... " (Arranjo do autor.)

Espantoso!

É o guardião da divisão dos poderes, da Constituição e da democracia avisando que vai legislar de forma autônoma, porque os representantes da maioria obstinam-se a não legislar como quer a minoria e como sugere ademais a Declaração de Independência dos Estados Unidos de 1776!?!

O STF perdeu a razão. Ou, então, estima a Nação sem juízo. Tipo, um Brasil incapaz em busca de uma curatela que a elite bem pensante se acha no dever de providenciar. O Despotismo Esclarecido, em essência. A volta para o século XVIII.

Achando a lei em descompasso com a evolução social, o Supremo, na melhor das hipóteses, podia exortar o Congresso a legislar. E só. Exatamente como fez o Conselho Constitucional francês quando consultado em circunstâncias análogas. Declarando simplesmente que a lei define o casamento como união entre homem e mulher, e que não lhe cabe sobrepor-se à autoridade do legislador. Porque o judiciário não pode dispor do poder que sobre ele dispõe[16].

Na França, a questão voltou para o parlamento e resultou na adoção da chamada lei do Casamento para Todos[17] de 2013 que – embora polarizando de vez o país sobre o assunto – nasceu incontestavelmente do procedimento correto.

Vale notar, *en passant*, que a Corte Suprema de Brasília internalizou com perfeição a noção de minoria gay chocada sob as asas desatentas do movimento negro estadunidense na década de 1970. A comunidade LGBT, contudo, não constitui um grupo humano de imutáveis características físicas herdadas nem apresenta vulnerabilidade social, econômica e cultural a exigir a intervenção corretiva do Estado. Afigura-se, pelo contrário, como categoria dominante, abastecida e intelectualmente preparada a controlar o ferramental midiático, a manipular com destreza o aparato institucional internacional, a ocupar boa parte do espaço educacional, a contar com o apoio evidente do poder econômico, a ocupar com maestria os cargos de interesse no plano administrativo, a conquistar com rapidez a arte do *lobbying* legislativo e a modelar com muita habilidade a sensibilidade do judiciário[18]. Em nada, desde então, corresponde à definição jurídica de minoria – a não ser pela irrelevan-

16 Conseil Constitutionnel, Décision n° 2010-92 QPC du 28 janvier 2011, http://www.conseil-constitutionnel.fr/decision/2011/2010-92-qpc/decision-n-2010-92-qpc-du-28-janvier-2011.52612.html.

17 Mariage pour Tous, LOI n° 2013-404 du 17 mai 2013 ouvrant le mariage aux couples de personnes de même sexe, disponível em, http://www.legifrance.gouv.fr/affichTexte.do?cidTexte=JORFTEXT000027414540&categorieLien=id, acessado em 09/06/2015..

18 Veja Cap. I, A Construção Ideológica, 1-O Mito da Minoria; Veja Cap. I, A Construção Ideológica, 3-A Identidade Gay Pré-Gênero; Veja Cap. I, A Construção Ideológica, 1-O Mito da Minoria; Veja Cap. III, A Catequização LGBT/Gênero, 1-A Manipulação Midiática; Veja Cap II, A Geopolítica LGBT/Gênero; Veja Cap. III, A Catequização LGBT/Gênero, 2-A Doutrinação Escolar; Veja Cap. I, A Construção Ideológica, 1-O Mito da Minoria; Cap. III, A Catequização LGBT/Gênero, 3-O Delicado Caso do Escotismo; Veja Cap. I, A Construção Ideológica, 2-A Vitimologia Gay; Veja Cap. IV, A Instrumentalização do Judiciário.

te dimensão numérica que, a merecer consideração isolada, legitimaria políticas afirmativas em favor de estupradores, corruptos ou assaltantes a exibir a invariável característica de insignificância quantitativa.

Malgrado o óbvio, o Supremo comprou os clichês gays. Inclusive o chavão vitimológico. Conforme previsão da cartilha militante[19], assumiu inconscientemente o papel do hétero protetor por validação acrítica das montagens estatísticas sobre violência homofóbica[20]. O Grupo Gay da Bahia disse. A Secretaria dos Direitos Humanos oficializou. A televisão repetiu. E o Judiciário saiu julgando, obcecado por um "homocausto" que está no imaginário sem estar no mundo.

Ignorância com arrogância. Mentes impulsionadas a contrafação linguística. Desrespeito flagrante do eleitor. Desacato aberto à cidadania. Afronta ao contribuinte. O acórdão é um manifesto político disfarçado.

Vulnerável é obviamente a sociedade matracada por esse discurso com a conivência autoritária de juízes ativistas. E vítima é a criança assim entregue por deliberação dos tribunais a modismos irresponsáveis de adultos egocêntricos.

Não existe PROCON para reclamar do serviço, mas há urnas a espera de voto mais refletido. Pelo visto, vai ser preciso pensar nisso, porque o linguajar da Corte sugere margem a deterioração mais profunda, ainda. Logo na sequência, o STF insiste na ...

> " ... responsabilidade institucional de proteger as minorias contra eventuais excessos da maioria ou, ainda, contra omissões que, imputáveis aos grupos majoritários, tornem-se lesivas, em face da inércia do Estado, aos direitos daqueles que sofrem os efeitos perversos do preconceito, da discriminação e da exclusão jurídica."

Como se não bastasse, concatena dissertando sobre a "função contramajoritária" do Poder Judiciário no Estado Democrático de Direito. E, visto que o IBGE repertoriou uma parcela minoritária de 60.000 casais homoafetivos, é bem possível que vem alguma encrenca para o lado dos demais 50 milhões de casais que não parecem particularmente dispostos a sufragar o desvairo dos primeiros, já que:

> " [ ... ] o Poder Legislativo, certamente influenciado por valores e sentimentos prevalecentes na sociedade brasileira, tem se mostrado infenso, no que se refere à qualificação da união estável homoafetiva como entidade familiar."

19 KIRK, Marshall & PILL, Erastes, The Overhauling of Straight America, *Guide Magazine*, November 1987, disponível em http://library.gayhomeland.org/0018/EN/EN_Overhauling_Straight.htm, acessado em 16/03/2015.

20 Veja Cap. I, A Construção Ideológica, 2-A Vitimologia Gay.

São as exatas palavras do relator. Talvez sugerindo que o legislador devesse evitar as más frequentações nacionais para cozinhar ao gosto de um eleitorado intergaláctico mais homófilo. Seja qual for a racionalidade a inspirar essa frase, desabona o Congresso por completo, porque, como dizem os ministros,

> "[ ... ] tal situação culmina por gerar um quadro de (inaceitável) submissão de grupos minoritários à vontade hegemônica da maioria, o que compromete, gravemente, por reduzi-lo, o próprio coeficiente de legitimidade democrática da instituição parlamentar, pois, ninguém o ignora, o regime democrático não tolera nem admite a opressão da minoria por grupos majoritários."

O parêntese enfático é do texto original. Como para não deixar dúvida que o Supremo não vai tolerar eleito vocalizando expectativas majoritárias na contramão dos sonhos minoritários, porque lhe cabe "velar pela supremacia da Constituição" (???). E só resta entender que maioria deve eleger quem promete defender interesse de minorias que ...

> "[ ... ] merecem tutela efetiva da Suprema Corte quando grupos majoritários, atuando no âmbito do Congresso Nacional, ensaiam medidas arbitrárias destinadas a frustrar o exercício, por organizações minoritárias, de direitos assegurados pela ordem constitucional".

A sentença continua remoendo estórias parecidas por alguns parágrafos cansativos, mas o recado final é claro: a maioria e seus representantes vão ter que aprender a andar como quer quem não tem voto. Caso contrário, vão se ver com o Judiciário.

## 3. O Golpe do Conselho Nacional de Justiça

A instrumentalização das cortes é peça central na artilharia LGBT. Acaba inclusive de explodir o casamento ... um baluarte da cidadania que a sociedade distraída custará a reerguer das cinzas.

Vale dar-se o tempo de dissecar a problemática com muito cuidado, porque contém, ao mesmo tempo, a chave de uma utopia civilizatória e o germe da decadência. O discurso gay se guarda de advogar o fim do casamento. Pretextando o direito de amar para todos, preconiza antes a convivência pacífica de configurações diversas. O alvo das invectivas, contudo, é a família clássica (ESKRIDGE, 1996).

Ora, é preciso compreender a essência da questão.

Casamento não tem grande coisa a ver com amor. É, isto sim, um contrato que fixa um quadro de obrigações e direitos mútuos entre esposos bem como um compromisso dos mesmos com o corpo social maior em relação à prole vindoura. Em substância, é uma instituição que consolida um sistema de relações consideradas fundamentais para a harmonia geral.

Não resta dúvida que os sentimentos representam um elemento desejável. Mas, têm a ver com o foro íntimo dos nubentes e não interferem na solenidade do cartório onde o juiz não indaga se os noivos se amam, mas antes se querem casar. Questiona apenas sua vontade de assumir deveres recíprocos e de responsabilizar-se pela proteção e educação dos filhos, de maneira a não deixar o ônus a cargo dos outros com as disfunções sociais que a deserção parental implica. Eis o conjunto de acertos e promessas que condensa o crucial "sim" ... seguido ou não de um beijo apaixonado.

O tão comentado direito igual de amar é, por conseguinte, uma falácia para manipular a mente desinformada e corromper um regime legal fundamental. Se afeto, bem-querer ou ternura fossem requisitos suficientes, irmão casaria com irmã ou irmão, mãe com filho ou filha e neta com avô ou avó.

Muitas paixões não são elegíveis para o casamento. Pederastia, bestialidade ou incesto são exemplos claros. E a razão é simples: não atendem as exigências da reprodução humana socialmente equilibrada. A vida tem o projeto biológico fundamental de reproduzir e manter a vida. Lei natural para uns e divina para outros, o princípio inspirou a regulação da sexualidade das cavernas até o Estado moderno. Gay pode, pois, amar como todo mundo. Apenas não pode casar no entendimento tradicional do termo, porque casamento serve potencialmente para fazer e criar filhos, protegendo-os do mundo até torná-los autônomos.

Eis o sentido civilizatório que teve a instituição na história. Querer mudar isso é propor experimentos com os mais vulneráveis para satisfazer quimeras descabidas. Criança feita rato de laboratório, por sinal, saiu dramaticamente da ficção para tornar-se realidade na tentativa de gerar um filho surdo para um casal de deficientes auditivas lésbicas em Washington, recorrendo a um doador surdo de esperma (PYEATT, 2002). O caso é extremo, mas dá a pensar sobre o aprumo mental do meio em análise e sobre as consequências psicológicas para meninos ou meninas crescendo em tal contexto.

Releva mencionar a nova onda: depois de conquistar o direito ao casamento monogâmico, a militância lançou a ideia de um casamento grupal de geometria variável[21] (SHEFF, 2004). O projeto – a acreditar seus defensores – é juntar espécies do gênero LGBT em arranjos poliamorosos construídos à *la carte* de acordo com os caprichos dos componentes e com revisão dos conceitos de fidelidade para aventuras extraconjugais consensuais (EMENS, 2004).

21 The 1972 Gay Rights Platform, Paltform created at the National Coalition of Gay Organizations Convention held in Chicago in 1972, All Things Queer, website, s/d, disponível em http://www.rslevinson.com/gaylesissues/features/collect/onetime/bl_platform1972.htm, acessado em 18/03/2015.

Por que não? Se tudo é cultural, tudo é produto da mente. É só idealizar e pôr em prática [22]. De qualquer forma, os ativistas pretendem elevar esse tipo de ambiente ao estatuto de casamento (OSTLING, 2005) ... com direito à adoção e reprodução *in vitro* ... porque o tombo de um dominó legal precipita a queda dos demais por arraste.

Para quem duvidar, um trio de lésbicas casou nos Estados Unidos e fez inseminação artificial para gerar filho com três mães para compensar a ausência de pai[23]. Judith Butler[24] – entre outro(a)s – advoga a fórmula. E tudo o que profetizou até agora se realizou em maior ou menor grau. Portanto ...

O Brasil acaba de dar o primeiro passo da caminhada. A munição veio do Supremo – notadamente do acórdão acima examinado. O tiro foi, todavia, de um órgão muito menos conhecido cuja criação remonta a 2005.

O Conselho Nacional de Justiça-CNJ não faz parte do Brasil histórico. É coisa nova que expressa o direito cidadão à excelência judiciária, dedicando-se tanto à racionalização quanto à moralização dos serviços. Sob esse ângulo, materializa uma boa ideia que contribui à elevação ética e eficiência prática do sistema. Contudo, apresenta um defeito liberticida que planta raiz na base filosófica a nortear-lhe a decisão. A exemplo do STF, com efeito, erige o homossexualismo em Direito Humano e ignora a divisão dos poderes para piratear as competências do Congresso quando a militância gay precisa de atalho legislativo.

É o que aconteceu em 14 de maio de 2013 com a publicação da Resolução 175 a finalizar o golpe de Estado então em curso.

Entre Arguição de Descumprimento de Preceito Fundamental[25] Ação Direta de Inconstitucionalidade[26] e Recurso Extraordinário[27], o Supremo mudara progressivamente a noção de união estável para abranger o perfil homo-

---

22 Unitarian Universalists for Polyamory Awareness (UUPA), http://www.uupa.org/, acessado em 06/02/2015.

23 TERRA, Três mulheres se casam e esperam uma filha, 23/04/2014, disponível em http://noticias.terra.com.br/mundo/estados-unidos/tres-mulheres-se-casam-e-esperam-uma-filha,31c69a5d08e85410VgnVCM3000009af154d0RCRD.html, acessado em 22/12/2015.

24 Veja Cap. I, A Construção Ideológica, 6-A Ideologia de Gênero.

25 ADPF 132/RJ, disponível em http://www.sbdp.org.br/arquivos/material/332_ADPF132_parecerAGU.pdf, acessado em 03/06/2015.

26 ADI 4277/DF, disponível em https://oimpressionista.wordpress.com/2011/05/05/uniao-homoafetiva-julgamento-no-stf-da-adi-4277-e-da-adpf-132/, acessado em 03/06/2015.

27 RE 477.554, disponível em http://www.conjur.com.br/dl/decisao-pensao-companheiro-gay-celso.pdf, acessado em 03/06/2015.

afetivo. Um descaminho que, embora invadindo as atribuições do legislador, não chegara todavia a impor ou sequer admitir o casamento entre pessoas do mesmo sexo.

O CNJ se encarregaria precisamente desse avanço.

Os cartórios – para reduzir a explicação à mais simples expressão – prestam serviços de registro civil por delegação de função e permanecem sob a supervisão do Judiciário. De forma que o CNJ projeta sobre eles um poder regulamentar visando garantir o bom desempenho. Injunção sob a forma de resolução é, portanto, comum. No entanto, a autoridade assim exercida não pode extrapolar a função de controle interno para reger relações que são da competência exclusiva do legislativo (SANTANA, 2013). Não obstante o entendimento, a supracitada resolução não faz nada menos que mandar cartório casar homossexuais.

E não é recomendação: é ordem. Com ameaça de penalidade. E sem espaço para objeção de consciência. Pois,

> "... a recusa [...] implicará a imediata comunicação ao respectivo juiz corregedor para as providências cabíveis" (Art. 2).

A "dignidade da pessoa humana" vale assim todo o ouro do mundo para sustentar direito gay, e já não vale nada para livrar o cidadão de uma ordem administrativa em conflito com suas convicções morais íntimas.

Em que pese a campanha triunfante do gayismo na América do Norte, uma reserva religiosa assistia o objetor cristão em vários Estados[28] até a dramática revogação por decisão da Suprema Corte em 2015 (BRAVIN, 2015) e a subsequente prisão de uma cartorária recalcitrante (BLINDER, 2015). Mesmo assim, o item 18 da Declaração Universal dos Direitos do Homem sobre a liberdade de consciência e religião é, por si só, um convite nítido à prudência. Os artigos 5 (VI, VIII) e 143, § 1 da Constituição Federal oferecem, outrossim, boas razões para uma postura mais humilde. Porém, o CNJ insiste e avisa que haverá punição.

Com ou sem reserva religiosa, a resolução é redondamente ilegítima. Porque exorbita as competências de regulamentação *interna corporis* para avassalar o Congresso. O CNJ simplesmente somou forças com o Supremo para antecipar um consenso legislativo que não existe no País.

O povo nunca autorizou os ambientes de ar condicionado a repensar a consciência nacional, e é lamentável ver a Justiça mergulhada em ruminação bizantina quando sequer consegue tirar os bandidos da rua. Correndo o risco do amálgama barato, vale notar que mobilizou juízes, escrivães, defensores,

28 State Religious Freedom Restoration Acts, http://en.wikipedia.org/wiki/State_Religious_Freedom_Restoration_Acts.

assistentes e advogados durante 3 anos em Ribeirão Preto para multar um pastor que qualifica homossexualismo de pecado, ao passo que mal consegue colocar um corrupto na cadeia. Funciona, pois, onde nem precisava opinar. E, de relambuja, nem age onde realmente devia operar.

É outro debate. Porém, não menos importante, porque também diz respeito à qualidade da prestação jurisdicional.

No que toca à atuação dos tribunais na área em pauta, a amostra de decisões analisadas reflete bem a postura geral da classe togada e a dinâmica em marcha no sistema. O juiz cita o tribunal ... que cita o Supremo ... que cita autores que pensam como o juiz, o tribunal e o Supremo ... e cada um menciona cada qual para dizer que todo mundo tem razão, construindo uma jurisprudência e uma doutrina para realimentação contínua do sistema. Um achismo cândido onde um acha hoje o que outro achou ontem, baseado no que um terceiro achou anteontem sem saber ao certo porque o primeiro achou o que achou para início de conversa e não justamente o contrário.

## 4. Misto de Magistratura e Homofascismo

Na matéria em foco, a Justiça é uma redoma fechada que gira sobre si mesma em raciocínio circular, judicializando o poder de fazer leis a uma distância astronômica do sufrágio universal e sem real percepção do mundo externo. São poucos os magistrados a estender o juízo à gênese histórica da ideologia gay, a refletir sobre as forças políticas motoras, a analisar as intenções do movimento e a desmontar as mentiras. Não há quase ninguém para interpretar os fundamentos do fenômeno, para decodificar as implicações culturais e entender os efeitos reais ou para decifrar a efetiva função de uma decisão judicial na estratégia LGBT global. Juiz é peça numa maquinação e ator de uma trama que ele mesmo ignora. E a razão reside na exclusão de outras formas de ver e pensar. Porque não se detecta um erro de raciocínio a não ser no confronto à razão do outro. Ora, as cortes afastam *a priori* o pensamento distinto por rotulação, fabricando destarte espaços impolutos de incontestes certezas e abortando o contraditório sob o pretexto de combater a intolerância e reprimir o preconceito.

É tanto que o juiz de Ribeirão Preto, no caso acima comentado, não parece sequer ter lido a defesa. Pelo menos, não considerou as alegações do pastor. Não contra-argumentou. Apenas mencionou a existência do arrazoado em quatro linhas para logo descartá-lo em meio a acusações de homofobia e entregar-se a um solilóquio de catálogo sem relação direta com a demonstração da Igreja.

Não obstante a monotonia do ambiente jurisdicional, há algumas notas destoantes a indicar salutares resistências. Assim, o acórdão do Tribunal do

Mato Grosso do Sul no contexto da Apelação Cível Nº 2009.006422-1 de 25 de fevereiro de 2010[29].

Na espécie, o autor de um livro julgado ofensivo por uma ONG gay, fora objeto de investigação pelo Ministério Público e alvo de um processo movido pela Defensoria Pública. O episódio girou em torno de uma Ação Cível Pública e resultou numa ordem de recolhimento dos livros em circulação (!?), na assinatura de um Termo de Ajuste de Conduta implicando em tese a promessa de não reeditar (!?) e em condenação a pagamento de multa (!?).

O réu cumpriu com as duas primeiras exigências sem querer meter a mão no bolso. De qualquer forma, a parte adversa não queria receber, porque achava pouco, e a contenda subiu para o Tribunal que finalmente reformou a sentença.

> "A Constituição Federal" – diz o Relator – "é expressa ao garantir ... a liberdade de expressão e de convicção religiosa, de sorte que, o inconformismo e a intolerância de parte da população com as ideias do autor do livro não podem gerar, por si só, o dano à moral de um grupo de pessoas ... o apelante nada mais fez que expor seu ponto de vista de um ou outro versículo bíblico ... religião é assunto polêmico que causa muitas discussões entre religiosos de diversas vertentes, pois cada um adota sua crença e, por vezes, o que diverge se ofende com a verdade do outro; entretanto, este fato, por si só, não gera o dano moral ...". (Arranjo do autor.)

A decisão contou inclusive com o apoio da Comissão de Direitos Humanos da OAB-MS nos termos a seguir:

> "O requerido faz uma explanação com base num texto bíblico, trazendo uma interpretação teológica ... não há nessa interpretação nenhum incentivo à violência contra os homossexuais ... numa Sociedade Democrática de Direito, deve ocorrer o equilíbrio dos direitos civis ... e se os homossexuais têm o direito de criticar (ou até mesmo de processar judicialmente) os heterossexuais por seus excessos e por suas palavras, estes também têm o direito de expor suas opiniões e ter suas livres expressões de pensamento respeitadas por todos, indistintamente ... não se deve 'amordaçar' uma maioria que defende suas convicções, em benefício de uma minoria que também defende as suas ... " (Arranjo do autor.)

29 Poder Judiciário do Estado de Mato Grosso, @-SAJ Portal de Serviços, Consulta de Processos de 2º Grau, disponível em http://www.tjms.jus.br/cposg5/search.do?conversationId=&paginaConsulta=1&localPesquisa.cdLocal=900&cbPesquisa=NUMPROC&tipoNuProcesso=SAJ&numeroDigitoAnoUnificado=&foroNumeroUnificado=&dePesquisaNuUnificado=&dePesquisa=2009.006422-1&pbEnviar=Pesquisar, acessado em 16/06/2015.

Porém, esse tipo de bom senso é antes exceção a confirmar a regra. Pois, no conjunto, o aparato judicial tanto quanto a OAB respaldam a causa gay sem reserva.

A intimidade do movimento com as cortes vem de longe. Um modelo de militância forense foi desenvolvido nos Estados Unidos a partir da década de 1970 para exportação com ajustes maiores ou menores segundo o receptáculo cultural. É de se ressaltar que a moldagem das normas por avanços jurisprudenciais integra de pleno direito a lógica anglo-saxônica, já que os sistemas herdeiros da *Common Law* se constroem em grande parte no precedente. Mas, a legitimidade de uma mudança de regra por tomada de posição da Suprema Corte estadunidense não se transpõe forçosamente a uma decisão análoga do Supremo pátrio. Transferência de tecnologia institucional comporta, pelo contrário, graves riscos de adulteração que grandiloquência ou pompa não sanam. E o que é normal em Washington toma ares de contrafação em Brasília.

Isso dito, o movimento LGBT soube usar a Justiça norte-americana com esmero para marcar pontos estratégicos. A título de exemplo, a decisão 539 US 558 *Lawrence v. Texas*[30] a legalizar as relações homossexuais consensuais entre adultos. Um caso que merece atenção, porque sela uma mudança de trajetória jurisprudencial de profundo impacto.

No dia 17 de setembro de 1998, um trio amoroso degenerou em briga com intervenção policial e flagra de sodomia no apartamento de um certo Lawrence em Houston. Naquela época, o código penal texano punia o sexo entre dois homens – mesmo em recinto privado – e os parceiros foram presos. Condenados em primeira instância, os réus apelaram, alegando discriminação, já que a lei não reprimia esse comportamento entre pessoas de sexos opostos. A justiça do Texas, no entanto, manteve a posição, ensejando finalmente um recurso junto à Suprema Corte, a qual reformou a sentença em 2003, revertendo uma jurisprudência firmada 17 anos antes no caso *Bowers v. Hardwick*[31] envolvendo a Georgia em cenário análogo.

A decisão revogava automaticamente diversas *sodomy laws* até então vigentes numa dúzia de Estados, presenteando o movimento gay com um habitat novo prontamente aproveitado para mais alguns passos.

O correto entendimento de uma decisão judicial dessa natureza implica uma leitura contextualizada. Causas e efeitos devem ser analisados em perspectiva extensa, como momentos interligados numa estratégia política de longo fôlego. O que parece anódino à primeira vista se torna, então, peça de uma engrenagem mais ampla e adquire significado distinto.

---

30 JUSTITIA US Supreme Court, Lawrence v. Texas 539 U.S. 558 (2003), disponível em https://supreme.justia.com/cases/federal/us/539/558/, consultado em 09/06/2015.

31 JUSTITIA US Supreme Court, Bowers v. Hardwick 478 U.S. 186 (1986), disponível em https://supreme.justia.com/cases/federal/us/478/186/, acessado em 09/06/2015.

Na espécie, o raciocínio da Suprema Corte fundamentou-se no duplo direito à privacidade e igualdade de tratamento. A primeira reivindicação não causa particular resistência psicológica, porque afirma tão só a livre escolha comportamental na intimidade. A segunda já é mais delicada, porque seu uso como justificativa indica que a mais alta instância judiciária norte-americana se rendeu à equiparação moral entre sexo homo e hétero. Em termos claros, estima que o primeiro traz tanto benefício quanto o segundo. Inversamente, julga que nenhum dos dois é socialmente mais nocivo que o outro. E que, em consequência, ambos merecem idêntico espaço institucional e proteção legal equivalente.

O alcance da decisão é imenso, porque a ideia de igualdade projeta um sentimento de indiferença e permutabilidade em termos de sexos, moralidade, pudor, casamento, família, filiação, pátrio poder, etc.

Para melhor ou para pior, a Corte estourou um ferrolho e abriu as comportas para pretensões desde muito represadas. Marginalizou o conceito de natureza no campo da sexualidade humana. Solapou a noção de excelência associada à heteronormatividade monogâmica. Negou, por via de consequências, qualquer superioridade hierárquica à célula base pai-mãe-filhos. Minou o senso de eficiência civilizatória a ratificar o padrão familiar tradicional.

Já que tanto fez e tanto faz, tudo se torna relativo e nada é proibido. Então, vale casar qualquer um com qualquer coisa e chamar tudo de família. A mente LGBT destrói e reconstrói, dando sentido novo às palavras. E lá vai a igualdade passando de casamento gay na garupa.

Uma coisa não vai sem a outra. Eis o drama. Cada conceito vem entregue com seus derivados. E a política homossexual trabalha sem trégua.

A campanha pelo reconhecimento legal da união entre pessoas do mesmo sexo ganhou impulso particular com a decisão *Lawrence v. Texas*. Porém, vinha registrando sucessos jurisdicionais desde a década de 1980 sob a condução de dinâmicos grupos de pressão e advocacia como Campanha pelos Direitos Humanos[32] (HUMAN RIGHTS CAMPAIGN, s/d), Lambda Legal[33], Advogados &Defensores de Gays & Lésbicas-GLAD[34], União Americana para as Liberdades Civis-ACLU[35] e Centro National de Direitos Lésbicos[36].

32 Human Rights Campaign, https://en.wikipedia.org/wiki/Human_Rights_Campaign.

33 Lambda Legal, https://en.wikipedia.org/wiki/Lambda_Legal.

34 Gay&Lesbian Advocates&Defenders-GLAD, https://en.wikipedia.org/wiki/Gay_%26_Lesbian_Advocates_%26_Defenders.

35 American Civil Liberties Union, https://en.wikipedia.org/wiki/American_Civil_Liberties_Union.

36 National Center for Lesbian Rights, https://en.wikipedia.org/wiki/National_Center_for_Lesbian_Rights.

Tirando proveito da autonomia legislativa e judiciária dos Estados, a estratégia andou vencendo as resistências periféricas durante duas décadas para, finalmente, nocautear a família natural a nível federal no famoso caso *United States v. Windsor* de 2013 (DUDLEY&NOLAN, s/d).

Valendo-se da permissividade da lei canadense, duas lésbicas de nomes Edith Windsor e Thea Spyer tinham casado no Ontário em 2007 e viviam em Nova Iorque onde tal composição não era reconhecida como entidade familiar. Ambas eram de idade e Thea Spyer faleceu pouco depois, deixando a totalidade do patrimônio para sua companheira de cinco décadas.

Naquela época, alguns Estados norte-americanos tinham legalizado o casamento gay, enquanto outros insistiam na definição clássica de união entre homem e mulher. Pares alternativos costumavam, então, casar num Estado e pedir homologação em outro.

A manobra criava situações complexas envolvendo questões de herança, tributação, seguridade social e outras que, além de afetar os interesses dos governos locais e das duplas interessadas, também ofendiam os princípios morais do eleitor comprometido com o modelo heteronormativo.

Em reação a esse tipo de atropelo, e com o intuito de resguardar a autonomia legislativa das unidades federadas, Washington adotara uma norma de aplicação nacional com o nome de Lei para a Defesa do Casamento-DOMA[37] para afirmar o poder dos Estados negarem a validade de um casamento celebrado noutra jurisdição ao arrepio das definições locais.

A legislação nova-iorquina desfavorecia Windsor no plano tributário, já que isentava a herança entre cônjuges de qualquer imposto, ao passo que onerava fortemente a doação entre estranhos. E eis onde começa o caso que de recurso em recurso alcançaria o topo do edifício judiciário.

Windsor tinha que provar a inconstitucionalidade da Lei para a Defesa do Casamento por desrespeito ao princípio magno de igualdade de tratamento. O Fisco precisava basicamente convencer a Justiça do contrário, o que fez em todas as instâncias estaduais.

Só sobrava a Corte Suprema.

Obama chegara ao segundo mandato com os aplausos da torcida gay a quem devolvia a cortesia com apoio irrestrito. No geral, era *fashion* e eleitoralmente lucrativo ostentar simpatia à causa. Ao contrário, era quadrado e politicamente perigoso estampar atitudes conservadoras. Cantando a canção da hora, o Procurador Geral Eric Holder anunciou, então, a decisão de não mais defender a constitucionalidade da legislação em pauta.

O caso estava selado.

---

37 Defense of Marriage Act-DOMA, http://www.gpo.gov/fdsys/pkg/BILLS-104hr3396enr/pdf/BILLS-104hr3396enr.pdf.

A Corte decidiu pela inconstitucionalidade da Lei para a Proteção do Casamento, dinamitando o último pilar de uma família desde já entregue à desregra. A igualdade venceu. Ficou tudo igual. O certo e o errado. A ordem e o caos. O homem e a mulher. Homo e hétero. Travesti e pai de família. Os desiguais se tornaram iguais. Indistintos. Indiferenciados. A natureza morreu de delírio ideológico com a opinião dissente do juiz Scalia em epigrafo:

> "Este caso nos fala de poder sob vários aspectos ... do poder do povo decidir os próprios rumos ... do poder da Corte definir a lei. O parecer de hoje reforça o último com a inevitável consequência de enfraquecer o primeiro. Na realidade, não tínhamos o poder de decidir ... porque a Constituição não nos dá o poder de invalidar uma lei democraticamente adotada" (CNN, 2013).

Por despeito, o magistrado acrescentou em entrevista que só faltara a maioria na Corte qualificar quem rejeita o casamento gay de "inimigo da humanidade". E não estava longe da verdade (BRIEVE, 2013).

O caso Windsor deu o tom. Obama saudou a postura dos juízes (BRUCE, 2013). O efeito foi devastador. Um dia após a decisão, um juiz às voltas com o caso de um veterano de guerra pedindo benefícios previdenciários para o "esposo", deu uma virada de 90º para acompanhar a jurisprudência[38]. Os planos de saúde aderiram à lógica[39]. Impostos (LOWREY, 2013), pensões (HICKS, 2013), seguridade social (JOHNSON, 2013), imigração e residência (YORK, 2013), visitas carcerárias íntimas[40], obrigações alimentícias (HORWITZ, 2014). As legislações estaduais conservadoras foram revogadas uma atrás da outra com base em ações judiciais hipermidiatizadas[41].

O Brasil seguiu fundamentalmente o mesmo roteiro. As propostas legislativas nunca prosperaram. Assim, um projeto de união civil, apresentado em 1995 pela então deputada Marta Suplicy[42], nunca passou dos estudos em

---

38 McLaughlin v. Panetta, United States District Court, District of Massachussets, Civil Action Nº 11-11905-RGS, disponível em http://www.gpo.gov/fdsys/pkg/USCOURTS-mad-1_11-cv-11905/pdf/USCOURTS-mad-1_11-cv-11905-0.pdf, acessado em 16/06/2015.

39 HHS.GOV, HHS announces first guidance implementing Supreme Court's decision on the Defense of Marriage Act, August 29 2013, disponível em http://www.hhs.gov/news/press/2013pres/08/20130829a.html, acessado em 16/06/2015.

40 United States v. Windsor, Impact and Implementation, https://en.wikipedia.org/wiki/United_States_v._Windsor.

41 Veja o emblemático caso "Bishop v. Oklahoma" (2014), in THE UNITED STATES DISTRICT COURT FOR THE NORTHERN DISTRICT OF OKLAHOMA, No. 04-CV-848-TCK-TLW, disponível em http://www.oknd.uscourts.gov/docs/d50f87b8-eebd-49bf-a18a-cc6e8acda53e/04cv848.pdf, acessado em 17/06/2015.

42 Projeto de Lei 1151 de 1995, https://en.wikipedia.org/wiki/LGBT_rights_in_Brazil.

comissão. Mas, o ativismo judiciário se encarregou de compensar a falta de votos.

Em junho de 2011 – pouco depois da fatídica decisão do STF – um juiz paulista convertia uma união estável homoafetiva em casamento (GREEN, 2011). Outros logo seguiriam o exemplo. E, finalmente, veio a Resolução CNJ 175 acima comentada.

Tal evolução vinha sendo preparada de longa data por registro de contratos em Cartórios de Títulos e Documentos em conformidade com a Lei de Registros Públicos Nº 6.015 de 1973 e com base em ordens das corregedorias estaduais que se encarregavam de quebrar a resistência dos oficiais inconformados[43].

Menciona-se, na mesma linha de análise, o reconhecimento de certidão estrangeira de casamento homoafetivo para fins de imigração (SIMON, 2009)[44] e concessão de permanência para estrangeiro em relacionamento estável com um nacional (PEREIRA, 2003); incorporação do conceito de "união homoafetiva feminina" na Lei Maria da Penha[45]; extensão dos benefícios previdenciários a "cônjuge" gay[46]; concessão do direito à adoção (VIEIRA&NUBLAT, 2008)[47]; custeio de operação de mudança de sexo pelo SUS[48]; permissão para alteração de nome em certidão de nascimento[49]; inclu-

43 TERRA, Cartórios do RS aceitam registro de união gay, 04/03/2004, disponível em http://noticias.terra.com.br/brasil/interna/0,,OI275352-EI306,00.html, acessado em 18/06/2015; BBC NEWS, Brazilian go-ahead for gay unions, 05/03/2004, disponível em http://news.bbc.co.uk/2/hi/americas/3534959.stm, acessado em 19/06/2015.

44 LOVE SEES NO BORDER, What about Brazil: update, http://www.loveseesnoborders.org/brazil.html.

45 Lei nº 11.340/06, arts. 2 e 5.

46 Veja Direitos lGBT no Brasil, Direitos Previdenciários, https://pt.wikipedia.org/wiki/Direitos_LGBT_no_Brasil.

47 O GLOBO, STJ mantém adoção de crianças do RS por casal homossexual, 27/04/2010, disponível em http://oglobo.globo.com/politica/stj-mantem-adocao-de-criancas-do-rs-por-casal-homossexual-3017676, acessado em 18/06/2015; PORTAL BRASIL, STF reconhece adoção de criança por casal homoafetivo, 20/03/2015, disponível em http://www.brasil.gov.br/cidadania-e-justica/2015/03/ministra-do-stf-reconhece-adocao-de-crianca-por-casal-homoafetivo, acessado em 20/06/2015.

48 Mudança de Sexo poderá ser feita pelo SUS, decide TRF, ESTADÃO, 16/08/2007, disponível em http://www.estadao.com.br/noticias/geral,mudanca-de-sexo-podera-ser-feita-pelo-sus-decide-trf,36021, acessado em 18/06/2015.

49 JUS BRASIL, Justiça autoriza Transexual a mudar de Nome sem Cirurgia de Mudança de Sexo, s/d, disponível em http://tj-rs.jusbrasil.com.br/noticias/2424167/justica-estadual-autoriza-transexual-a-mudar-de-nome-sem-cirurgia-de-mudanca-de-sexo, acessado em 18/06/2015.

são de companheiro do mesmo sexo como dependente para efeitos tributários (RONDON, 2009)[50].

Os fatos acima mencionados expressam um fenômeno de equiparação legal com a população heterossexual. Fazem parte de uma estratégia que pode chatear quem rechaça a ideia de família alternativa e coisas aparentadas. Assim mesmo, não resultam em intimidação autoritária de determinadas pessoas ou categorias sociais. Entretanto, a instrumentalização do judiciário adquire ares de homofascismo na chamada "luta contra a discriminação" (SCOTT, 2013).

A Justiça é um serviço público que fez questão de dar-se um nome de virtude. Poderia ter-se chamado de Administração dos Conflitos de Interesses ou qualquer coisa parecida. Porém, escolheu para si um título de nobreza. Não para enganar, mas sim para indicar que queria ser equitativa.

Esse entendimento evapora-se com o menor suspiro de travesti ou lésbica. Por opção ideológica e sem motivo racional. Porque – com as desculpas pela repetição – gay não é uma categoria economicamente vulnerável. Não configura um grupo politicamente desamparado. Não está sub-representado no aparato cultural. Não tem, portanto, as características de uma minoria a chamar uma proteção afirmativa do Estado. Tampouco sofre violência particular – a não ser no plano imaginário da manipulação estatística[51]. E, finalmente, não representa uma espécie em extinção nem uma categoria de notável importância social como as mães ou os pais de família. Mas, parece gozar de proteção jurisdicional mais eficiente que criança ou deficiente: uma pitada de preconceito com dois dedos de discriminação e uma colher de homofobia ou meia xícara de dignidade humana, e a Corte vira de cabeça para baixo para colocar o mundo de joelho e sua Majestade Transexual no trono!

Montado nessa receita, o judiciário criou uma classe cheia de "não-me-toques" e convencida até a medula da própria razão.

O constituinte não funcionou como gay queria, e o *lobby não conseguiu a inserção de uma referência expressa à orientação sexual* (BAHIA&SANTOS, 2013)[52]. Voltou ao ataque com a Proposta de Emenda Constitucional (PEC)

50 PORTAL BRASIL, STF reconhece adoção de criança por casal homoafetivo, 20/03/2015, disponível em http://www.brasil.gov.br/cidadania-e-justica/2015/03/ministra-do-stf-reconhece-adocao-de-crianca-por-casal-homoafetivo, acessado em 20/06/2015.

51 Veja Cap. I, A Construção Ideológica, 1-O Mito da Minoria; Veja Cap. I, A Construção Ideológica, 2-A Vitimologia Gay.

52 Diário da Assembleia Nacional Constituinte, 29/01/1988, p. 421-425, http://www.senado.gov.br/publicacoes/anais/constituinte/atas.pdf.

nº 67/99 que também não prosperou[53]. O PLC 122[54] a criminalizar a homofobia por assimilação a crime de racismo, por outro lado, nunca passou no Senado. No entanto, o Supremo logo achou um jeito de burlar a vontade eleitoral. Pois, no julgamento do *habeas corpus* 82720 que contestava o artigo 235 do Código Penal Militar sobre a proibição de atos libidinosos no quartel, deixou claramente entender que a discriminação por orientação sexual – embora não expressamente mencionada – era implicitamente proibida pelo artigo 3, inciso IV da Carta Magna[55]. E mais: em recente parecer sobre uma Ação Direta de Inconstitucionalidade por Omissão movida pelo Partido Popular Socialista, a Procuradoria Geral da República estimou que o desinteresse do Congresso Nacional em criminalizar a homofobia merecia a atenção do Supremo[56].

Um caso para se acompanhar de muito perto, porque o jugo gay se constrói no judiciário. Há e houve dezenas de ações judiciais a amordaçar qualquer oposição com a cumplicidade desavisada dos juízes. O movimento LGBT conseguiu restabelecer a censura por meio das cortes ... com o aval da esquerda que tanto pediu liberdade de expressão quando militar vigiava a imprensa.

A livre manifestação do pensamento não é, todavia, a única coisa que está em jogo. O lado mais explosivo reside nos repetidos atentados à liberdade religiosa. Porque uma coisa é calar o intelecto. E outra é reprimir os sentimentos.

Os casos a seguir oferecem tão somente uma pequena amostra de um drama maior, pois o assédio judiciário é o pão cotidiano do livre pensador e do crente repentinamente entregues à vindicta de uma máquina tão obscurantista quanto cristofóbica. As ocorrências geralmente têm a ver com chacota no trabalho ou reação a manifestação homoafetiva em público. E, apesar da lógica unilateral a presidir os julgados, os fatos quase sempre sustentam a inversão hipotética do quadro "réu-vítima". Ofensor, de fato, vira ofendido com

---

53 PEC 67 de 1999 – Proposta de emenda à Constituição Federal vedando discriminação, Marcos Rolim, 11/05/2006, disponível em http://rolim.com.br/2006/index.php?option=com_content&task=view&id=507&Itemid=12, acessado em 19/06/2015.

54 Diário do Senado Federal, 38854 sexta feira 15, dezembro de 2006, disponível em http://www.diversidadecatolica.com.br/Nosso%20Ponto%20de%20Vista%20-%20PLC%20122.pdf, acessado em 19/06/2015.

55 IV – promover o bem de todos, sem preconceitos de origem, raça, sexo, cor, idade e quaisquer outras formas de discriminação.

56 LADO A, Procuradoria Geral da República pede novamente a criminalização da homofobia ao STF, 19/06/2015, disponível em http://revistaladoa.com.br/2015/06/noticias/procuradoria-geral-republica-pede-novamente-criminalizacao-homofobia-ao-stf, acessado em 20/06/2015.

o redirecionamento do olhar. Assim, a queixa de um travesti por perseguição no emprego deixa em sã lógica vislumbrar a reclamação do colega exposto a comportamentos contrários à moral clássica, porque a liberdade do primeiro achar certo tem como contrapartida a liberdade do segundo julgar errado. No entanto, o sistema é mão-única: sempre tem juiz para dar ouvido a um casal gay repreendido no restaurante por uma família, mas nunca há ninguém para escutar as crianças ou os pais constrangidos com o grude homossexual.

O Tribunal Superior do Trabalho de Minas Gerais, de acordo com o blog IGAY, condenou uma empresa a pagamento de indenização de R$ 14.000,00 em favor de duas funcionárias lésbicas por vexação sofrida no serviço em função da orientação sexual (GIUSTI, s/d).

A sentença é perfeitamente aceitável em si. Até reflete bom senso, porque ensina para quem não sabia, que ninguém tem o direito de falar grosseria para ninguém. Educa, pois, os malcriados e faz bem. Apenas, não contextualiza o ocorrido. Isola, pelo contrário, o momento da indelicadeza sem adentrar seu histórico. E não por acaso, já que a legislação subjacente ao julgado nega a natureza e, por tabela, o direito à repulsa. A norma bem interpretada exclui, com efeito, qualquer consideração às emoções e aos motivos dos colegas inopinadamente confrontados a condutas por eles consideradas anômalas. Simplesmente porque a expressão de tais sentimentos é considerada delito. Então, o juiz faz seu trabalho, apreendendo a realidade até onde e da forma que manda a lei, com o inevitável resultado de deletar um tipo humano para abrir caminho a outro.

O mesmo blog e o mesmo autor contam a variante turismo, relatando a advertência a um hotel paulista por recusar-se a registrar uma *drag queen* em função do desconforto potencial para os demais hóspedes. A visualização do concurso Eurovisão da Canção[57] dá uma ideia da bomba a cair na cabeça do gerente com a obrigação de receber esse tipo de pessoas. É mais uma vez, portanto, o prisma de gênero enfiando modelos esdrúxulos goela abaixo do público com o auxílio do Estado. E, sintomaticamente, o título do artigo a relatar o fato fala em "gays constrangidos" ... o que deixa entender que não há embaraço de qualquer natureza para a freguesia.

Absolutamente normal, já que o resto do mundo não existe. E quem teimar em permanecer no trecho exteriorizando aborrecimento, leva multa para criar jeito e desocupar o palco.

Interessante, nessa linha de raciocínio, notar que o artigo traz conselhos da Comissão de Diversidade Sexual e Combate à Homofobia da OAB. Juntando a opinião do jornalista com a orientação dos advogados, entende-se

57 Conchita Wurst – Rise Like A Phoenix (Austria) 2014 Eurovision Song Contest, disponível em https://www.youtube.com/watch?v=ToqNa0rqUtY&list=RDToqNa0rqUtY#t=21, acessado em 23/06/2015.

que transexual deve acionar a Secretaria de Justiça e Defesa da Cidadania. Não fica claro, contudo, quem cabe na "diversidade" ou quem afinal é "cidadão". Apesar da falta de clareza, infere-se que gay e simpatizante estão dentro. Ao passo que os demais se encaixam na "homofobia" que a comissão da OAB "combate".

O blogueiro confirma, a seguir, tal decodificação, contando a briga de um segurança de rodoviária com um transgênero que queria usar o sanitário feminino. Na dúvida, o guarda pediu para ver o documento – no sentido próprio – e acabou levando bronca de um delegado. O protagonista aceitou finalmente as desculpas da concessionária que fez questão de repudiar a atitude do funcionário sem, contudo, mencionar o direito à privacidade das usuárias do banheiro público.

Nesse episódio, não foi necessário perturbar um magistrado, porque a simples ameaça surtiu o resultado desejado. Pelo visto, a sociedade já está no pé. A legislação anti-homofobia tem a força dissuasiva de um revólver apontado para o peito do cidadão. Não precisa atirar: a arma funciona simplesmente porque todos sabem que poderia funcionar.

E que arma!

O que se brande naquelas horas é a lei estadual paulista 10.948 de 2001 que "dispõe sobre as penalidades a serem aplicadas à prática de discriminação em razão da orientação sexual"[58].

> "Será punida" – diz a norma – "toda manifestação atentatória ou discriminatória praticada contra cidadão homossexual, bissexual ou transgênero [a saber] praticar qualquer tipo de ação violenta, constrangedora, intimidatória ou vexatória, de ordem moral, ética, filosófica ou psicológica ... " (Arranjo do autor.)

Sem entrar no mérito da necessidade de uma legislação especial para proteção de homossexual – porque não para gordo, magro, alto ou baixo? – deve-se, de partida, chamar a atenção sobre a "ação ... vexatória de ordem moral, ética, filosófica ou psicológica".

A expressão de ideias contrárias à agenda LGBT causa constrangimento. É indubitavelmente o sentido do membro de frase acima. A livre expressão cai a zero com a benção de legisladores, juízes, governadores e muita gente boa. Não se trata, pois, de reprimir um brutão que bate os outros. Porque, para isso, já existe o Código Penal ... e, de qualquer forma, essa figura mal aparece nos anais forenses. O objetivo é, isto sim, calar as vozes dissidentes.

---

58 JUS BRASIL, Lei 10948/01 | Lei n.º 10.948, de 5 de novembro de 2001, disponível em http://governo-sp.jusbrasil.com.br/legislacao/165355/lei-10948-01, acessado em 24/06/2015.

O texto segue definindo infrações como ...

> " ... proibir ingresso ou permanência em qualquer ambiente ou estabelecimento público ou privado, aberto ao público ... praticar atendimento selecionado que não esteja devidamente determinado em lei ... preterir, sobretaxar ou impedir a hospedagem em hotéis, motéis, pensões ou similares ... a locação, compra, aquisição, arrendamento ou empréstimo de bens móveis ou imóveis de qualquer finalidade ... praticar ... atos de demissão ... em função de orientação sexual ... inibir ou proibir a admissão ou o acesso profissional em qualquer estabelecimento público ou privado em função da orientação sexual do profissional ... proibir a livre expressão ... de afetividade quando permitida aos demais cidadãos." (Arranjo do autor.)

É de se notar que as últimas linhas deixam entrever a impossibilidade de recusar ou demitir uma babá lésbica ou um instrutor gay em clube esportivo juvenil. Mas, é a sequência que mais realça a feição nazista do diploma.

> "A prática dos atos discriminatórios a que se refere esta lei" – diz o artigo 4 – "será apurada em processo administrativo que terá início mediante reclamação do ofendido ... ato ou ofício de autoridade competente ... comunicado de organizações não-governamentais de defesa da cidadania e direitos humanos." (Arranjo do autor.)

E o cidadão homossexual, bissexual ou transgênero que for vítima de atos discriminatórios, continua o artigo 5 ...

> "... poderá apresentar sua denúncia pessoalmente ou por carta, telegrama, telex, via Internet ou fac-símile ao órgão estadual competente e/ou a organizações não-governamentais de defesa da cidadania e direitos humanos ... garantindo-se o sigilo do denunciante." (Arranjo do autor.)

Em termos claros, uma simples denúncia anônima abre um processo administrativo e obriga um homem de bem a largar seus afazeres para ir responder a uma acusação. Nada melhor, pois, para infernizar a vida alheia. Querendo obrigar alguém a gastar com passagem de avião, hotel e advogado, basta alegar comportamento homofóbico. O princípio operava na denúncia de judeu ou comunista na Alemanha hitlerista. Bastava delatar para a Gestapo começar a atormentar. E é exatamente o que acontece em São Paulo com o procedimento mencionado.

Há muitas ONGs cujo único trabalho é justamente não deixar ninguém trabalhar. E tem gays o suficiente para destruir vidas e parar o País com processos dessa natureza. Exilado da ditadura gay, por sinal, é desde já realidade. O blogueiro evangélico Júlio Severo é exemplo patente disso. Pelo que se extrai da Internet, vivia correndo nos quatro cantos do Brasil para atender citação, participar de audiência e dar explicação. No final, se arruinou e não aguentou a pressão. Está aparentemente escondido no exterior com filhos e esposa, relacionando-se com o mundo por e-mail, blog e Skype sem nunca revelar o paradeiro (SEVERO, 2013)[59].

Para terminar, as penalidades, segundo o artigo 6, variam entre advertência, multa e cassação de licença.

Uma lei dessas com magistrados entregues à ortodoxia de gênero é combinação tóxica, como experimentou um dono de bar em Campinas após um bate-boca com uma turma escandalosa. Segundo ele, estavam "se agarrando e se masturbando por baixo da mesa". De acordo com eles, foi só um abraço. Ambiente fino, de qualquer modo. Seja como for, o juiz acreditou na última versão (GIUSTI, 2013).

Outras ocorrências mostram um blogueiro e uma associação cristã às voltas com um magistrado por escrever ou pronunciar-se contra as propostas LGBT (HOFFMAN, 2007); um juiz punido pelo Tribunal de Justiça de São Paulo com base em uso de expressão imprópria e obrigado a se retrair por dizer que futebol é jogo de macho[60]; um cardeal sob uma chuva de ações judiciais coordenadas (CARVALHO, 2004); um metalúrgico tirando indenização de empregador por discriminação (TELES, 2014); um jornalista condenado por excesso de linguagem em comentário sobre o beijo gay[61]; a Associação Brasileira dos Gays, Bissexuais, Lésbicas e Transexuais-ABGLT[62] alertando o Ministério Público sobre a publicação de um livro[63]; a mesma Associação entrando com representação no Conselho Federal de Psicologia visando a cassação da licença de uma psicóloga favorável à terapia reparativa[64]; uma denúncia no Ministério Público contra o pastor Silas Malafaia e uma

59 Júlio Severo, blog, http://juliosevero.blogspot.com.br/.

60 CONSULTOR JURÍDICO, Juiz é punido por dizer que futebol é coisa de macho e não de gay, 26/12/2008, disponível em http://www.conjur.com.br/2008-dez-16/juiz_punido_dizer_futebol_coisa_macho, acessado em 25/06/2015.

61 LADO A, Joinville: um jornalista é condenado por comparar beijo gay com defecar em público, 30/04/2014, disponível em http://revistaladoa.com.br/2014/04/noticias/joinville-jornalista-condenado-por-comparar-beijo-gay-com-defecar-em-publico, acessado em 25/06/2015.

62 Associação Brasileira dos Gays, Bissexuais, Lésbicas e Transexuais-ABGLT, http://abgltbrasil.blogspot.com.br/.

63 CACP, ABGLT solicita a proibição do livro "A Estratégia", 25/06/2015, disponível em http://www.cacp.org.br/abglt-solicita-a-proibicao-do-livro-a-estrategia/, acessado em 26/06/2015.

64 WWW.ATHOSGLS.COM.BR, ABGLT e 71 psicólogos e Psicólogas entram com ação contra Rozangela Justino,27/08/2007, disponível em http://75.126.30.49/~athosgl/noticias_visualiza.php?contcod=21063, acessado em 26/06/2015.

emissora de TV por discurso homofóbico[65]; um juiz determinando a retirada de *outdoors* associados a uma campanha pró-família[66]; etc ... etc ...

Um verdadeiro vendaval de demandas. A Internet traz centenas de exemplos. No Brasil e no mundo. Um ataque cerrado contra a liberdade de expressão. Não há um só caso de violência física, simplesmente porque esta não existe.[67] É apenas juiz reprimindo quem exterioriza desagrado. A tirania gay amordaçando a oposição com a cumplicidade das cortes.

É útil, neste ponto, abrir um parêntese para considerar a atitude da imprensa em face do fenômeno: é um silêncio tão somente interrompido por aplausos! Gay calando bispo com enxurradas de processos não fere absolutamente nenhum princípio. Agora, o inverso sim é delito. Por prova o bramido da Associação Brasileira de Imprensa-ABI e da Associação Nacional de Jornais-ANJ[68] quando membros da Assembleia de Deus protocolaram ações simultâneas contra a Folha por difamação. Aí, a manobra virou abuso e obscurantismo como por encanto ... quando prática LGBT parecida até então não aborrecia. E pior: os crentes foram condenados por litigância de má-fé, abuso de direito e assédio judicial. Só para deixar claro que direito de alguns não é de todos[69].

A moda vem naturalmente do Norte. No entanto, os Estados Unidos não transigem com a liberdade de expressão. Por isso, a "gaystapo" golpeia preferencialmente a liberdade religiosa. E a utilização da Justiça segue um padrão essencialmente cristofóbico.

A tática consiste em provocar o caso, de forma a fabricar o precedente e vencer a contestação por avanços jurisprudenciais sucessivos. Solicitar os serviços de um fotógrafo católico para cobrir um casamento gay, por exemplo, acaba inevitavelmente em recusa por motivo de consciência. Basta, então, identificar o alvo para criar o incidente e intentar uma ação por tratamento discriminatório.

---

65 HOLOFOTE NET, ABGLT entra com ação no Ministério Público Federal contra pastor Silas Malafaia, 24/10/2011, disponível em http://holofote.net/abglt-entra-com-acao--no-ministerio-publico-federal-contra-pastor-silas-malafaia/, acessado em 25/06/2015; CONSULTOR JURÍDICO, TRF-3 MANDA JUIZ JULGAR AÇÃO CONTRA SILAS MALAFAIA POR SUPOSTA HOMOFOBIA, 15/10/2015, disponível em http://www.conjur.com.br/2015-out-15/trf-manda-juiz-julgar-acao-malafaia-suposta-homofobia, acessado em 20/10/2015.

66 BOL NOTÍCIAS, Justiça determina retirada de outdoors contra homossexualismo na Paraíba, 21/06/2007, disponível em http://noticias.bol.uol.com.br/brasil/2007/06/21/ult4733u1170.jhtm, acessado em 26/06/2015.

67 Veja Cap. I, A Construção Ideológica, 2-A Vitimologia Gay.

68 Associação Brasileira de Imprensa-ABI, http://www.abi.org.br/; Associação Nacional de Jornais-ANJ, http://www.anj.org.br/.

69 CONSULTOR JURÍDICO, ABI e ANJ condenam Assédio Judicial da Universal contra a Folha, 18/02/2008.

A tramoia alcançou proporções epidemiológicas nos últimos anos. A conspirata é sistemática. Quase diária. Gay pegou cristão pela garganta e ameaça com multa, cancelamento de registro profissional, suspensão de alvará municipal, etc.

Demolir a barreira moral religiosa é vital para a engenharia cultural LGBT, porque o projeto não passa onde há fé. Por isso, os seriados de televisão fazem questão de prestigiar o jeito *cool* do cristão *light* para induzir, por tabela, sentimentos de aversão para o crente "quadrado" (SEARS&OSTEN, 2003; CHAGAS, 2014). Existe evidentemente Igreja disposta a esquecer a Revelação para funcionar como *country club*, inclusive algumas – geralmente animadas por pastores gays – cuja única razão de ser é promover a agenda homossexual[70]. Não falta associação "religiosa" para tomar posição contra as "terapias de conversão"[71]. Fala-se em teologia inclusiva (RAINMAN, s/d)[72] e Bíblia gay[73]. Casamento homossexual religioso (ROSIN, 1999), inclusão de pastora lésbica (REDFORD, 2004), expulsão de clérigo "homofóbico" (PINSKY, 2002), releitura homo-feminista das Escrituras (FREI BETTO, s/d), bispo homossexual (CASCIONE, s/d), liturgia especial para casamento entre pessoas do mesmo sexo[74] bem como ordenamento de pastor transgênero (SALAI, 2002) já fazem parte do panorama.

A guerra semântica não dá trégua, e gay destrói o casamento, mudando o sentido da palavra ... destrói a família mudando o sentido da palavra... destrói a Bíblia, mudando o sentido da palavra ... destrói o ministério, mudando o sentido da palavra ... destrói a ciência, mudando o sentido da palavra ... destrói a laicidade, mudando o sentido da palavra ... e destrói Igreja, mudando o sentido da palavra.

Igreja que não se corrompe, entretanto, é um pesadelo para o homossexualismo político. Porque a Palavra não transige ... a não ser justamente para quem quer destruí-la, mudando-lhe o sentido. E a supramencionada cartilha do militante, *The Overhauling of Straight America*, mais uma vez, traduz a ideia de maneira inequívoca:

---

70 Veja GAYCHURCH.ORG, http://www.gaychurch.org/find_a_church/, acessado em 27/06/2015.

71 RELIGIOUS TOLERANCE, Reparative Therapy: Statements by professional Associations and their Leaders, disponível em http://www.religioustolerance.org/hom_expr.htm, acessado em 28/06/2015.

72 Queer Theology, http://en.wikipedia.org/wiki/Queer_theology.

73 CACP, Foi lançada a Bíblia Gay, 29/12/2014, disponível em http://www.cacp.org.br/foi-lancada-a-biblia-gay/, acessado em 27/06/2015.

74 TRANSDADA (blog), Episcopal civil union liturgy draws anger, 19 June 2004, disponível em http://transdada.blogspot.com.br/2004_06_13_archive.html, acessado em 28/06/2015.

> "É preciso também sujar as águas morais" – (sic) – "das Igrejas ... divulgar o apoio das Igrejas moderadas ... levantar objeções quanto à interpretação conservadora da Bíblia ... minar a autoridade moral das Igrejas homofóbicas, pintando-as como atrasadas ... fora da modernidade ... em descompasso com as recentes descobertas da psicologia ... à força da religião, deve-se opor o apelo da ciência e da opinião pública ... esse tipo de aliança profana" – (*unholy*, no original) – "funcionou bem contra as Igrejas em questões de divórcio e aborto ... com bastante conversa ... pode funcionar mais uma vez... " (KIRK&MADSEN, 1989)

Cristão de verdade é, desde logo, alvo de cerrada patrulha e impiedosos ataques. Assim, um floricultor do Estado de Washington foi parar na corte por discriminação após recusar-se a confeccionar um buquê para um casamento gay[75]; uma fotógrafa do Novo México[76] assim como um confeiteiro do Colorado teve o mesmo destino por razões análogas[77]; um dono de bar foi multado em Portland por expulsar um grupo de travestis[78]; etc.

Nesse contexto, chama-se a atenção para uma faceta que ilustra magistralmente a ascendência da ótica gay sobre o mundo dos negócios. Notadamente, sobre o universo *high tech* da Sillicon Valley, o capital financeiro e as empresas multinacionais.

As manobras acima relatadas têm causado reação dos cristãos, judeus e muçulmanos que buscam desesperadamente proteção em leis a abrir espaço para a objeção de consciência. Via de regra, uma legislação dessa natureza leva o nome genérico de *religious freedom bill* acoplado ao nome do Estado legislante. Recentemente, a Louisiana e o Illinois adotaram instrumentos desse tipo e caíram sob o fogo cerrado da IBM, Microsoft, Apple e outras marcas bem conhecidas.

Não faltou nada: ameaças, cancelamento de investimentos, deslocamento de filiais para outros Estados ... a "minoria oprimida" em peso numa operação sem precedente de asfixia econômica para mostrar quem realmente manda (RILEY, 2015; HESELDAHL, 2015)[79].

---

75 HUFF POST, Gay Wedding Flowers Case: Dispute Over Washington Florist Refusing To Serve Couple Goes To Court, 28/06/2013, disponível em http://www.huffingtonpost.com/2013/06/28/gay-wedding-flowers-case_n_3516294.html, acessado em 28/06/2015.

76 ALLIANCE DEFENDING FREEDOM, Elane Photography v. Willock, 07/04/2014, disponível em http://www.adfmedia.org/news/prdetail/5537, acessado em 28/06/2015.

77 THE DENVER POST, No Right to refuse Gay Couples a Wedding Cake, 09/12/2013, disponível em http://www.denverpost.com/editorials/ci_24687970/no-right-refuse-gay-couples-wedding-cake, acessado em 29/06/2015.

78 THE SEATTLE TIME, Bar Owner fined for banning Transgender Patron, 01/09/2013, disponível em http://www.seattletimes.com/seattle-news/bar-owner-fined-for-banning-transgender-patrons/, acessado em 27/06/2015.

79 APPLEINSIDERSTAFF, Tim Cook 'deeply disappointed' by new Indiana anti-gay law, 27 March 2015, disponível em http://appleinsider.com/articles/15/03/27/tim-cook-deeply-disappointed-in-new-indiana-anti-gay-law-, acessado em 29/03/2015.

Os exemplos citados são apenas uma ínfima amostra da guerra sistemática conduzida contra lojistas cristãos que insistem na dissidência. As investidas contra a isenção fiscal das Igrejas é também um aspecto para acompanhar de perto[80]. No entanto, nada é tão preocupante quanto o caso do reverendo sueco Ake Green[81].

Para resumir, a Suécia emendou sua legislação antidiscriminação para equiparar o desrespeito à orientação sexual a crimes de racismo e coisas afins. Precisamente como advogam certas vertentes LGBT com o apoio da Procuradoria Geral da República no Brasil[82]. Logo, vale prestar muita atenção à situação gerada noutro contexto pelo passo aqui proposto. Porque se a ideia prosperar, o cenário de Estocolmo está a caminho de Brasília.

Entende-se que, uma vez adotada tal legislação, os versículos da Bíblia que se referem à homossexualidade basculam no campo do ilícito. E o pastor que insistir em divulgá-los do púlpito comete um delito. E é precisamente para essa realidade que Green acordou quando foi parar numa corte para dar explicação sobre a fala no culto.

O clérigo se defendeu como pôde para perder assim mesmo na primeira instância. Um recurso, no entanto, resultou em reforma de sentença. Entretanto, a procuradoria resolveu levar o caso à Corte Suprema. E eis onde o jogo adquire todo o sentido. O réu, a bem da verdade, foi absolvido. Contudo, a argumentação da acusação vale ouro, pois lembra muito o que enfrentou Galileu em seu tempo.

O caso não opôs um clérigo à procuradoria. O que aconteceu foi muito mais sutil. Tratou-se, na realidade, de um litígio entre a Bíblia e o Estado. Com retransmissão ao vivo. Como uma Copa de Mundo. A nação segurando o fôlego. O parlamento parado para não perder um minuto. E, de repente, o impensável: o procurador questionando a versão bíblica a alicerçar o posicionamento das Igrejas e explicando que há traduções modernas mais adaptadas às contingências[83].

O representante do Estado, em tese, estava exortando o pastor a aderir à visão de gênero e a atender as opções políticas do governo! Um pouco como se o Papa sugerisse para a Suécia moldar o Código Civil de acordo com

80 FREE REPUBLIC, Gay Group: Church broke the Law, disponível em http://www.freerepublic.com/focus/f-news/1143546/posts, acessado em 28/06/2015.

81 Ake Green, https://en.wikipedia.org/wiki/%C3%85ke_Green.

82 O DIA, Para Janot, homofobia deve ser julgada como crime de racismo, 25/06/2015, disponível em http://odia.ig.com.br/noticia/brasil/2015-06-25/para-janot-homofobia-deve-ser-julgada-como-crime-de-racismo.html, acessado em 28/06/2015.

83 TALK WISDOM, The Devastating Error of 'Hate Crimes' Law, 15/11/2005, disponível em http://talkwisdom.blogspot.com.br/2005/11/devastating-error-of-hate-crimes-law.html, acessado em 27/06/2015.

o Antigo Testamento. Nada menos. Era preciso fazer o que a governança LGBT mandava fazer e pregar a Bíblia gay para ficar longe de encrenca.

Green deu uma de Lutero. Bateu o pé no chão e acabou ganhando a causa. Não é garantido, contudo, que o judiciário pátrio julgaria da mesma forma em circunstâncias afins. Sua composição e seu histórico indicam antes o contrário. Portanto, vale ficar muito atento à Ação Direta de Inconstitucionalidade por Omissão 26 ora em andamento no Supremo[84].

Para resumir a explicação, o instrumento em questão é ...

> "... um remédio constitucional que visa proteger o indivíduo da omissão do legislador ou até mesmo da Administração Pública quando estes deveriam agir e não o fizeram, deixando, desta forma, de regular o exercício de um direito previsto em norma constitucional de eficácia limitada"[85].

Em tal hipótese, o Supremo Tribunal Federal dá um prazo para o órgão alvo reagir, tomando a iniciativa de sanar o problema por conta própria, caso nada acontecer no prazo concedido.

Na ocorrência, a ação foi introduzida pelo Partido Popular Socialista-PPS sob a alegação que a demora do Congresso em adotar uma lei de proteção especial para a população LGBT resultaria em violação dos direitos constitucionais da mesma.

Um projeto legislativo tramitou durante anos para parar por falta de apoio na Casa dos Deputados e no Senado. Não por inércia, contudo. Pois a proposta foi discutida e rejeitada várias vezes. Simplesmente, porque nunca interessou a maioria. Entretanto, o PPS estima que não votar como gay quer caracteriza inação e pede para a Justiça fazer o que parlamentar não faz, mas – conforme estima – deveria fazer[86].

A petição sugere, nada mais nada menos, a equiparação entre gay e negro para efeitos de legislação antidiscriminatória. E se isso acontecer – o que é bem provável, já que o Procurador Geral da República emitiu parecer

---

84 Supremo Tribunal Federal, ADO/26, http://redir.stf.jus.br/estfvisualizadorpub/jsp/consultarprocessoeletronico/ConsultarProcessoEletronico.jsf?seqobjetoincidente=4515053; Supremo Tribunal Federal, Acompanhamento, http://www.stf.jus.br/portal/processo/pesquisarProcesso.asp.

85 PENSANDO DIREITO, 06/03/2011, http://pensandodireitolex.blogspot.com.br/2011/04/acao-direta-de-inconstitucionalidade.html .

86 Freire assina ADIN que exige criminalização da homofobia; documento será entregue ao STF, 07/12/2013,disponível em http://www.robertofreire.org.br/site/noticias/item/2329--freire-assina-adin-que-exige-criminaliza%C3%A7%C3%A3o-da-homofobia-documento-ser%C3%A1-entregue-ao-stf, acessado em 02/07/2015; Janot e a Homofobia, Veja, 18/06/2015, disponível em http://veja.abril.com.br/blog/radar-on-line/judiciario/janot-da-razao-ao-pps-sobre-criminalizacao-da-homofobia/, acessado em 07/07/2015.

favorável[87] – o conceito de raça passará a abranger bissexual, transgênero, pansexual e tudo mais para dedicar-lhes toda a proteção hoje reservada à fração afrodescendente.

Mais uma raça na composição étnica da Nação para rir, portanto. E mais uma facada na democracia para chorar. Com uma casta de intocáveis em perspectiva. E, com certeza, o absolutismo gay à vista.

Menciona-se que o Brasil não inventa a praxe. Segue, pelo contrário, uma tendência geral do mundo ocidental. Com certo atraso, por sinal. O Canadá, por exemplo, está às voltas com esse problema desde 2004. A origem, entretanto, foi uma lei devidamente votada no parlamento por quem representa o eleitorado. Bem ou mal, portanto, o trâmite foi apropriado (VINCENT, 2004).[88] Afinal, uma sociedade pode optar por suicidar-se democraticamente. Caso acontecer no Brasil, contudo, a escolha será de 11 ministros. Porém, a decisão afetará a população inteira. Com consequências potencialmente devastadoras, a considerar o que passou pela futurista cabeça da prefeita de Houston.

Lésbica de carteirinha e missionária do gênero, esta lançou uma campanha de apoio à proposta de submissão dos sermões pastorais a escrutínio prévio dos tribunais, sempre que versassem sobre homossexualismo. Maneira de cortar os trechos inadequados (WEST, 2014; RICHARDSON, 2014).

Ela teve de desistir da ideia por pressões múltiplas. Mesmo assim, a tentativa traduz com eloquência a intenção da cultura em apreço.

É importante notar mais uma vez a unilateralidade do ativismo judiciário e das iniciativas legislativas acima repertoriadas. É sempre o Estado fechando fileiras com o gayismo contra cristão. Nunca o inverso. Ora, o militante LGBT – incentivado pela parcialidade do sistema – multiplica as afrontas a locais de cultos ou símbolos religiosos. No entanto, sem muita consequência.

Assim, manifestantes irrompem aos berros na Catedral de Saint Patrick em Nova Iorque (MAGNUSON, 1989) ou numa igreja de Chicago (SMITH, 2015), interrompendo missas com insultos e insinuações obscenas, porém sem reação perceptível da Justiça. Difícil deveras imaginar tal indiferença frente a uma hipotética investida cristã contra um congresso LGBT. O fato, com certeza, daria a volta ao mundo midiático e mobilizaria todo o aparato repressivo.

---

87 Ministério Público Federal, Procuradoria Geral da República, No 110.474/2015-AsJ-Const/SAJ/PGR, http://noticias.pgr.mpf.mp.br/noticias/noticias-do-site/copy_of_constitucional/portal_factory/copy_of_pdfs/ado-26-tornar-a-homofobia-crime-de-racismo.pdf.

88 FOX News, Canada's Anti-Gay Violence Law Worries Some, News, 18 May 2004, disponível em http://www.foxnews.com/story/2004/05/18/canada-anti-gay-violence-law-worries-some.html, acessado em 28/06/2015.

Lésbicas invadem o culto do pastor Feliciano com exibição de beijo (HENRIQUE, 2013; SHEHERAZADE, s/d), gays apedrejam manifestantes católicos[89], encenam crucificação ofensiva em parada[90], e a televisão zomba de evangélico (CHAGAS, 2015) sem reação particular da Procuradoria Geral da República. Nada de assimilar cristão a afrodescendente, nessas horas. Nada de inventar uma nova raça. Nenhuma notícia do Estado laico. Um silêncio ensurdecedor. O guardião da diversidade religiosa repentinamente mudo. Quando muito, uma reprovação *proforma* da pontinha dos lábios para fora. Para ninguém falar que não se disse nada.

Para encerrar o capítulo judiciário, vale a pena consagrar algumas linhas à implicância de uma magistrada carioca com o deputado Jair Bolsonaro[91].

O caso tem aspectos folclóricos, trágicos e cômicos. De sorte que é de classificação delicada. Todavia, é rico em ensinamentos e merece um comentário. A juíza, na realidade, dá uma perfeita lição de democracia às avessas. Pois age exatamente como faz a ditadura, evidenciando por tabela o que comandaria o respeito à soberania popular.

Bolsonaro é parlamentar. Beneficia-se, desde logo, de imunidades para vocalizar a sensibilidade do eleitorado sem medo de ir preso. Se assim não fosse, o voto não surtiria efeito, visto que não influenciaria os rumos políticos e legislativos. O povo teria, então, que resolver os problemas a pauladas. A invenção do parlamento serviu precisamente para sair das cavernas e buscar soluções na diplomacia, parlamentando como gente civilizada. Foi, sem dúvida, o melhor achado da história para trocar violência por palavras. Mas, obviamente, tem que poder falar. Do contrário, o componente político amordaçado voltará à barbárie e irá queimar ônibus na rua.

Imunidade é assim peça vital do sistema, e não cabe ao judiciário determinar como ou até onde o legislativo pode produzir discursos e vender ideias. Quem decide isso é a urna, escolhendo quem faz sentido e afastando quem diz besteira.

A multar um, devia também punir outro, pois Jean Wyllys etiqueta diariamente meio mundo de homofóbico. Um termo que ele quer antes insulto

---

89 Jovens católicos são agredidos pelo Movimento homossexual em Curitiba-PR (2), vídeo, disponível em https://www.youtube.com/watch?v=eFjdyQ5wlP8, acessado em 02/06/2015.

90 O POVO ON LINE, Encenação da crucificação na Parada LGBT de São Paulo divide opiniões, 08/06/2015, disponível em http://www.opovo.com.br/app/maisnoticias/brasil/2015/06/08/noticiasbrasil,3450303/encenacao-da-crucificacao-na-parada-lgbt-de-sao-paulo-divide-opinioes.shtml, acessado em 02/06/2015.

91 GLOBO.COM, Bolsonaro é condenado a pagar R$ 150 mil por declarações homofóbicas, 14/04/2015, disponível em http://g1.globo.com/rio-de-janeiro/noticia/2015/04/bolsonaro-e-condenado-pagar-r-150-mil-por-declaracoes-homofobicas.html, acessado em 02/06/2015.

que elogio. Podia, por sinal, mandar fechar o Congresso e proibir qualquer expressão política em público, porque, nesse campo, todo mundo "ofende" todo mundo.

Não se consegue educar todos ao mesmo tempo e, por enquanto, será só o Bolsonaro. À guisa de consolo, o cidadão pode sonhar com um Brasil sem preconceito, homofobia, sexismo, machismo, estereótipos ou discriminação e, ademais, com boa dose de igualdade sexual, livre expressão sexual, polivalência sexual, direitos sexuais, direitos reprodutivos, direitos humanos, direitos LGBT, direitos transexuais, pansexuais, bissexuais ou multissexuais assim como todos os direitos da civilização genital vindoura ... e, sobretudo, com o dever irrefutável a recair sobre o trabalhador honesto de bancar todos os direitos caladinho.

O pedido de abertura de inquérito formulado pela Procuradoria Geral contra o candidato às eleições presidenciais Levy Fidelix por "discurso de ódio" em debate televisivo[92] deixa-se interpretar de forma análoga: na democracia, o eleitorado se encarrega de punir ou recompensar no voto exatamente como julgar conveniente.

*– O Irã funciona de forma distinta. Sabia?*
*– Como assim, Rosa?*
*– Na realidade, a República Islâmica se organiza em dois níveis.*
*– Sim. O primeiro é composto pelo alto escalão da hierarquia religiosa e é guardião da lei divina, enquanto o segundo configura um legislativo, executivo e judiciário nos moldes clássicos e rege os interesses mundanos. Não é?*
*– Exato. A fisionomia não difere muito do sistema brasileiro. Porém, o plano espiritual supervisa o secular, filtrando os candidatos a postos eletivos e eliminando os registros eleitorais de quem não tem perfil corânico.*
*– É uma regra perversa, porque deixa a classe modernizante sem vocalização institucional por falta de representantes, e esse universo de interesses tende naturalmente a expressar-se na rua com virulência.*
*– Assim como acontece sempre que o poder veicula os projetos de um ator, silenciando outra parte, José.*
*– Um Corão gay balizando os discursos de campanha com ayatolás LGBT a conceder ou negar certificados de conformidade não é boa ideia, então.*
*– Não, Rosa. Se punir um candidato por desrespeitar o credo gay, você terá de aceitar o Conselho Nacional dos Bispos Brasileiros acionando o Ministério Público por causa de uma entrevista em falso com o Evangelho.*
*– Ou um pai de santo pedindo o fechamento do Congresso a mando dos orixá!*

92 GLOBO.COM, PGR instaura procedimento e pede que Fidelix explique fala sobre gays, 01/10/2014, http://g1.globo.com/politica/eleicoes/2014/noticia/2014/10/pgr-instaura-procedimento-e-pede-que-fidelix-explique-fala-sobre-gays.html.

# CONCLUSÃO

Interessante olhar para os países em guerra. O Iraque, a Líbia ou a Palestina são uma lição de democracia, porque aprender o que se deve fazer passa pelo entendimento do que não se deve fazer. E conflito armado é disso exemplo vivo, pois ninguém conversa em tal conjuntura. É só bombas sem a menor troca de ideias.

O final do enredo é geralmente mais educado, porque os combatentes acabam negociando um acordo. O problema é que terminam por onde deveriam começar, pois melhor seria trocar milhões de palavras que uma única bala. Só que costumam quebrar tudo primeiro, mesmo sabendo que terão de sentar à mesa para entender-se mais tarde ou mais cedo.

A opção democrática aposta justamente na inversão das etapas. Garante a solução civilizada de maneira contínua e antecipada. Desarma a violência na contenda filosófica, no diálogo e na crítica permanente. Eis a regra de base. A democracia deixa fluir o debate. Não represa os problemas, porque sabe que a barragem cede no estrondo lá na frente.

Quebrar a dialética do contraditório é suicídio sistêmico que conduz fatalmente a formas autoritárias de governo, porque a disfunção se instala, o mal-estar se avoluma e o que não se resolve na suave evolução das ideias explode na rua de uma forma ou outra, levando à repressão por consequência lógica.

A liberdade de expressão é viga mestra da laicidade. Constitui o direito tronco de que nascem todos os demais em questão de tempo. Sem ela, o edifício desaba. E muito preocupa ver o poder judiciário relegá-la a segundo plano porque a vertente LGBT/gênero desentende o princípio.

O capítulo "Instrumentalização do Judiciário" demonstra à saciedade o aval das cortes à cultura gay. Os poucos casos relatados são expressões particulares de uma postura geral. Ilustram a parcialidade e – porque não dizer – o militantismo da magistratura. Contudo, o prêmio do absurdo pertence de pleno direito a uma cizânia semântica a arrancar na cidade goiana de Anápolis para morrer em Brasília.

O fato provoca risada e descrença. Pelo despreparo de quem julga, com certeza. Muito mais, ainda, pelas sequelas nos planos da reflexão, do livre pensamento, do aperfeiçoamento intelectual, e do amadurecimento das instituições. Enfim, o episódio é uma tragédia a reconduzir o Brasil à penumbra das catacumbas.

Envolve a condenação de um padre por chamar uma antropóloga de abortista no intuito de indicar que ela advoga a descriminalização do aborto.

O vocábulo serve essencialmente para distinguir a postura política da infração em si. Assim, quem pratica o ato é aborteiro. Ao passo que quem milita pela sua despenalização é abortista. Os países anglo-saxônicos usam a palavra *abortionist* de forma indiferenciada, se bem que utilizam a locução *abortion provider* para sublinhar a diferença de sentido quando necessário. De qualquer forma, esse tipo de terminologia existe em todos os idiomas, e ninguém vai preso por utilizá-la. Basta consultar a Internet para ver a frequência com que aparece em artigos, livros ou entrevistas. Há simplesmente milhões de exemplos. E ninguém se abala com isso. É apenas um epíteto empregado por uma parte para designar a outra na refrega e indicar reprovação de comportamento.

A antropóloga recorre ao mesmo expediente quando chama alguém de sexista, machista, ou homofóbico para comunicar seu desagrado com certos traços de personalidade ou com determinada proposta política. Entretanto, nenhum juiz pensaria em multá-la ou exigir que se valesse de uma expressão laudativa para referir-se a uma atitude que moralmente condena.

Existem palavras para concordar e outras para discordar. Ninguém pode realmente criticar a ativista por querer vaias ou palmas em conformidade com suas crenças. No entanto, um Estado a impor concordância com o idioma pró-escolha e discordância com o linguajar pró-vida está em pleno vareio totalitário, porque demonstra claramente um engajamento autoritário em favor de uma posição política e em detrimento de outra.

A antropóloga defende a liberalização do aborto sem querer dizê-lo, porque a maioria não coaduna com a ideia. Disfarça, então, com um discurso edulcorado que remove a criança do cenário para contemplar a mulher com atenção exclusiva. Discursa sobre Direitos Sexuais e Reprodutivos, porque é mais lucrativo do que falar de infanticídio. Na balança oratória assim proposta, não entra o fundamental Direito à Vida, porque ninguém morre. O padre naturalmente não compra o truque e explica que os prazeres da cama comportam consequências das quais o casal não se livra com um discurso alienante. Utilizando, pois, os conceitos a traduzir o entendimento, lembra que má gestão de sexualidade e irresponsabilidade matam sim inocentes. E, com muita pertinência, usa o vocábulo abortista como faria qualquer um para provar esse ponto de vista.

O feminismo antimaterno – que inversamente chama o sacerdote de fundamentalista, sem protesto de quem quer que seja – se diz ofendido porque foi desmascarado por um pároco que não é bobo. Cabe, desde logo, contra-argumentar para persuadir a plateia que o adversário está errado, pois a democracia assim opera. Todavia, o judiciário pátrio inovou para o mundo e proibiu associar qualquer pessoa à ideia de homicídio intrauterino, mutilando destarte a capacidade de comunicação e persuasão de quem assimila a interrupção de gravidez a um assassinato.

O caso deixa pensativo e fornece por si só uma conclusão ímpar à pesquisa, porque mostra com clareza onde está o nó do problema.

O revezamento de uma ideologia *made in USA* pelo aparato midiático representa uma lamentável submissão a comandos externos. Mas, não há nisso nada que resista a uma contraofensiva bem conduzida.

A invasão do sistema educacional por uma matriz psicopedagógica de fora expressa a desprezível rendição a uma formatação ideológica alheia à herança cultural local. Nada, no entanto, que não se reverta com um trabalho de conscientização bem pensado.

O encaixe de comportamentos sexuais ou do aborto na noção de Direitos Humanos configura triste servilismo à deriva gay/gênero dos organismos internacionais. Contudo, não tem aqui qualquer coisa que não se mude com um debate nacional bem dirigido.

A negação da complementaridade homem/mulher manifesta uma deplorável obediência aos ditados da degenerescência norte-americana. Entretanto, não existe aí nada que aguente uma contra-argumentação bem articulada.

O reencontro do Brasil com o Brasil exige, contudo, análise, discussão, estudo, crítica, contraditório. E tudo aquilo requer uma liberdade de expressão que o ativismo judiciário nega à Nação. Inocentes úteis de manobras que ultrapassam seu entendimento, juízes, desembargadores e ministros fizeram-se eixo de difusão de uma transnacionalidade perversa, abrindo caminho para uma intolerante dogmática exótica ao arrepio dos valores pátrios.

Não há dúvida que o descompasso do executivo com as opções do legislativo resulta em sério déficit democrático na abordagem da questão LGBT/gênero. É inegável que o meio universitário traiu o povo sofredor para entregar-se a um diletantismo burguês de estilo californiano. Tampouco se pode negar que a imprensa renegou o ideal pluralista para mergulhar no mais monótono pensamento único. E poder-se-ia, com certeza, apontar para inúmeras anomalias em todos os níveis da máquina pública. Todavia, a disfunção maior está no judiciário.

O Supremo que invade as competências do Congresso para corromper o conceito de família também corrobora a aliança dos tribunais com a vanguarda do aborto. As cortes e promotorias multiplicam os atentados à liberdade religiosa. Os juízes reprimem ora um pastor, ora um padre, um policial e até um magistrado ou um legislador.

Com muita probabilidade alguns magistrados completarão a lista com um escritor, dando ouvido a algum transgênero ou travesti para punir o autor destas linhas. Mas, oxalá outros achem nelas elementos de juízo ou, simplesmente, alguma forma de bom senso.

# FONTES


ADAMS, Jane Meredith, Forgotten Scouts: Unwelcome at the Campfire, Gays, still Boy Scout pariahs, turn up the heat for change, *Boston Globe*, 12 November 1991, disponível em http://www.bsa-discrimination.org/html/forgotten_scouts.html, acessado em 01/08/2015.

AGÊNCIA ALAGOAS, redação, Encontro discute ações para o combate à homofobia no ambiente escolar 29/01/2015 disponível em http://agenciaalagoas.al.gov.br/noticias/2015-1/1/encontro-discute-acoes-para-o-combate-a-homofobia-no-ambiente-escolar, acessado em 16/04/2015.

AIST, James R., Mental Health Organizations: Political Slaves of the Homosexual Movement, *Rethinkingtheology*, January 19, 2013, disponível em http://rethinkingtheology.com/2013/01/19/mental-health-organizations-political-slaves-of-the-homosexual-movement/, acessado em 10/04/2015.

ALESSIO, Mark, Australia´s Gay-Friendly Child Care Center, *Catholic News Watch*, June 30, 2006, disponível em http://www.remnantnewspaper.com/Archives%20-%20News/archive-news-2006-0630.htm, acessado em 23/04/2015.

ALMEIDA, Giselle, "Público está pronto", diz autor sobre beijo gay na estreia de "Babilônia", UOL Entretenimento TV e Novelas, 14/14/2015, disponível em http://televisao.uol.com.br/noticias/redacao/2015/03/14/publico-esta-pronto-diz-autor-sobre-beijo-gay-na-estreia-de-babilonia.htm, acessado em 17/02/2015.

AMIN, Samir, *Le développement inégal: Essai sur les formations sociales du capitalisme périphérique, Editions de Minuit*, Paris, 1973.

AMNESTY INTERNATIONAL, About LGBT Human Rights, website, s/d, disponível em http://www.amnestyusa.org/our-work/issues/lgbt-rights/about-lgbt-human-rights, acessado em 18/02/2015.

ANAJURE, Carta Aberta e Parecer da ANAJURE sobre a decisão do CNJ acerca do casamento homossexual, 06/06/2013, disponível em http://www.anajure.org.br/carta-aberta-e-parecer-da-anajure-sobre-a-decisao-do-cnj-acerca-do-casamento-homossexual/, acessado em 03/06/2015.

ANDERSON, John, *Religion, State and Politics in the Soviet Union and Successor States*, Cambridge University Press, Cambridge, 1994.

AIRES, Vergonha Nacional: seu Dinheiro será gasto na Parada Gay novamente, *Orgulho Hétero*, 10/04/2014, disponível em http://orgulhohetero.blog.br/vergonha-nacional-seu-dinheiro-sera-gasto-na-parada-gay-novamente/, acessado em 07/04/2015.

ALLEN, Elizabeth Palchik, Unintended Consequences, *FP*, February 26, 2014, disponível em http://foreignpolicy.com/2014/02/26/unintended-consequences/, acessadoem 22/03/2015.

ARAÚJO, Marta & MAESO, Silvia R., History Textbooks, Racism and the critique of Eurocentrism: beyond rectification or compensation, Ethnic and Racial Studies, DOI: 10.1080/01419870.2011.600767.

AUERBACH, D.M., DARROW, W.W., JAFFE, H.W. & CURRAN, J.W., Cluster of cases of the acquired immune deficiency syndrome: Patients linked by sexual contact, *The American Journal of Medicine*, 76 (3): 487–92, 1984.

AUSTRALIAN BUREAU OF STATISTICS, Same Sex Couple: Higher Level of Education, 4102.0 – Australian Social Trends, July 2013, disponível em http://www.abs.gov.au/AUSSTATS/abs@.nsf/Lookup/4102.0Main+Features10July+2013#education, acessado em 27/02/2015.

AZEVEDO, Reinaldo, Um Vermelho-e-Azul para dissecar uma Notícia, ou como ler uma Farsa, ou, ainda, todo Basileiro merece ser Gay, Blog Reinaldo Azevedo, 16/04/2009, disponível em http://veja.abril.com.br/blog/reinaldo/geral/um-vermelho-e-azul-para-dissecar-uma-noticia-ou-como-ler-uma-farsa-estatistica-ou-ainda-todo-brasileiro-merece-ser/, acessado em 01/12/2014.

AZEVEDO, Reinaldo, Kit gay – Psicóloga da PUC acha que, enquanto pais trabalham, seus filhos devem estar submetidos a uma educação "de choque" na área sexual, *VEJA*, 18/12/2012, disponível em http://veja.abril.com.br/blog/reinaldo/tag/kit-gay/, acessado em 12/04/2015.

BACKMAN, Clifford R., *The Worlds of Medieval Europe*. Oxford University Press, Oxford, 2003.

BAHIA, Alexandre Gustavo Melo Franco & SANTOS, Daniel Moraes dos, O longo caminho contra a discriminação por orientação sexual no Brasil no constitucionalismo pós – 88: igualdade e liberdade religiosa, *Revista Libertas*, UFOP, v. 1, n. 1, jan./jun. 2013, disponível em Mhttp://www.libertas.ufop.br/Volume1/n1/vol1n1-2.pdf, acessado em 19/06/2015.

BAKLINSKI, Thaddeus, Ugandan parliamentarian blasts Canadian Foreign Affairs minister over gay 'marriage' remark, *Life Site*, October 24, 2012, disponível em https://www.lifesitenews.com/news/ugandan-parliamentarian-blasts-canadian-foreign-affairs-minister-over-gay-m, acessado em 06/04/2015.

BALDWIN, Steve, Pedophilia and the Homosexual Movement, *EnsisWiki*, s/d, disponível em http://sdn.altervista.org/ensis/Pedophilia_And_The_Homosexual_Movement.php, acessado em 10/05/2015.

BALLOUSSIER, Ana Virgínia, Ex-gay, Ex-ex-gay e a tal da Cura Gay, *Folha de São Paulo*, 29/11/2013, disponível em http://religiosamente.blogfolha.uol.com.br/2013/11/29/ex-gay-ex-ex-gay-e-a-tal-da-cura-gay/, acessado em 17/06/2015.

BARRETT, Ted, President Clinton urges Congress to pass Hate Crime Bill, *Allpolitics.com*, September 13, 2000, disponível em http://web.archive.org/web/20080526040218/http://transcripts.cnn.com/2000/ALLPOLITICS/stories/09/13/hate.crimes/index.html, acessado em 16/12/2014.

BARRICK, Michael R., New Mascot Added to the Vancouver 2010 Team, *LiveJournal*, 03 July 2009, http://mbarrick.livejournal.com/882235.html, acessado em 16/03/2015.

BARROSO, Fernando Luiz Alves, Jornal do Nuances: análise da construção de um periódico gay, pdf, s/d, disponível em http://www.cchla.ufrn.br/bagoas/v02n03art09_barroso.pdf, acessado em 15/04/2015.

BAUBÉROT, Jean, *Les laïcités dans le monde*, Poche PUF, Paris, 2014.

BEAUVOIR, Simone de, *Le Deuxième Sexe*, Gallimard, Paris, 1986.

BECKER, John, Obama and Clinton must again speak out against Uganda´s Kill the gays Bill,*Huffpost Gay Voices*, November 29, 2012, disponível em http://www.huffingtonpost.com/john-becker/obama-and-clinton-must-again-speak-out-against-ugandas-kill-the--gays-bill_b_2199946.html, acessado em 05/03/2015.

BELCH, George E. & BELCH, Michael A., *Propaganda e Promoção: uma Perspectiva da Comunicação Integrada de Marketing*, McGraw Hill do Brasil, São Paulo, 2008.

BELL, Maya, Miami Beckons To Gays: Visit The Gay Riviera Maya Bell, *Orlando Sentinel*, February 13, 2002, disponível em http://articles.orlandosentinel.com/2002-02-13/news/0202130153_1_miami-dade-gay-gay-community-gay-riviera, acessado em 29/02/2015.

BENNETH-SMITH, Meredith, Train Won't Play At Boy Scouts Jamboree Unless BSA Lifts Ban On Gay Scouts, Band Says, *The Huffington Post*, 04 March 2013, disponível em http://www.huffingtonpost.com/2013/03/04/train-boy-scouts-jamboree-ban-gay--scouts_n_2806881.html, acessado em 23/04/2015.

BEPPLER, Paul, Karl Maria Kertbeny: a Origem da Palavra Homossexual, blog, s/d, disponível em http://karl-maria-ketbeny.blogspot.com.br/2006/03/origem-da-palavra-homossexual.html, acessado em 02/04/2015.

BERKOW, Ira, Sports of the Times: A Lesbian Group protests too much, *The New York Times*, August 5, 2002, disponível em http://www.nytimes.com/2002/08/05/sports/sports-of--the-times-a-lesbian-group-protests-too-much.html, acessado em 15/01/2015.

BLACKSTOCK, Russell, The New Zealand Herald, 04 March 2012, disponível em http://www.nzherald.co.nz/nz/news/article.cfm?c_id=1&objectid=10789633, acessado em 17/02/2015.

BLASIUS, Marc & PHELAN, Shane, *We Are Everywhere: A Historical Sourcebook of Gay and Lesbian Politics*, Routledge, New York, 1997.

BOLSONARO, Jair, Kit Gay nas escolas públicas em 2011 Discurso de Jair Bolsonaro 30 Nov 2010, s/d, disponível em https://www.youtube.com/watch?v=gNJKJLCPrT4, acessado em 10/04/2015.

BOYLE, Patrick, *Scout's Honor: Sexual Abuse in America's Most Trusted Institution*, Prima Publishing, Rocklin-CA, 1994.

BOZELL, Brent, More Gays, more often?, *townhall.com*, 31 January 2002, disponível em http://www.freerepublic.com/focus/fr/619111/posts, acessado em 29/03/2015.

BRANDÃO, Álvaro, Livro homofóbico em Campo Grande, *Bivolt*, 16/09/2007, disponível em http://bivoltagem.blogspot.com.br/2007/09/livro-homofbico-em-campo-grande.html, acessado em 08/06/2007.

BRASIL 247, Igreja critica uso de santos católicos na Parada Gay, 27/06/2011, http://www.brasil247.com.br/pt/247/brasil/5918/Parada-Gay-mescla-sexo-e-religi%C3%A3o-contra-a-AIDS.htm, acessado em 17/05/2015.

BRIEVE, Tim, Scalia's Blistering Dissent on DOMA, *The Atlantic*, June 26 2013, disponível em http://www.theatlantic.com/national/archive/2013/06/scalias-blistering-dissent-on--doma/277245/#comments, acessado em 14/06/2015.

BROWN, Hayes, Uganda passes New Version of "Kill the Gays Bill", *ThinkProgress*, December 20, 2013, disponível em http://thinkprogress.org/security/2013/12/20/3093931/uganda-passes-kill-gays-anti-homosexuality/, acessado em 13/01/2015.

BRUCE, Mary, DOMA Ruling: 'Victory for American Democracy,' Obama Says, *ABC News*, June 27 2013, disponível em http://abcnews.go.com/blogs/politics/2013/06/doma-ruling-victory-for-american-democracy-obama-says, acessado em 17/06/2015.

BURROWAY, Jim, According to the Kinsey Report: a noisy revolution in social science and popular culture, January 3, 2008, *Box Turtle Bulletin*, disponível em http://www.boxturtlebulletin.com/Articles/000,024.htm, acessado em 22/11/2014.

BUTLER, Judith, *Gender Trouble : Feminism and Subversion of Identity*, Routledge, New York, 1990.

BUTLER, Judith, *Gender Trouble: Feminism and the Subversion of Identity*, Routledge, New York, 1990, disponível em http://www.lauragonzalez.com/TC/BUTLER_gender_trouble.pdf, acessado em 06/06/2014.

CADERNO BRASIL SEM HOMOFOBIA, MEC, s/d, disponível em http://revistaescola.abril.com.br/pdf/kit-gay-escola-sem-homofobia-mec.pdf, acessado em 10/04/2015.

CAMERON, Paul, Homosexual Molestation of Children/Sexual Interaction of Teacher and Pupil, *Psychological Reports*: Volume 57, Issue , pp. 1227-1236, 1985, disponível em APApsycnet http://psycnet.apa.org/psycinfo/1987-10550-001, acessado em 02/01/2015.

CAMERON, Paul, The Gay Nineties: What the Empirical Evidence Reveals About Homosexuality, *Adroit Press*, Franklin-TN, 1993.

CAMPBELL, Kim, Gay Characters before and after « Ellen », *The Christian Science Monitor*, 06 April 2001, disponível em http://www.csmonitor.com/2001/0406/p16s1.html, acessado em 29/03/2015.

CAPARICA, Márcio, Drag queen barbada vence o maior concurso musical da Europa, *Eurovision, LadoBi*, 10/05/2014, disponível em http://www.ladobi.com/2014/05/conchita--wurst-eurovision-2014/, acessado em 31/03/2015.

CARRARA, Sérgio & VIANNA, Adriana R.B., Homossexualidade, Violência & Justiça: a Violência Letal contra Homossexuais no Município do Rio de Janeiro, pdf, s/d, disponível em http://portal.anpocs.org/portal/index.php?option=com_docman&task=doc_view&gid=4669&Itemid=356, acessado em 01/04/2015.

CARVALHO, Olavo de, A Justiça de Nero, *Sapientiam Autem Non Vincit Malitia*, 24/07/2004, disponível em http://www.olavodecarvalho.org/semana/040724globo.htm, acessado em 25/06/2015.

__________, Suprema Iniquidade, *Sapientiam Autem Non Vincit Malitia*, 07/07/2015, disponível em http://www.olavodecarvalho.org/semana/090707dc.html, acessado em 14/07/2015.

CASCIONE, Jack, Episcopal Church elects gay Bishop and Canadians endorse gay marriage, pdf, s/d, disponível em http://www.lutherquest.org/walther/articles/600/jmc.675.htm, acessado em 28/06/2015.

CASTRO, Mary Garcia, ABRAVOMAY, Miriam & SILVA, Lorena Bernadete da, Juventudes e Sexualidade, UNESCO, Brasil, 2004, disponível em http://unesdoc.unesco.org/images/0013/001339/133977por.pdf, acessado em 10/04/2015.

CASTRO, Daniel, Ato político, beijo gay de Babilônia afugenta 'família' para o SBT, *NTV*, 21/03/2015, disponível em http://noticiasdatv.uol.com.br/noticia/opiniao/ato-politico-beijo-gay-de-babilonia-afugenta-familia-para-o-sbt-7054, acessado em 20/02/2015.

CÉSAR, Marília de Camargo, *Entre a Cruz e o Arco Íris: a Complexa Relação dos Cristãos com a Homoafetividade*, Ed. Gutenberg, Belo Horizonte, 2013.

CHAGAS, Tiago, Na web série Histórias de Amor à Vida, Globo associa gays a evangélicos e causa irritação de internautas cristãos, *Gnotícias*, 27/01/2014, disponível em http://noticias.gospelmais.com.br/amor-vida-globo-associa-gays-evangelicos-irritacao-web-64594.html, acessado em 02/07/2015.

CHAGAS, Tiago, Zorra Total faz piada com evangélicos e mostra pastor recusando dízimo, *Gnotícias*, 01/07/2015, disponível em http://noticias.gospelmais.com.br/zorra-total-piada-mostra-pastor-recusando-dizimo-77651.html, acessado em 02/07/2015.

CHAPMAN, James, Now Brussels takes aim at the Famous Five! Books portraying 'traditional' families could be barred, *Mail on Line*, 07 November 2012, disponível em http://www.dailymail.co.uk/news/article-2229022/Now-Brussels-takes-aim-Famous-Five-Books-portraying-traditional-families-barred.html, acessado em 29/07/2015.

CHASE, John, School's Gay-Straight Group Offers Teens a Place to Fit In, *Highbeam Research*, 07 June 1998, disponível em http://www.highbeam.com/doc/1G1-68954914.html, acessado em 22/04/2015.

CHEN, Adrian, Pedobear Panic hits Tulsa, *Gawker*, 09 September 2010, disponível em http://gawker.com/5639308/pedobear-panic-hits-tulsa-oklahoma, acessado em 19/04/2015.

CHICAGO TRIBUNE, Hancock changes Adoption Commercial again, equipe editorial, September 22, 2000, disponível em http://articles.chicagotribune.com/2000-09-22/features/0009210539_1_adoption-agencies-john-hancock-financial-services-lesbian, acessado em 16/02/2015.

CLASSIC SITCOMS, Episode Guides : All in the Family The Pilot Episodes: 1968-69 Season One: 1970-71, s/d, disponível em http://classicsitcoms.com/shows/family1.html, acessado em 29/03/2015.

CNN, Document: Supreme Court on United Staes v. Windsor, June 26 2013, disponível em http://edition.cnn.com/interactive/2013/06/politics/scotus-ruling-windsor/, acessado em 14/06/2015.

CNN, CNN Political Unit, 08 August 2012, disponível em http://politicalticker.blogs.cnn.com/2012/08/08/obama-opposes-boy-scouts-ban-of-gay-members/, acessado em 05/05/2015.

COBB, Joshua, AT&T CEO commits to ending ban on gay Boy Scouts leaders, 17 July 2012, *The Examiner*, disponível em http://theexaminer.com/stories/news/att-ceo-commits-ending-ban-gay-boy-scouts-leaders, acessado em 03/05/2015.

COLAPINTO, John, What were the real reasons behind David Reimer's suicide?, *S+*, 03 June 2004, disponível em http://www.slate.com/articles/health_and_science/medical_examiner/2004/06/gender_gap.html, acessado em 06/04/2015.

COLLEGE HUMOR, Shorts / Pedobear "Doubt" Trailer, video, 02 June 2009, disponível em http://www.collegehumor.com/video/4046156/pedobear-doubt-trailer, acessado em 21/03/2015.

CONSELHO NACIONAL DE COMBATE À DISCRIMINAÇÃO, Brasil Sem Homofobia: Programa de combate à violência e à discriminação contra GLTB e promoção da cidadania homossexual. Brasília: Ministério da Saúde, 2004, disponível em http://bvsms.saude.gov.br/bvs/publicacoes/brasil_sem_homofobia.pdf, acessado em 02/02/2015.

CONSULTOR JURÍDICO, Autor de Obra contra o Homossexualismo é absolvido, 20/07/2010, disponível em http://www.conjur.com.br/2010-jul-20/autor-obra-maldicao-deus-homossexual-nao-indenizara-gays, acessado em 08/06/2015.

CORNWELL, Lisa, Gay student sues Ohio school over right to wear T-shirt, *The Columbus Dispatch*, 04 April 2012, disponível em http://www.dispatch.com/content/stories/local/2012/04/04/gay-student-sues-school-over-right-to-wear-t-shirt.html, acessado em 24/04/2015.

CORREIO BRAZILIENSE, redação, 03/04/2015, disponível em http://www.correiobraziliense.com.br/app/noticia/diversao-e-arte/2015/03/04/interna_diversao_arte,473961/seriado-norte-americana-exibe-beijo-gay-entre-adolescentes-de-13-anos.shtml, acessado em 28/02/2015.

COSTANTI, Márcia, Alunos da UFMG pedem expulsão de dois professores por denúncias de assédio e homofobia, *R7 Notícias*, 23/10/2013, disponível em http://noticias.r7.com/minas-gerais/alunos-da-ufmg-pedem-expulsao-de-dois-professores-por-denuncias-de-assedio-e-homofobia-23102013, acessado em 12/05/2015.

CRESCENZO, Tereza, Helping Gay and Lesbian Youth: New Policies, *New Programs*, New Practice Tereza Decrescenzo MSW-ed, s/e, 1994.

CUNNIGHAM, Jonathan, Pride and Prejudice: Life under Uganda´s Kill the Gays Bill, *The Seattle Globalist*, June 27, 2014, disponível em http://www.seattleglobalist.com/2014/06/27/uganda-anti-homosexuality-bill-pride/27155, acessado em 17/01/2015.

DANKELMAN, Irene, Mainstreaming a Gender Perspective into Sustainable Development: How far are we?, pdf, 03 April 2002, disponível em http://www.un.org/womenwatch/daw/forum-sustdev/Irene-presentation.htm, acessado em 28/07/2015.

DAVIS, Noah, Spielberg resigns from Boy Scouts board, *Hollywood.com*, s/d, disponível em http://www.hollywood.com/general/spielberg-resigns-from-boy-scouts-board-57167345, acessado em 11/05/05.

DECCAN HERALD, No religion for Chinese Communist Party Cadres, redação, 19 December 2011, disponível em http://www.deccanherald.com/content/212827/no-religion-chinese-communist-party.html, acessado em 21/04/2015.

DIAZ, Angeles Llorca, La Teoria de Intersexualidad de Magnus Hirshfeld: los Estadios Sexuales Intermedios, Anuario de Sexologia 2, 1996, disponível em https://sexologiaenredessociales.files.wordpress.com/2013/08/a2-4-llorca.pdf, acessado em 07/08/2015.

CHRISTLICHES INFORMATIONSFORUM, "Sexualerziehung" häufig schamverletzend und enthemmend, 29 April 2010, disponível em http://www.medrum.de/content/sexualerziehung-haeufig-schamverletzend-und-enthemmend, acessado em 03/02/2015.

DINAN, Stephen, Advocates: Romney backs gay scouts, Obama is silent, *The Washington Times*, 07 August 2012, disponível em http://www.washingtontimes.com/blog/inside-politics/2012/aug/7/advocates-romney-backs-gay-scouts-obama-silent/, acessado em 22/04/2015.

DOBUZINSKIS, Alex, Los Angeles Boy Scout Troup calls for welcoming gay adults, *Reuters*, 08 May 2013, disponível em http://www.reuters.com/article/2013/05/08/us-usa-scouts--gays-idUSBRE9470IB20130508, acessado em 24/04/2015.

DONALDSON-EVANS, Catherine, Fortune 500 Companies see Money in Gay Families, *FoxNews.com*, May 26, 2004, disponível em http://www.foxnews.com/story/2004/05/26/fortune-500-companies-see-money-in-gay-families/, acessado em 18/02/2015.

DONALDSON-EVANS, Catherine, Boy Scout´s Rent Skyrockets in Philadelphia over Gay Ban, *FoxNews*, 19 October 2007, disponível em http://www.foxnews.com/story/2007/10/19/boy-scouts-rent-skyrockets-in-philadelphia-to-200k-over-gay-ban/, acessado em 25/04/2015.

DOUGHERTY, Jon, Report : Pedofília more common among Gays, *WND*, 29 April 2002, disponível em http://www.wnd.com/2002/04/13722/, acessado em 30/03/2015.

DOWARD, Jamie, How paedophiles infiltrated the left and hijacked the fight for civil rights, *The Guardian*, London, 2 March 2014, disponível em http://www.theguardian.com/politics/2014/mar/02/how-paedophiles-infiltrated-the-left-harriet-harman-patricia-hewitt, acessado em 20/12/2014.

DRABELLE, Denis, The Box-Office King of 1930, *The Washington Post*, January 18, 1998, disponível em See all results for this publication Browse back issues of this publication by date http://www.highbeam.com/doc/1P2-637930.html, acessado em 14/12/2014.

DREHER, Rod, Banned in Boston Better not complain about the gay agenda for Massachusetts schools, *The Weekly Standard*, 03-10 July 2000, disponível em http://www.weeklystandard.com/Content/Protected/Articles/000/000/011/094carra.asp?page=2, acessado em 02/05/2015.

DUDLEY, Michaela Chelsea & NOLAN, Alison, Unisted States v. Windsor, *Legal Information Institute*, s/d, disponível em https://www.law.cornell.edu/supct/cert/12-307, acessado em 14/06/2015.

DUKAKIS, Alexandra, Bill Gates, Former Boy Scout: Lift the Gay Ban, *ABC News*, 14 March 2013, disponível em http://abcnews.go.com/blogs/politics/2013/03/bill-gates-former--boy-scout-lift-the-gay-ban/, acessado em 12/05/05.

DUKE, Selwyn, The Slippery Slope to Pedophilia, *New American*, 24 September 2013, disponível em http://www.thenewamerican.com/culture/item/16581-the-slippery-slope-to-pedophilia, acessado em 03/04/2015.

DREHER, Rod, Infamous "fistgate" conference, *The Weekly Standard*, 3-10 July 2010, disponível em http://www.massresistance.org/docs/issues/fistgate/wstandard.html, acessado em 01/07/2015.

ECKHOLM, Erik, Boy Scouts to Continue Excluding Gay People, *The New York Times*, 17 July 2012, disponível em http://www.nytimes.com/2012/07/18/us/boy-scouts-reaffirm--ban-on-gay-members.html?_r=1, acessado em 25/04/2015.

ECKHOLM, Erik, Boy Scouts End Ban on Gay Leaders, Over Protests by Mormon Church, *The New York Times*, 27 July 2015, disponível em http://www.nytimes.com/2015/07/28/us/boy-scouts-end-nationwide-ban-on-gay-leaders.html?_r=0, acsado em 01/07/2015.

EHRLICH, Paul, The Population Bomb, *Sierra Club*, San Francisco, 1968.

ELSCHEIDT, Eduard, Vater wegen schulischer Sexualerziehung im Gefaengnis, https://www.youtube.com/watch?v=ljOrHb4UTEU, youtube, s/d.

EMENS, Elizabeth F., Monogamy's Law: Compulsory Monogamy and Polyamorous Existence, Public Law Working Paper Nº 58, *New York University Review of Law&Social Change*, Vol. 29, 2004.

ENGELS, Friedrich, *A Origem da Família, da Propriedade Privada e do Estado*, disponível em https://efchagasufc.files.wordpress.com/2012/04/2-a-origem-da-familia-da-propriedade-privada-e-do-estado.pdf, acessado em 08/07/2015.

ENGELS, Friedrich, *A Origem da Família, da Propriedade Privada e do Estado*, Ed. Civilização Brasileira S.A, disponível em https://efchagasufc.files.wordpress.com/2012/04/2-a-origem-da-familia-da-propriedade-privada-e-do-estado.pdf, acessado em 08/07/2015.

EPSTEIN, Edward, Unied Airlines capitulates on Partners Issue/Full Benefits worldwide for Gay, Lesbian Couples, *SFGate*, July 31, 1999, disponível em http://www.sfgate.com/news/article/United-Airlines-Capitulates-on-Partners-Issue-2917303.php, acessado em 22/02/2015.

ESKRIDGE, N. William Jr, The Case for Same-Sex Mariage: from Sexual Libety to Civilized Commitment, *Free Press*, New York, 1996.

FALUDI, Susan, Death of a Revolutionary, *The New Yorker*, 15 April 2013, disponível em http://www.newyorker.com/magazine/2013/04/15/death-of-a-revolutionary, acessado em 10/07/2015.

FELTRIN, Ricardo, Globo já estuda criar Programa para Público Gay, UOL Entretenimento Celebridades, 18/03/2014, disponível em http://celebridades.uol.com.br/ooops/ultimas-noticias/2014/03/18/globo-ja-estuda-criar-programa-para-publico-gay.htm, acessado em 14/03/2015.

FERRARO, Rich, Merck Foundation suspends Funding to Boy Scouts of America until Ban on Gay Scouts and Leaders ends, *GLAAD*, 10 December 2012, disponível em http://www.glaad.org/blog/merck-foundation-suspends-funding-boy-scouts-america-until-ban-gay-scouts-and-leaders-ends, acessado em 12/04/2015.

FIRESTONE, Shulamith, *The Dialectic of Sex: the Case for Feminist Revolution*, Bantam Book, New York, 1970, disponível em http://uberty.org/wp-content/uploads/2015/06/firestone-shulamith-dialectic-sex-case-feminist-revolution.pdf, acessado em 10/07/2015.

FIRTH, Niall, Police issue paedophile warning over 'Pedobear' internet joke, *Mail Online*, 13 September, 2010, disponível em http://www.dailymail.co.uk/sciencetech/article-1311669/US-police-issue-paedophile-warning-Pedobear-internet-joke.html, acessado em 16/01/2015.

FORD, Clellan S. & BEACH, Frank A., *Patterns of sexual Behavior*, Harper & Brothers, New York, 1951.

FOUCAULT, Michel, *Histoire de la sexualité, La volonté de savoir*, Gallimard, Paris, 1994.

__________, *Histoire de la sexualité II, L´usage des plaisirs*, Gallimard, Paris, 1997.

__________, *Histoire de la sexualité III, Le souci de soi*, Gallimard, Paris, 1997.

FOX, Carly, Articulating Sexuality, A Critical History of Gay and Lesbian Anthropology, pdf, SOCS 461/462 Senior Project, California Polytechnic State University, San Luis Obispo, Spring 2012, disponível em http://digitalcommons.calpoly.edu/cgi/viewcontent.cgi?article=1083&context=socssp, acessado em 11/04/2015.

FREI BETTO, Deus é gay?, *Globo.com*, s/d, disponível em http://oglobo.globo.com/sociedade/deus-gay-14329562, acessado em 28/06/2015.

FREUND, Karl & WATSON R.J., The proportions of heterosexual and homosexual pedophiles among sex offenders against children: an exploratory study, *J Sex Marital*, Spring 1992, disponível em http://www.ncbi.nlm.nih.gov/pubmed/1556756, acessado em 22/12/2014.

GERHARD, Jane F., *Desiring revolution: second-wave feminism and the rewriting of American sexual thought, 1920 to 1982*, Columbia University Press, New York, 2001.

GIUSTI, Iran, Gays constrangidos em Estabelecimentos Comerciais processam e desabafam, *IGAY*, 16/09/2013, disponível em http://igay.ig.com.br/2013-09-16/gays-constrangidos-em--estabelecimentos-comerciais-processam---e-desabafam.html, acessado em 24/06/2015.

GIUSTI, Iran, Indenização é melhor maneira de combater homofobia no trabalho, *IGAY*, s/d, disponível em http://igay.ig.com.br/2014-02-15/indenizacao-e-melhor-maneira-de--combater-homofobia-no-trabalho.html, acessado em 21/06/2015.

GLOBO.COM, redação, REVISTA DA TV, (lista de beijos gays na TV) http://infograficos.oglobo.globo.com/revista-da-tv/os-beijos-gays-na-tv-e-no-cinema.html, s/d, disponível em http://infograficos.oglobo.globo.com/revista-da-tv/os-beijos-gays-na-tv-e-no-cinema.html, acessado em 21/02/2015.

GLOBO TV, Sete Vidas: Bernardo pergunta pó que irmãos não podem namorar, disponível em http://globotv.globo.com/rede-globo/sete-vidas/v/bernardo-pergunta-por-que-irmaos--nao-podem-namorar/4064852/, acessado em 17/07/2015.

GLORIA-TV News Brief, APA controlled by Gay Rights Movement, vídeo, 06/06/2015, disponível em http://gloria.tv/?media=297750&language=KiaLEJq2fBR, acessado em 09/04/2015.

GODEFRIDI, Drieu, *De la violence de Genre à la Négation du Droit*, Texquis, Louvain-la-Neuve, 2013.

GOODMAN, Julie, Two groups respond to the call for Boy Scouts to admit gays, *Associated Press*, 22 November 1999, disponível em http://www.positiveatheism.org/writ/scouphelp.htm, acessado em 23/04/2015.

GOVER, Dominic, Harriet Harman and PIE-NCCL Controversy: What was The Paedophile Information Exchange?, *International Business Times*, 25 February, 2014, disponível em http://www.ibtimes.co.uk/harriet-harman-pie-nccl-controversy-what-was-paedophile--information-exchange-1437862, acessado em 23/12/2014.

GOVTRACK.US, H.Con.Res. 107 (106th) : Expressing the sense of Congress rejecting the conclusions of a recent article pyblished by the American Psychological Association that suggests that sexual relationships between adults and children might be positive for children, 12 May 1999, disponível em ttps://www.govtrack.us/congress/bills/106/hconres107, acessado em 01/03/2015.

GRANT, B., The Organized Homosexual Movement and the War against the Black Family, Anglo-Hebrew Publishing/Brixton Black People´s Truth in Media Campaign, s/d, disponível em https://archive.org/stream/TheyWantYourChildren/they-want-your-children-archive_djvu.txt, acessado em 12/12/2014.

GREEN, Jessica, Brazil judge approves gay marriage, *Pink News*, 28 June 2011, disponível em http://www.pinknews.co.uk/2011/06/28/brazil-judge-approves-gay-marriage/, acessado em 17/06/2015.

GREENFIELD, Daniel, Former APA President blasts Gay Rights Ban on Sexual Reorientation Therapy for denying Patient Choice, *Front Page Mag*, July 31, 2013, disponível em http://www.frontpagemag.com/2013/dgreenfield/former-apa-president-blasts-gay-rights-ban-on-sexual-reorientation-therapy-for-denying-patient-choice/, acessado em 08/04/2015.

GRYBOSKI, Michael, So. Baptists Pass Resolution Urging Boy Scouts to Not Repeal Gay Ban, *CP US*, 20 February 2013, disponível em http://www.christianpost.com/news/so-baptists-pass--resolution-urging-boy-scouts-to-not-repeal-gay-ban-90419/, acessado em 02/05/2015.

GUILFOYLE, Jean, World Bank Population Policy: Remote Control, *Population Research Institute*, 01 July 1991, disponível em http://pop.org/content/world-bank-population--policy-remote-control, acessado em 28/07/2015.

GUIMONNET, Christine, La Laïcité : une Approche Historique, pdf, s/d, disponível em http://www.appep.net/wp-content/uploads/2012/06/guimonnet01.pdf, acessado em 14/04/2015.

GUMBEL, Andrew, When the Legend becomes Truth: the Case of Matthew Shepard, *LARB*, November 7, 2013, disponível em http://lareviewofbooks.org/review/when-the-legend-becomes-the-truth-the-case-of-matthew-shepard#, acessado em 07/04/2015.

__________, Matthew Shepard's murder: What it came down to is drugs and money, *The Guardian*, 14 October 2013, disponível em http://www.theguardian.com/world/2013/oct/14/matthew-shepard-murder-wyoming-book, acessado em 12/02/2015.

__________, When the Legend Becomes the Truth: The Case of Matthew Shepard, *The Guardian*, October 14, 2013, disponível em http://www.theguardian.com/world/2013/oct/14/matthew-shepard-murder-wyoming-book, acessado em 06/04/2015.

HANSEN, Drew D., *The Dream: Martin Luther King, Jr., and the Speech that Inspired a Nation*, Harper Collins, New York, 2003.

HARRUB, Brad, What Does Science Reveal about Homosexuality?, youtube (30 min), 03 dec. 2012, disponível em https://www.youtube.com/watch?v=yMcowZwrIU4, acessado em 04/03/2015.

HASKINS, John, It's 1984 in Massachusetts-And Big Brother Is Gay, *Free Republic*, 17 December 2001, disponível em http://www.freerepublic.com/focus/f-news/597730/posts, acessado em 06/05/2015.

HAUTALA, Laura, Pedobear comparison prompts Nestle to pull Instagram photo for Kit Kat, *Los Angeles Times*, 20 July 2012, disponível em http://articles.latimes.com/2012/jul/20/business/la-fi-mo-pedobear-comparison-nestle-07202012, acessado em 16/02/2015.

HEKMA, Gert, OOSTERHUIS, Harry & STEAKLEY, James, The Harthworth Press Inc, 10 Alice Street, Binghampton-NY, Gay Men and the Sexual History of the Political Left, 1995.

HENLEY, Jon, Paedophilia: bringing dark desires to light, *The Guardian*, 03 January 2013, disponível em http://www.theguardian.com/society/2013/jan/03/paedophilia-bringing--dark-desires-light, acessado em 04/12/2014.

HENRIQUE, Luciano, Movimento gay oficializa genocídio cultural contra cristãos no Brasil através da promoção do beijo gay em cultos evangélicos, *Ceticismo Político*, 18/09/2013, disponível em http://lucianoayan.com/2013/09/18/movimento-gay-oficializa-genocidio-cultural-contra-cristaos-no-brasil-atraves-da-promocao-do-beijo-gay-em-cultos--evangelicos/, acessado em 22/02/2015.

HESELDAHL, Arik, Salesforce CEO Benioff Takes Stand Against Indiana Anti-Gay Law, *Re/Code*, 26/03/2015, disponível em http://recode.net/2015/03/26/salesforce-ceo-benioff--takes-stand-against-indiana-anti-gay-law/, acessado em 29/03/2015.

HHS.GOV, HHS announces first guidance implementing Supreme Court's decision on the Defense of Marriage Act, August 29 2013, disponível em http://www.hhs.gov/news/press/2013pres/08/20130829a.html, acessado em 16/06/2015.

HICKS, Josh, Obama administration extends federal-employee benefits to same-sex couples, *The Washington Post*, July 01 2013, disponível em http://www.washingtonpost.com/blogs/federal-eye/wp/2013/07/01/obama-administration-extends-federal-employee-benefits-to-same-sex-couples/, acessado em 16/06/2015.

HIGHLEYMAN, Liz, *What is the history of ILGA?*, 08 October 2006, pdf, disponível em http://www.vanhemmat.net/jmedia/What-is-the-history-of-IGLA.pdf, acessado em 18/02/2015.

HOFFMAN, Matthew Cullinan, Homossexuais brasileiros entram com ações legais por crime de ódio contra cristãos brasileiros, *Blog Júlio Severo*, 29/11/2007, disponível em http://juliosevero.blogspot.com.br/2007/11/homossexuais-brasileiros-entram-com-aes.html, acessado em 25/06/2015.

HOFFMAN, Matthew Cullinan, Former president of APA says organization controlled by 'gay rights' movement, *Life Site*, June 4, 2012, Disponível em https://www.lifesitenews.com/news/former-president-of-apa-says-organization-controlled-by-gay-rights-movement, acessado em 07/04/2015.

HOLT, Mytheos, Chipotle Pulls Sponsorship of Boy Scouts Event Over Gay Ban, *Blaze*, 20 March 2013, disponível em http://www.theblaze.com/stories/2013/03/20/chipotle-pulls--sponsorship-of-boy-scouts-event-over-gay-ban/, acessado em 19/04/2015.

HOOKER, Evelyn, The Adjustment of the Male Overt Homosexual, *Journal of Projective Techniques*, 21, Routledge, London, 1957.

HORWITZ, Sari, Justice Department to give married same-sex couples sweeping equal protection, *The Washington Post*, February 08 2014, disponível em http://www.washingtonpost.com/world/national-security/justice-department-to-give-married-same-sex-couples--sweeping-equal-protection/2014/02/08/36eafcae-90cc-11e3-b227-12a45d109e03_story.html, acessado em 16/06/2015.

HUFF POST, redação, Davis School District In Utah Sued For Restricting 'In Our Mothers' House,' Book Featuring Lesbian Couple, 13 November 2012, disponível em http://www.huffingtonpost.com/2012/11/13/davis-school-district-in-_n_2124829.html, acessado em 22/04/2015.

HUMAN RIGHTS CAMPAIGN, The HRC Story: our Victories, website, s/d, disponível em http://www.hrc.org/the-hrc-story/our-victories, acessado em 14/06/2015.

HURST, Hannum, *The concept of human rights. International Human Rights: Problems of Law, Policy, And Practice*, Aspen Publishers, New York, 2006.

INFOPLEASE, Biography, Barbara Gittings, s/d, disponível em http://www.infoplease.com/biography/barbara-gittings.html, acessado em 08/09/2015.

ISLAND, David & LETTELIER, Patrick, *Men who beat the Men who love them, Battered Gay Men and Domestic Violence*, Routledge, New York, 2012.

ISRAEL, Josh, Internal Survey Shows Many Boy Scouts And Parents Believe Discriminatory Policy Harms Organization, *ThinkProgress*, 22 March 2013, disponível em http://thinkprogress.org/lgbt/2013/03/22/1764441/boy-scouts-97-percent/, acessado em 24/04/2015.

JACKSON, Derrick z., Opening the Door to Gay Boy scouts, *Wayback Machine*, 08 June 2001, disponível em http://web.archive.org/web/20060118050100/http://www.uua.org/news/scouts/openingdoor.html, acessado em 24/04/2015.

JACKSON, Thomas F., *From Civil Rights to Human Rights: Martin Luther King, Jr.*, and the Struggle for Economic Justice, University of Pennsylvania Press, Philadelphia, 2007.

JAGGER, Gill, Judith Butler, *Taylor&Francis e-Lbrary*, 2007, disponível em http://books.google.com.br/books?hl=pt-BR&lr=&id=puyAAgAAQBAJ&oi=fnd&pg=PP1&dq=judith+butler+rationale&ots=rUsO8nI_Bt&sig=WZFVbgk45bcYqdNb0R5MyWLrVgA#v=onepage&q=judith%20butler%20rationale&f=false, acessado em 12/12/2014.

JANOFSKY, Michael, Gay Rights Battlefields Spread to Public Schools, *The New York Times*, 09 June 2005, disponível em http://www.nytimes.com/2005/06/09/education/09clash.html?oref=login&_r=0, acessado em 23/04/2015.

JAY, Karla & YOUNG, Allen, *The Gay Report: Lesbians and Gay Men Speak Out About Sexual Experiences and Lifestyles, Summit*, New York, 1977.

JEAN WYLLYS: KIT-GAY, influência sobre a sexualidade, Bahia e crescimento das Igrejas Pentecostais, s/d, disponível em https://www.youtube.com/watch?v=nROyXimr9pk, acessado em 05/04/2015.

JIMENEZ, Stephen, *The Book of Matt : Hidden Truths About the Murder of Matthew Shepard, Steerforth Press*, Hanover-NH, 2013.

JOHNSON, Kirk, Boy Scout Troop Loses Charter Over Gay Leader, *The New York Times*, 21 April 2014, disponível em http://www.nytimes.com/2014/04/22/us/boy-scout-troop-loses-charter-over-gay-leader.html, acessado em 12/05/2015.

JOHNSON, Chris, Social Security to process survivor benefits for gay couples, *Washington Blade*, December 16 2013, disponível em http://www.washingtonblade.com/2013/12/16/social-security-to-process-survivor-benefits-for-gay-couples/, acessado em 16/06/2015.

JONES & YARHOUSE, *Ex Gays? A Longitudinal Study of Religiously Mediated Change in Sexual Orientation*, Intervarsity Press, Downers Grove, 2007.

JONES, James H., Afred Kinsey: a Life, 2004, disponível em https://books.google.com.br/books?id=8jUEAwAAQBAJ&pg=PA677&lpg=PA677&dq=alfred+kinsey+mattachine+cooperation&source=bl&ots=0v4ldxjrWv&sig=sjPXqff4t6zh66w8spFcAy_2ob8&hl=pt-BR&sa=X&ei=W6j8VLSnMcemNvf5gfgO&ved=0CCYQ6AEwAQ#v=onepage&q=alfred%20kinsey%20mattachine%20cooperation&f=false, acessado em 09/04/2015.

JOSÉ EDUARDO (Pe.): a Origem da Ideologia de Gênero, vídeo, disponível em https://www.youtube.com/watch?v=s2_pIEtPbsA&index=47&list=WL, acessado em 30/06/2015.

JOSÉ EDUARDO (Pe.): Debate sobre Identidade de Gêneros na Alerj – 15/09/14 – Pe Jose Eduardo, vódeo, https://www.youtube.com/watch?v=N7GGMKQG03O.

JOVEM SOROPOSITIVO, De quem é a culpa?, *BrasilPost*, 05/05/2014, disponível em http://www.brasilpost.com.br/jovem-soropositivo/de-quem-e-a-culpa_b_5235291.html, acessado em 03/01/2015.

JOXE, Pierre, *L'Édit de Nantes, une histoire pour aujourd'hui*, Hachette, Paris, 1998.

JUSBRASIL, Autor de livro sobre a maldição de Deus sobre o homossexual escapa de condenação, s/d, disponível em http://espaco-vital.jusbrasil.com.br/noticias/2289537/autor--de-livro-sobre-a-maldicao-de-deus-sobre-o-homossexual-escapa-de-condenacao, acessado em 08/06/2015.

JUSBRASIL, redação, PNE deverá conter recomendações contra a homofobia nas escolas, s/d, disponível em http://cd.jusbrasil.com.br/noticias/2478908/pne-devera-conter-recomendacoes-contra-a-homofobia-nas-escolas, acessado em 03/04/2015.

JUSTITIA US SUPREME COURT, Bowers v. Hardwick 478 U.S. 186 (1986), disponível em https://supreme.justia.com/cases/federal/us/478/186/, acessado em 09/06/2015.

JUSTITIA US SUPREME COURT, Lawrence v. Texas 539 U.S. 558 (2003), disponível em https://supreme.justia.com/cases/federal/us/539/558/, consultado em 09/06/2015.

KAPLAN, Don, CBS First with a Sex-Change Sitcom Character, but Please, don´t call her a "he", *New York Post*, August 21, 2001, disponível em http://nypost.com/2001/08/21/cbs-first-with-a-sex-change-sitcom-character-but-please-dont-call-her-a-he/, acessado em 03/03/2015.

KATZ, Jonathan, *Gay American History: Lesbians and Gay Men in the USA, a Documentary History*, Meridian, New York, 1992.

KELBER, Mim, *Women and Government: New Ways to Political Power*, Praeger, Westport, 1994.

KENNEDY, Hubert, Karl Heinrich Ulrichs, The First Theorist of Homosexuality, *in* Science and Homosexuality, Ed. Vernon Rosario, PP. 26-45, Routledge, New York, 1997, disponível em http://hubertkennedy.angelfire.com/FirstTheorist.pdf, acessado em 02/01/2015.

KINSEY, Alfred *et al.*, *Sexual Behavior in the Human Female*, Indiana University Press, 1953.

KINSEY, Alfred *et al.*, *Sexual Behavior in the Human Male*, Indiana University Press, reprint edition, 998.

KINSEY INSTITUTE, Data from Alfred Kinsey´s Studies, disponível em http://www.kinseyinstitute.org/research/ak-data.html, acessado em 14/12/2014.

KIRBY, Andrew, Freud on Homosexuality, *Psychotherapy Papers*, s/d, disponível em https://psychotherapypapers.wordpress.com/2008/11/12/kirby1/, acessado em 23/03/2015.

KIRK, Marshall & PILL, Erastes, The Overhauling of Straight America, *Guide Magazine*, November 1987, disponível em http://library.gayhomeland.org/0018/EN/EN_Overhauling_Straight.htm, acessado em 16/03/2015.

KIRK, Marshall & MADSEN, Hunter, *After the Ball: how America will conquer its Fear and Hatred of Gays in the ´90s*, Doubleday, New York, 1989.

KIRKWOOD, Cort R., Former APA President says Homosexuals can change, *New American*, June 07, disponível em http://www.thenewamerican.com/culture/item/11640-former-apa-president-says-homosexuals-can-change, acessado em 07/04/2015.

KIT GAY, Brasil indignado rejeita KIT GAY, vídeo, s/d, disponível em https://www.youtube.com/watch?v=bhCRnydUGUs, acessado em 06/04/2015.

KIT-GAY, A Volta do Kit-Gay, Crianças incentivadas à prática Homossexual por ativistas gays – YouTube.mp4, vídeo, s/d, disponível em https://www.youtube.com/watch?v=R44EAJo4l8, acessado em 16/04/2015.

KIT-GAY, Video do Kit Gay do MEC – Video 1, s/d, disponível em https://www.youtube.com/watch?v=ufDolnFjovM, acessado em 12/04/2015.

KLAGEMAUER.TV, Skandal: Vater will sein Kind beschützen und landet im Gefängnis, 13 August 2013, disponível em https://www.youtube.com/watch?v=G6NhAhiIZB8, acessado em 17/04/2015.

KOCKA, Jürgen, *Geschichte des Kapitalismus*, C.H.Beck Verlag, München, 2014.

KURTZLEBEN, Danielle, Gay Couples more Educated, higher Income than Heterosexual Couples, *US News*, March 1, 2013, disponível em http://www.usnews.com/news/articles/2013/03/01/gay-couples-more-educated-higher-income-than-heterosexual-couples, acessado em 09/12/2014.

LAMBDA REPORT, Senate punishes UN $ Millions for Pedophile Ties, Vol. II, Nº 1, Primavera 1994, disponível em http://fpparchive.org/wp-content/uploads/2014/09/Senate-Punishes-U.N.-119-million-for-pedophile-ties_no-author_spring-1994_-Lambda-report1.pdf, acessado em 12/04/2015.

LANDESS, Thomas, The Evelyn Hooker Study and the Normalization of Homosexuality, pdf, s/d, disponível em http://www.angelfire.com/vt/dbaet/evelynhookerstudy.htm, acessado em 01/04/2015.

LARUKU, Lika, 07 January 2011, Fake Game on Big Fish?, *Wayback Machine*, disponível em https://web.archive.org/web/20130611230247/http://forums.bigfishgames.com/posts/list/136006.page, acessado em 10/02/2015.

LAURITSEN, John & THORSTAD, David, *The Early Homosexual Rights Movement: 1864-1935*, Times Change Press, New York, 1974.

LAVY, Glen B., Behind the Rhetoric: the Social Goals of LGBT Advocacy in Corporate America, *Corporate Resource Council*, s/d, pdf, disponível em http://carlospr.com/uploads/Behind_The_Rhetoric.pdf, acessado em 10/02/2015.

LEE, G. Tracy, Bill and Melinda Gates donate $500K in support of gay marriage, *MSNBC*, 24 October 2012, disponível em http://www.msnbc.com/msnbc/bill-and-melinda-gates--donate-500k-suppor, acessado em 17/07/2015.

LEITSINGER, Miranda, Boy Scouts board member opposes anti-gay policy, *NBC News*, 13 June 2012, disponível em http://usnews.nbcnews.com/_news/2012/06/13/12201507--boy-scouts-board-member-opposes-anti-gay-policy, acessado em 28/04/2015.

LERNER, Gerda, *The Creation of Feminist Consciousness: from the Middle Ages to Eighteen-seventy*, Oxford University Press, Oxford, 1994.

LEVAY, S, *The Sexual Brain*, MIT Press, Cambridge,1993.

LEVIN, Bob, *Most Outrageous: The Trials and Trespasses of Dwaine Tinsley and Chester the Molester*, Fantagraphics Books, Seattle, 2008.

LEVINE, Judith, *Harmful To Minors: The Perils Of Protecting Children From Sex*, University of Minnesota Press, Minneapolis, 2002.

LGBT MENTAL HEALTH SYLLABUS, The History of Psychiatry & Homosexuality, s/d, disponível em http://www.aglp.org/gap/1_history/#declassification, acessado em 07/04/2015.

LIPTON, Michael A., Will Power, *People*, October 26, 1998, disponível em http://www.people.com/people/archive/article/0,,20126585,00.html, acessado em 03/03/2015.

LOBO, Chico, Quotas para Travestis nas Universidades, *Organização Livres Pensadores*, 09/05/2012, disponível em https://www.facebook.com/Organizacao.Livres.Pensadores/posts/411024105586047, acessado em 12/05/2015.

LOS ANGELES TIMES, News, Tips & Bargains/Just the Facts: Gay Travelers, equipe editorial, January 23, 2000, disponível em http://articles.latimes.com/2000/jan/23/travel/tr-56646, acessado em 28/02/2015.

LOWREY, Annie, Gay Marriages Get Recognition From the I.R.S., *The New York Times*, August 29 2013, disponível em http://www.nytimes.com/2013/08/30/us/politics/irs-to-recognize-all-gay-marriages-regardless-of-state.html?_r=1.

MACEDO, Fausto & AFFONSO, Júlia, Justiça Eleitoral arquiva Inquérito contra Levy, 23/05/2015, disponível em http://www.msn.com/pt-br/noticias/other/janot-abre-ação--para-investigar-declarações-de-levy-fidelix/ar-BB6UdDl, acessado em 01/06/2015.

MACHADO, Daniel, As tristes consequências da ausência paterna, *Destrave*, s/d, disponível em http://destrave.cancaonova.com/as-tristes-consequencias-da-ausencia-paterna/, acessado em 01/05/2015.

MACGILLIVRAY, Ian K., *Gay-Straight Alliances: A Handbook for Students, Educators, and Parents*, Routledge, New York, 2007.

MAGNUSON, Ed, In a Rage over AIDS: a Militant Protest Group targets the Catholic Church, *Time*, 25/12/1989, disponível em http://content.time.com/time/magazine/article/0,9171,959419,00.html, acessado em 28/06/2015.

MAGRINI, Pedro Rosas & LAGOZ, Mara Coelho de Souza, Produção Acadêmica sobre o MST: Estudos sobre Gênero, Sexualidade, Raça e Etnia, Seminário Internacional "Enlaçando Sexualidades, 15-17 de maio de 2013, Universidade do Estado da Bahia-Campus I, Salvador-BA.

MAKOW, Henry, The Kinsey Report: How a Rockefeller Funded Study Laid the Groundwork For Today's Moral and Cultural Collapse, *Prison Planet.com*, 10 August 2004, disponível em http://www.prisonplanet.com/articles/august2004/100804culturalcollapse.htm, acessado em 17/07/2015.

MALTA, Magno, SENADOR MAGNO MALTA contra KIT "ESCOLA SEM HOMOFOBIA" – "KIT GAY".mp4, vídeo, s/d, disponível em https://www.youtube.com/watch?v=B483zweaFqY, acssado em 11/04/2015.

MARCUS, Eric, *Making History: The Struggle for Gay and Lesbian Equal Rights, 1945-1990, an Oral History*, Harper Collins Perennial, New York, 1993.

MARINHO, Raul, Cotas para Travestis, *Blog do Raul Marinho*, 11/04/2009, disponível em https://raulmarinhog.wordpress.com/2009/04/11/cotas-para-travestis/, acessado em 02/05/2015.

MARKOWITZ, Norman, The Coomunist Movement and Gay Rights: the Hidden History, *PA-Political Affairs*, August 06 2013, disponível em http://www.politicalaffairs.net/the-communist-movement-and-gay-rights-the-hidden-history/, acessado em 05/04/2015.

MARTINS, Luisa, Pelo menos 8 Estados retiram referências a gênero dos Planos de Educação, *ZH Educação*, 29/06/2015, disponível em http://zh.clicrbs.com.br/rs/vida-e-estilo/educacao/noticia/2015/06/pelo-menos-oito-estados-retiram-referencias-a-genero-dos-planos-de-educacao-4791753.html, acessado em 29/07/2015.

MARWICK, Arthur, *The Sixties: Cultural Revolution in Britain, France, Italy, and the United States, c.1958-c.1974*, Oxford University Press, Oxford, 1998.

MASAKI, Lyle, Today is the anniversary of thirtysomething´s « Strangers » episode, *The Backlot*, 07 November 2007, disponível em http://www.thebacklot.com/today-is-the--anniversary-of-thirtysomethings-strangers-episode/11/2007/, acessado em 29/03/2015.

MASS RESISTANCE, Lexington father of 6-year-old arrested, spends night in jail over objections to homosexual curriculum in son's kindergarten class, redação, 27 April 2005, disponível em http://www.massresistance.org/docs/parker/main.html, acessado em 18/04/2015.

McCAIN, Robert Stacy, Endorsement of adult-child sex on rise, *The Washington Times*, April 19, 2002, disponível em http://www.come-and-hear.com/editor/ca-wt-04-19-02/, acessado em 17/04/2015.

McNAMARA, Eileen, Connecticut Boy Scout Council Will Allow Gays, *East-Hampton Portland Patch*, 23 May 2013, http://patch.com/connecticut/easthampton-ct/connecticut-boy-scout-council-will-allow-gays, acessado em 25/04/2015.

MATTELART, Armand, *La Communication Monde: Histoire des idées et des Stratégies*, La Découverte, Paris, 1992.

MEADOWS, Donella H. *et al.*, Short Version of "The Limits to Growth: a Report to the Club of Rome (1972)", s/d, disponível em http://web.ics.purdue.edu/~wggray/Teaching/His300/Illustrations/Limits-to-Growth.pdf, acessado em 28/07/2015.

MEDEIROS, Lucas, Após polêmica, "Babilônia" contará com novos personagens gays, *TV Foco*, 01/04/2015, disponível em http://otvfoco.com.br/audiencia/apos-polemica-babilonia-contara-com-novos-personagens-gays/, acessado em 03/04/2015.

MERRETT, Jim, Scout's Honor Doing His Best to Do His Duty, the Grandson of the Boy Scouts of America Founder Comes Out , *Scout Pride*, 06 January 2014, disponível http://www.bsa-discrimination.org/html/boyce.html, acessado em 28/04/2015.

MILLARD, How Madsen and Hunter invented the born gay hoax, *The Rainbow*, February 28, 2013, disponível em https://victimsofgaybullying.wordpress.com/author/misherkin2/, acessado em 12/11/2014.

MILLET, Kate, Sexual Politics, Univesity of Illinois Press, Springfield, 2000 (first ed. 1970).

MOHLER, Albert, After the Ball – Why the Homosexual Movement has won, *Gendernews.com*, June 3rd, 2004, disponível em http://web.archive.org/web/20070927163416/http://www.gender-news.com/other.php?id=19, acessado em 20/03/2015.

MOYNIHAN, Carolyn, 'Lower age of consent' says gay rights campaigner, *Family Edge*, 26 August 2010, disponível em http://www.mercatornet.com/family_edge/view/7848, acessado em 03/12/2014.

MÜLLER, Ann-Katrin, Pedophile Alliance: An Uncomfortable Past for Gay Rights, *Spiegel Online International*, August 29, 2013, disponível em http://www.spiegel.de/international/germany/gay-activists-in-germany-silent-on-alliance-with-pedophiles-in-1980s-a-919119.html, acessado em 1/02/2015.

NARDI, Henrique Caetano & QUARTIERO, Eliana, Educando para a Diversidade: Desafiando a Moral Sexual e construindo Estratégias de Combate à Discriminação no Cotidiano Escolar, *Scielo*, s/d, disponível em http://www.scielo.br/scielo.php?pid=S1984-64872012000500004&script=sci_arttext, acessado em 15/04/2015.

NASH, PJ & LOMBARDI-NASH, Michael, Karl Heinrich Ulrich, *Celebration*, 2015, disponível em http://www.angelfire.com/fl3/celebration2000/#sub1, acessado em 21/04/2015.

NEWMAN, Alex, EU Funding of Homosexual Lobby with Pedophile Links Questioned, *New American*, 21 February 2012, disponível em http://www.thenewamerican.com/world-news/europe/item/8949-eu-unding-of-homosexual-lobby-with-pedophile-links-questioned, acessado em 06/04/2015.

NEWS.VA, IBGE: Católicos ainda são maioria no Brasil, mas aumenta diversidade religiosa, 30/06/2012, disponível em http://www.news.va/pt/news/ibge-catolicos-ainda-sao-maioria-no-brasil-mas-aum, acessado em 25/12/2015.

NEW YORK POST, Gay Vets can now march in Boston´s St. Patrick´s Parade, 16 December 2014, disponível em http://nypost.com/2014/12/16/gay-vets-can-now-march-in-boston-st-patricks-parade/, acessado em 03/05/2015.

NICHOLS, James Michael, Matthew Shepard murdered by Bisexual Lover and Drug Dealer, Stephen Jimenez claims in New Book, *Huffpost Gay Voice*, December 09, 2013, disponível em http://www.huffingtonpost.com/2013/09/12/stephen-jimenez-matthew--shepard_n_3914707.html, acessado em 04/04/2015.

NOBELIUS, Anne-Maree, What is the difference between sex and gender?, *Monash University*, 2004 disponível em http://www.med.monash.edu.au/gendermed/sexandgender.html, acesado em 10/02/2015.

NOGUEIRA, Manuela, Alunos do Mackenzie protestam contra chanceler crítico da Lei da Homofobia, 26/11/2010, *Veja*, disponível em http://vejasp.abril.com.br/materia/mackenzie-protesto-lei-da-homofobia/, acessado em 14/05/2015.

OBSERVATÓRIO INTERAMERICANO DE BIOPOLÍTICA, Dr. Money e o Menino sem Pênis, vídeo, http://biopolitica.com.br/index.php/videos/49-a-historia-de-david-reimer

O´LEARY, Dale, *The Gender Agenda*, Vital Issues Press, Lafayette, Lousiana, 1997.

ORTIZ, Stephanie, General Synod at a Glance, *United Church of Christ*, disponível em 30 June 2003, disponível em http://www.ucc.org/general-synod-24-at-a-glance, acessado em 03/05/2015.

OSTLING, Richard, Same-sex Marriages ? Civil Unions ? A gay theologian thinks they´re only the beginning, *Associated Press*, 2004, disponível em http://saveelca.blogspot.com.br/2005/07/same-sex-marriages-civil-unions-gay.html, acessado em 26/12/2014.

PADRE PAULO RICARDO Denuncia a Ideologia de Gênero na Câmara dos Deputados em Brasília – DF, vídeo, disponível em https://www.youtube.com/watch?v=e8y--wtgULQE&app=desktop, acessado em 12/05/2015.

PAGLIA, CAMILLE, Feminism Past and Present: Ideology, Action, and Reform, pdf, 2008, disponível em http://www.bu.edu/arion/files/2010/03/Feminism-Paglia1.pdf, acessado em 11/01/20015.

PARDAL, Vigarices educacionais: a farsa do "homocausto" do ENEM. Ou ainda: mais marxismo cultural em provas públicas, *Apologética no Japão*, s/d, disponível em https://apologeticanojapao.wordpress.com/tag/enem/, acessado em 20/04/2015.

PARIS, Barry, *Garbo, Alfred A. Knopf*, New York, 1994.

PAULOPES (blog), Pastor terá de pagar indenização por demonizar os gays, 15/11/2008, disponível em http://www.paulopes.com.br/2008/11/pastor-ter-de-pagar-indenizao-por.html, acessado em 08/06/2015.

PEDOFILIA: Conheçam o Kit Gay do Ministério da Educação, vídeo, s/d, disponível em https://www.youtube.com/watch?v=LgyBoKYK6cg, acessado em 15/04/2015.

PEREIRA, Paula, Unidos pelo Visto, Época, 16/10/2003, disponível em http://revistaepoca.globo.com/Revista/Epoca/0,,EDG60663-6014,00-UNIDOS+PELO+VISTO.html, acessado em 18/06/2015.

PERRY, Wayne, Boy Scouts president: Let in gay boys, *USA Today*, 22 May 2013, disponível em http://www.usatoday.com/story/opinion/2013/05/22/boy-scouts-president-let-in--gay-boys/2351907/, acessado em 24/04/2015.

PERSHING, Ben, Senate passes Hate Crimes Bill that would extend Protection to Gays, Lesbians, *Washingtonpost.com*, October 23, 2009, disponível em http://www.washington-post.com/wp-dyn/content/article/2009/10/22/AR2009102204689.html, acessado em 04/04/2015.

PERTMAN, Adam , In Gay Markets, Ads target big Dollars, not big Change, *The Boston Globe*, Boston, 2001, disponível em http://www.highbeam.com/doc/1P2-8633328.html, acessado em 15/02/2015.

PETRELIS, Michael, US State Department affirms Opposition as Uganda´s kill the Gays Bill looms, *The Petrelis Files*, September 05, 2011, disponível em http://mpetrelis.blogspot.com.br/2011/09/us-state-dept-affirms-opposition-as.html, acessado em 02/04/2015.

PEYSER, Andrea, Uncomfortable Truth in Matthew Shepard´s Death, *New York Post*, October 28, 2013, disponível em http://nypost.com/2013/10/28/uncomfortable-truth--behind-matthew-shepards-death/, acessado em o1/04/2015.

PINKNEWS, equipe editorial, Lord Smith: Tony Blair was nervous about lowering the age of consent for gay men and repealing Section 28, 12 October 2013, disponível em http://www.pinknews.co.uk/2013/10/12/lord-smith-tony-blair-was-nervous-about-lowering-the--age-of-consent-for-gay-men-and-repealing-section-28/, acessado em 12/12/2014.

PINSKY, Mark I., Long Time Orlando Pastor resigns, *Orlando Sentinel*, 05 December 2002, disponível em http://www.freerepublic.com/focus/religion/802245/posts, acessado em 28/06/2015.

POLITICALLY INCORRECT, equipe editorial, s/d, Die Pädophilie-Bewegung und die Grünen, disponível em http://www.pi-news.net/2013/09/die-padophilie-bewegung-und--die-grunen/, acessado em 12/02/2015.

PORTAL DA TRANSPARÊNCIA, Controladoria Geral da União, Convênio SIAFE 603408, s/d, disponível em http://www.portaltransparencia.gov.br/convenios/DetalhaConvenio.asp?TipoConsulta=5&CodConvenio=603408, acessado em 13/04/2015.

PRAGMATISMO POLÍTICO, redação, O Primeiro Comercial com Beijo Gay na Televisão Brasileira, 20/05/2014, disponível em http://www.pragmatismopolitico.com.br/2014/05/o-primeiro-comercial-com-beijo-gay-da-televisao-brasileira-2.html, acessado em 19/02/2015.

PROJETO UNE PELO BRASIL, 2014, pdf, disponível em http://une.org.br/site/wp-content/uploads/2014/12/Catilha-CONEG_10-07_01.pdf, acessível em 12/05/2015.

PROVIDA, redação, Gênero fora do PNE, 03/05/2014, disponível em http://www.provida-anapolis.org.br/index.php/todos-os-artigos/item/431-genero-fora-do-pne, acessado em 03/05/2015.

PSOL 50, Seminário LGBT do Congresso Nacional vai debater Liberdade Religiosa e Diversidade Sexual, Mandato Dep. Jean Wyllys, 07/05/2013, disponível em http://psol50.org.br/site/noticias/1958/seminario-lgbt-do-congresso-nacional-vai-debater--liberdade-religiosa-e-diversidade-sexual, acessado em 10/04/2015.

PYEATT, Matt, Deaf Lesbians criticized for Efforts to create Deaf Child, *CNSNews.com*, April 2, 2002, http://www.freerepublic.com/focus/news/657869/posts.

QUIGLEY, Robert, Vancouver and More: 5 Times Pedobear's Infiltrated the Real World, *Mary Sue*, 07 February 2010, disponível em http://www.themarysue.com/pedobear-vancouver-5-times-pedobear-has-fooled-the-world/#geekosystem, acessado em 16/03/2015.

RAIMAN, Kermit, Pro-Gay Revisionist Theology: Did God Really Say...?, *Pure Intimacy*, s/d, disponível em http://www.pureintimacy.org/p/pro-gay-revisionist-theology-did-god-really-say/, acessado em 27/06/2015.

RAMALHO, Renan, Relator no STF vota a favor do uso de banheiro feminino por transexual, GLOBO.COM, 19/11/2015, disponível em http://g1.globo.com/politica/noticia/2015/11/relator-no-stf-vota-favor-do-uso-de-banheiro-feminino-por-transexual.html, acessado em 06/12/2015.

RECONQUISTAR A UNE, Tese ao 51º Congresso da UNE – Brasília, 15 a 19 de julho de 2009, disponível em http://reconquistaraune.com.br/wp-content/uploads/2013/03/tese-completa-ao-51-CONUNE-2009.pdf, acessado em 14/05/2015.

REDDY, Sumathi, Some Boy Scout Troops Disregard Ban on Gays, *The Wall Street Journal*, 26 July 2012, disponível em http://www.wsj.com/articles/SB10000872396390443343704577551162306364148, acessado em 23/04/2015.

REDE GLOBO, equipe editorial, Programa da Globo mostra Beijo Gay para Crianças e gera Polémica, *Fatos Políticos*, 19 novembro, 2013, disponível em http://www.fatospoliticos.com.br/2013/11/programa-da-globo-mostra-beijo-gay-para-criancas-e-gera-polemica-video/, acessado em 14/02/2015.

REDFORD, Ralph, Jury acquits gay methodist pastor, *USA Today*, 20 March 2004, disponível em http://usatoday30.usatoday.com/news/religion/2004-03-20-wa-gay-pastor_x.htm, acessado em 28/06/2015.

REISMAN, Judith, The Kinsey Cover-Up, s/d, disponível em http://www.drjudithreisman.com/the_kinsey_coverup.html, acessado em 25/07/2015.

RENAULT, Olivier, Cohn-Bendit et les Verts allemands toujours plus accusés de pédophilie, *La Voix de la Russie*, 27 Juillet 2013, disponível em http://fr.sputniknews.com/french.ruvr.ru/2013_07_27/Cohn-Bendit-et-les-Verts-allemands-toujours-plus-accuses-de-pedophilie-2498/, acessado em 18/02/2015.

REYNOLDS, Daniel, Meet the First Openly Gay Eagle Scout, 11 February 2014, *advocate.com*, disponível em http://www.advocate.com/youth/2014/02/11/meet-first-openly-gay-eagle-scout, acessado em 01/05/2015.

RICE, Xan, Ugandan Gay Rights Activist David Kato found murdered, *The Guardian*, January 27, 2011, disponível em http://www.theguardian.com/world/2011/jan/27/ugandan-gay-rights-activist-murdered, acessado em 15/04/2015.

RICHARDSON, Valerie, Bully pulpit: Houston subpoenas pastors' sermons, then backs off amidst outcry, *The Washington Times*, 15/09/2014, disponível em http://www.washingtontimes.com/news/2014/oct/15/houston-backs-off-church-sermon-subpoenas-in-trans/?page=all, acessado em 02/07/2015.

RILEY, Charles, IBM warns Louisiana over 'religious freedom' Bill, *CNN Money*, 17 April 2015, disponível em http://money.cnn.com/2015/04/17/news/ibm-louisiana-religious-freedom-jindal/, 17/04/2015.

RIND, Bruce Ph.d, BAUSERMAN, Robert, Ph.d & TROMOVITCH, Philip, An Examination of Assumed Properties of Child Sexual Abuse Based on Nonclinical Samples, Paper presented to the symposium sponsored by the Paulus Kerk, Rotterdam, The Netherlands, on the 18th of December 1998, disponível em https://www.ipce.info/library_2/rbt/examination.htm, acessado em 01/05/2015.

ROGERS, Gregory, Report on the Gay Report, *Books&Reviews*, s/d, disponível em http://www.narth.org/docs/reporton.html, acessado em 02/05/2015.

RONDON, José Eduardo, Justiça do Piauí permite companheiro de homossexual como dependente no IR, *Folha de São Paulo*, 03/04/2009, disponível em http://www1.folha.uol.com.br/mercado/2009/04/545683-justica-do-piaui-permite-companheiro-de-homossexual-como-dependente-no-ir.shtml, acessado em 19/06/2015.

ROSA, Gabriel, Em reunião com líderes religiosos, prefeito de Florianópolis garante que retirará gênero do Plano de Educação, *Diário Catarinense*, 30/07/2015, disponível em http://diariocatarinense.clicrbs.com.br/sc/noticia/2015/07/em-reuniao-com-lideres-religiosos-prefeito-de-florianopolis-garante-que-retirara-genero-do-plano-de-educacao-4813148.html, acessado em 01/08/2015.

ROSIN, Hanna, Lesbian Marriage Threatens to Split United Methodists, *Washington Post*, 16 June 1999, disponível em http://www.washingtonpost.com/wp-srv/national/daily/june99/split16.htm, acessado em 29/06/2015.

ROWLEY, James, The Boy Scouts' New York Chapter Make Precedential Hire, *Finger Lake Daily News*, 05 April 2015, disponível em http://fingerlakesdailynews.com/news/details.cfm?clientid=16&id=169992#.VTbc8Rt8PIV, acessado em 03/05/2015.

ROXALL, Bettina, Gay And Lesbian Adolescent Social Services Inc Glass, *Los Angeles Times*, disponível em http://articles.latimes.com/keyword/gay-and-lesbian-adolescent-social-services-inc-glass, acessado em 07/03/2015.

ROXALL, Bettina, Beleaguered Gay Agency fights back, *Los Angeles Times*, 23 June 1996, disponível em http://articles.latimes.com/1996-06-23/local/me-17813_1_youth-agency, acessado em 04/01/2015.

RUSE, Austin, Homosexual lobby group linked with pro-pedophile groups funded mostly by governments, *LifeSite*, 06 January 2012, disponível em https://www.lifesitenews.com/news/homosexual-lobby-group-linked-with-pro-pedophile-groups-funded-mostly-by-go, acessado em 06/04/2015.

SALAI, Sean, Transsexual Methodist Minister Resigns from Church; 'Pastoral Effectiveness' at Issue after Change to woman, *The Washington Times*, 02 July 2002, disponível em http://www.highbeam.com/doc/1G1-88177178.html, acessado em 28/06/2015.

SARGENT, Lydia, *Women and Revolution: a Discussion of the unhappy Marriage of Marxism and Feminism*, South End Press, Cambridge (MA), 1981.

SCALA, Jorge, *IPPF : a Multinacional da Morte*, Múltipla, Anápolis, 2004.

SCHILLING, Chelsea, Has the Normalizing of Pedophilia begun?, *WND*, 05 July 2012, disponível em http://www.wnd.com/2012/07/has-the-normalizing-of-pedophilia-begun/, acessado em 17/02/2015.

SECRETARIA DOS DIREITOS HUMANOS, Presidência da República, Diálogos Brasil-EU, disponível em http://www.sdh.gov.br/assuntos/lgbt/programas/dialogos-brasil-2013--uniao-europeia, acessado em 15/07/2015.

SENDER, Katherine, Business, not Politics: Gays, Lesbians, Bisexuals, Transgender People and the Consumer Sphere, University of Pennsylvania Scholarly Commons, Departmental Papers (ASC), Annenberg School of Communication, pdf, 2002.

SEVERO, Júlio, A menina, o banheiro e o marmanjo gay, blog, 28 de janeiro de 2012, disponível em http://juliosevero.blogspot.com.br/2012/01/menina-o-banheiro-e-o-marmanjo--gay.html, acessado em 23/04/2015.

SILVA, A et *al*, *Sociologia em Movimento*, Moderna, São Paulo, 2013.

SIMON, Mallory, Same-sex couples fight for immigration rights, *CNN*, June 03 2009, disponível em http://edition.cnn.com/2009/POLITICS/06/03/same.sex.immigration/index.html, acessado em 18/06/2015.

SIQUEIRA, Thácio, Caindo no conto do gênero: Entrevista com Pe. Dr. José Eduardo de Oliveira e Silva, Professor de Teologia Moral, *Zenit*, 04/04/2014, disponível em http://www.zenit.org/pt/articles/caindo-no-conto-do-genero, acessado em 01/05/2015.

SMITH, Steph, Gay Catholics Refused Communion At Holy Name Cathedral, 31/05/2015, *ChicagoPride.com*, disponível em http://chicago.gopride.com/news/article.cfm/articleid/1853584, acessado em 28/06/2015.

SORBA, Ryan, The Intimidation of the American Psychiatric Association: The "Born Gay" Hoax, *Mass Resistance*, 2007, disponível em http://www.massresistance.org/docs/gen/08a/born_gay_hoax/TheBornGayHoax.pdf, acessado em 15/03/2015.

SPARTA, Christine, Emergence from the Closet, *USA Today*, 03 November 2002, disponível em http://usatoday30.usatoday.com/life/television/2002/2002-03-11-coming-out-timeline.htm, acessado em 29/03/2015.

STERN, Joseph, Unconscionable Practice, This court ruling could mean the end of gay conversion therapy, *Jurisprudence*, the Law, the Lawyers and the Court, 10 February 2015, disponível em http://www.slate.com/articles/news_and_politics/jurisprudence/2015/02/new_jersey_gay_conversion_therapy_case_blocked_expert_testimony_could_be.html, acessado em 21/04/2015.

STOLBERG Sherryl Gay, Obama Signs Away 'Don't Ask, Don't Tell', *The New York Times*, 22 December 2010, disponível em http://www.nytimes.com/2010/12/23/us/politics/23military.html?_r=0, acessado em 12/05/2015.

SUA PESQUISA.COM, Sigmund Freud, disponível em http://www.suapesquisa.com/biografias/freud.htm, acessado em 03/04/2015.

SUL 21, 22 anos de nuances: exposição retrata história de luta por direitos do grupo LGBT, equipe editorial, 20/11/2013, disponível em http://www.sul21.com.br/jornal/22-anos-de-nuances-exposicao-retrata-historia-de-luta-por-direitos-grupo-lgbt/, acessado em 12/04/2015.

SANFORT, Theo, Pedophilia and the Gay Movement, Journal of Homosexuality, Volume 13, Issue 2-3, 1987, in Taylor & Francis online, disponível em http://www.tandfonline.com/doi/abs/10.1300/J082v13n02_08#preview, acessado em 09/04/2015.

SANTANA, Uziel, O STF, o CNJ e a Resolução nº 175/2013 sobre o casamento civil homossexual, *UNAJURE*, 11/06/2013, disponível em http://www.anajure.org.br/o-stf-o-cnj-e-a--resolucao-no-1752013-sobre-o-casamento-civil-homossexual/, acessado em 03/06/2015.

SCHAEFER, Richard T., What is a Minority Group?, *Race, Racism and the Law*, 1993, disponível em http://www.racism.org/index.php?option=com_content&view=article&id=280:minor0101&catid=15&Itemid=118, acessado em 05/11/2014.

SCHNEIDER, Mike, Christian Group to show Gay Days vídeo at Disney Meeting, *The Florida Times-Union*, February 12, 2002, disponível em http://jacksonville.com/tu-online/apnews/stories/021202/D7HKPNT00.html, acessado em 01/03/2015.

SCHULTZ, Gudrun, Noted US Psychologists condemn Gay Activist Influence on APA, *LifeSiteNews.com*, December 20, 2005, disponível em https://www.lifesitenews.com/news/noted-us-psychologists-condemn-gay-activist-influence-on-apa, acessado em 25/01/2015.

SCHWARTZHOFF, Regine, "Sexualerziehung" häufig schamverletzend und enthemmend, *Die Freie Welt*, disponível em http://www.freiewelt.net/interview/sexualerziehung-haeufig-schamverletzend-und-enthemmend-14147/, acessado em 14/05/2015.

SCIRE, Raphael, Análise: Globo abre armário, e personagens gays invadem novelas, *NTV*, 15/05/2014, disponível em http://noticiasdatv.uol.com.br/noticia/opiniao/analise-globo-abre-armario-e-personagens-gays-invadem-novelas-3337, acessado em 12/02/2015.

SCOTT, Pastor, Homo-Fascism vs. the First Amendment, *Scott Lively Ministries*, 21 May 2013, disponível em http://www.scottlively.net/2013/05/21/homofascism-vs-the-first-amendment/http://www.scottlively.net/2013/05/21/homofascism-vs-the-first-amendment/, acessado em 18/04/2015.

SEARS, Alan E & OSTEN, Craig J., *The Homosexual Agenda*, B&H Publishing Group, Nashville, 2003.

SENADO FEDERAL, Núcleos de Estudos Acadêmicos em Gênero e Raça, disponível em http://www.senado.gov.br/senado/programas/pro_equidade/nucleos.asp, acessado em 04/05/2015.

SEVERO, Júlio, "Onde está Júlio Severo?", perguntam militantes gays, *Mídia sem Máscara*, 15/08/2013, disponível em http://www.midiasemmascara.org/artigos/governo-do-pt/14420--onde-esta-julio-severo-perguntam-militantes-gays.html, acessado em 25/06/2015.

SHEFF, Elisabeth A., How Slippery is the Slope from Gay Marriage to Polyamory?, *Psychology Today*, 2004, disponível em https://www.psychologytoday.com/blog/the-polyamorists-next-door/201403/how-slippery-is-the-slope-gay-marriage-polyamory, acessado em 22/01/2015.

SHEHERAZADE, Rachel, O Beijo lésbico na igreja de Feliciano e a lei, *Jovem Pan*, s/d, disponível em http://jovempan.uol.com.br/opiniao-jovem-pan/comentaristas/rachel-sheherazade/o--beijo-lesbico-na-igreja-de-feliciano-e-lei.html, acessado em 05/04/2015.

SHENITZ, Bruce, The Grande Dame of Gay Liberation, *Los Angeles Times Magazine*, June 10, Los Angeles, 1990.

SHILTS, Randy, *And the Band played on*, Saint Martin´s Press, New York, 1987.

SINGSON, Samantha, Comissão de ONGs da ONU rejeita ABGLT para credenciamento na ONU, *Gospel Plus*, 13/02/2009, disponível em http://www.gospelplus.com.br/comissao--de-ongs-da-onu-rejeita-abglt-para-credenciamento-na-onu/, acessado em 02/04/2015.

SKAGGS, Kathryn, Frozen: Not Gonna "Let It Go" When Movie Advocates Gay Agenda, A Well Behaved Mormon Woman (blog), s/d, disponível em http://wellbehavedmormonwoman.blogspot.com.br/2014/02/movie-frozen-gay-homosexual-agenda.html#.U1L88XIOXIU, acessado em 31/03/2015.

SORBA, Ryan, The Born Gay Hoax, Wilmington DE, s/d, disponível em http://www.massresistance.org/docs/gen/08a/born_gay_hoax/TheBornGayHoax.pdf, acessado em 25/01/2015.

SOUZA, Vanderlúcio, MEC quer cotas para travestis se tornarem professores do ensino fundamental e médio, 05/09/2014, disponível em http://blog.opovo.com.br/ancoradouro/mec-quer-cotas-para-travestis-se-tornarem-professores-ensino-fundamental-e-medio/, acessado em 07/05/2015.

STARR, Michael, Kiss of Death – Tonight´s Girl-Girl "Friends" Liplock means it´s over, New York Post, 26 April 2001, disponível em http://nypost.com/2001/05/02/not-amused--ratings-for-weakest-link-take-a-sharp-and-unexpected-drop/?_ga=1.226755037.1543257250.1427658256, acessado em 29/03/2015.

STEAKLEY, James D, *The Writings of Magnus Hirschfeld: A Bibliography*, Canadian Gay Archives, Toronto, 1985.

STEPHAN, Ed, Montgomery Clift: Biography, *IMDb*, s/d, disponível em http://www.imdb.com/name/nm0001050/bio, acessado em 13/12/2014.

STEYN, Mark, There´s no stopping them now, *Chicago Sun Times*, Chicago, July 13, 2003 disponível em http://www.glapn.org/sodomylaws/usa/useditorial038.htm, acessado em 07/03/2015.

STONEWALL, equipe editorial, The Age of Consent: History, website, s/d, disponível em http://www.stonewall.org.uk/at_home/hate_crime_domestic_violence_and_criminal_law/2643.asp, acessado em 14/12/2014.

SYLVA, Douglas A., Ph.D, The United Nations Children´s Fund : Women or Children First ?, White Paper Series Number Three, Catholic Family & Human Rights Institute, New York, 2003, disponível em http://fathersforlife.org/doc/c-fam-UNICEF.pdf, acessado em 10/04/2015.

TAMAGNE, Florence,. *History of Homosexuality in Europe*, Algora Publishing, New York, 2004.

TATCHELL, Peter, *Why the Age of Consent in Britain should be lowered to fourteen*, Legal Notes 38, Libertarian Alliance, London, 2002.

TELES, João Pedro, Ex-metalúrgico da Ericsson quer ser exemplo de luta contra homofobia, MEOM, 09/05/2014, disponível em http://www.meon.com.br/noticias/regiao/ex-metalurgico-da-ericsson-quer-ser-exemplo-de-luta-contra-homofobia, acessado em 25/06/2015.

THEDEN, Teachers, public schools, & gay rights, redação, 19 November 2012, disponível em https://www.denison.edu/theden/2012/11/teachers-public-schools-gay-rights/, acessado em 23/04/2015.

THINKER, Claire, Don't Blame Uganda. David Kato was Not a Victim of "Hate-Crime", *The Rainbow*, September 27, 2013, disponível em https://victimsofgaybullying.wordpress.com/2013/09/27/dont-blame-uganda-david-kato-was-not-a-victim-of-hate-crime/, acessado em 22/04/2015.

THOMPSAN, Mark, *Long Road to Freedom: The Advocate History of the Gay and Lesbian Movement*, Saint Martins Press, New York, 1994.

THORSTAD, David, Harry Hay on Man/Boy Love, NAMBLA, 2003, disponível em http://nambla.org/hayonmanboylove.html, acessado em 01/12/2014.

THROCKMORTON, Warren, *Harry Hay, NAMBLA and associations*, Patheos, October 9, 2009, disponível em http://nambla.org/hayonmanboylove.html, acessado em 06/04/2015.

THROCKMORTON, Warren, Roots of Reparative Therapy : Sandor Rado and the Reparative Adjustment, Patheos, 23 June 2011, disponível em http://www.patheos.com/blogs/warrenthrockmorton/2011/06/23/roots-of-reparative-therapy-sandor-rado-and-the-reparative-adjustment/, acessado em 07/08/2015.

TIMMONS, Stuart, *The Trouble with Harry Hay*, White Crane Books, New York, 2012.

TOBIN, Kay & WICKER, Randy, *The Gay Crusaders*, Arno Press, 1975.

TOMEO, Marie E., TEMPLER, Donald I., ANDERSON, Susan & KOTLER, Debra, Comparative Data of Childhood and Adolescence Molestation in Heterosexual and Homosexual Persons, *Archives of Sexual Behavior*, Vol. 30, No. 5, 2001, disponível em http://pt.scribd.com/doc/94146535/Comparative-Data-of-Childhood-and-Adolescence-Molestation-in-Heterosexual-and-Homosexual-Persons-2001-by-Marie-E-Tomeo-Donald-I-Templer-Susan-An, acessado em 03/01/2015.

TRABALHOS ESCOLARES E ACADÊMICOS PRONTOS: Resumo de Desigualdades de Gênero, Resumo De Desigualdades De Gênero, disponível em http://www.trabalhosfeitos.com/search_results.php?query=Resumo+De+Desigualdades+De+Genero+Ra%C3%A7a+E+Etnias, acessado em 10/05/2015.

TRINDADE, Welton, Simulação de boquete em parada, *Parou Tudo*, 25/11/2011, disponível em http://paroutudo.com/2011/11/25/boquete-em-parada-gay-no-acre-causa-polemica/, acessado em 29/06/2015.

UNIÂO DOS LIVRES, equipe editorial, Causa Própria: Prefeitura do PT vai usar milhões em restauração de casarão para abrigar museu de ativistas gays, 27/10/2014, disponível em http://www.uniaodoslivres.com.br/2014/10/causa-propria-prefeitura-do-pt-vai-usar.html, acessado em 03/04/2015.

UNIÂO DOS LIVRES, equipe editorial, Obama deverá participar de Gala LGBT em Nova Iorque, 16/06/2014, disponível em http://www.uniaodoslivres.com.br/2014/06/obama-para-participar-nyc-lgbt-gala.html, acessado em 19/02/2015.

UNITARIAN UNIVERSALISTS FOR POLYAMORY AWARENESS (UUPA), http://www.uupa.org/, acessado em 06/02/2015.

UOL NOTÍCIAS, Em parecer, Janot defende que homofobia vire crime de racismo, 25/06/2015, disponível em http://noticias.uol.com.br/politica/ultimas-noticias/2015/06/25/procurador-geral-da-republica-defende-que-homofobia-vire-crime-de-racismo.htm, acessado em 20/11/2015.

VALENZA, Alessia, European Parliament calls for Justice afetr brutal Billing in Uganda, ILGA, February 01, 2011, disponível em http://ilga.org/european-parliament-calls-for-justice-after-the-brutal-killing-in-uganda/, acessado em 10/04/2015.

VÂLSAN, Lucian, Spanish Gender Stalinism, *A Voice for Men*, 2013, disponível em http://www.avoiceformen.com/feminism/government-tyranny/spanish-gender-stalinism-part-i/, acessado em 28/01/2015.

VASQUEZ, Maria Laura Ramalho, Essencialismo e Construtivismo social sob uma Perspectiva Sexual, Cuidar de Si, disponível em http://www.cuidardesi.com.br/essencialismo_construtivismo_social.htm, acessado em 15/01/2015.

VIEIRA, William & NUBLAT, Johanna, Justiça Gaúcha facilita Adoção por Casais Homossexuis, *Folha de São Paulo*, 15/06/2008, disponível em http://www1.folha.uol.com.br/cotidiano/2008/06/412544-justica-gaucha-facilita-adocao-por-casais-gays.shtml, acessado em 18/06/2015.

VINCENT, Lynn, Remaining silent: CANADA: Parliament OKs a law to criminalize speech deemed "anti-gay", World, 08 May 2004, disponível em http://www.worldmag.com/2004/05/remaining_silent, acessado em 28/06/2015.

VIOMUNDO, ABGLT repudia Aprovação do Projeto da "Cura Gay", 19/06/2013, Disponível em http://www.viomundo.com.br/voce-escreve/abglt-repudia-aprovacao-do-projeto-da-cura-gay.html, acessado em 12/01/2015.

VIVAS, Patrícia, Autoridades participam de congresso LGBT em Niterói, *O Fluminense*, 06/06/2014, disponível em http://ofluminense.com.br/editorias/cidades/ministra-da-cultura-visita-niteroi-para-congresso-lgbt, acessado em 10/04/2015.

WAITES, Matthew, *The age of Consent: Young People, Sexuality and Citizenship*, New York/London: Palgrave MacMillan, New York/London, 2005.

WALBER, Daniel, The out take: George Cukor was a gay man, but did He make gay films?, *Film.com*, December 12, 2013, disponível em http://www.film.com/movies/the-out-take-george-cukor-gay-filmmaker, acessado em 14/12/2014.

WALLACE, Gregory, Brands that love LGBT the most, *CNN Money*, s/d, disponível em http://money.cnn.com/2015/01/12/news/companies/lgbt-brands/index.html?iid=EL, acessado em18/04/2015.

WATSON, Paul Joseph, Por que a Mídia de Massa faz Promoção dos Direitos dos Gays? vídeo, *União dos Livres*, 08/02/2014, disponível em http://www.uniaodoslivres.com.br/2014/02/por-que-midia-de-massa-faz-promocao-dos.html, acessado em 22/03/2015.

WAYBACK MACHINE (1), Sheriff Department warns Parents of Pedo Bear Image, s/d, disponível em http://web.archive.org/web/20100915051544/http://www.msnbc.msn.com/id/39088022?#.VQ3flRt8PIU, acessado em 12/02/2015.

WEST, Allen, Christian persecution in the US: Openly gay Houston mayor demands pastors turn over sermons, blog, 15/09/2014, disponível em http://allenbwest.com/2014/10/christian-persecution-us-openly-gay-houston-mayor-demands-pastors-turn-sermons/, acessado em 02/07/2015.

WESTEN John, Ugandan Gay Activist killed by Gay Lover, not by Hatred of LGBTs as Obama indicated, *Life Site*, July 03, 2012, disponível em https://www.lifesitenews.com/news/ugandan-gay-activist-killed-by-gay-lover-not-by-hatred-of-lgbts-as-obama-in, acessado em 12/04/2015.

WILGOREN, Jodi, Scholar's Pedophilia Essay Stirs Outrage and Revenge, *New York Times*, 30 April 2002, disponível em http://www.nytimes.com/2002/04/30/us/scholar-s-pedophilia-essay-stirs-outrage-and-revenge.html, acessado em 05/03/2015.

WILLIAMS, Clint, Falling Boulder, *Free Republic*, 14 February 2004, disponível em http://www.freerepublic.com/focus/f-news/1078127/posts, acessado em 02/05/2015.

WITTIG, Monique, *The Category of Sex : the Straight Mind and Other Essays*, Beacon Press, Boston, 1992.

WOOTEN, Amy, Congress drops Hate-Crimes Bill, *Windy City Media Group*, December 01, 2008, disponível em http://www.windycitymediagroup.com/gay/lesbian/news/ARTICLE.php?AID=17078, acessado em 04/04/2015.

WORLD HEALTH ORGANIZATION, OMS Bureau régional pour l'Europe et BZgA, Standards pour l'éducation sexuelle en Europe, Un cadre de référence pour les décideurs politiques, les autorités compétentes en matière d'éducation et de santé et les spécialistes ; Version originale Centre fédéral allemand pour l'éducation à la santé BzgA, Cologne 2010 ; Version française SANTE SEXUELLE Suisse, Lausanne 2013.

WORLDNETDAILY, Sharon Osbourne: I wish a had a Gay Child, July 30, 2010, disponível em http://www.worldministries.org/prophecynewsarticles/sodomy/040331_Sharon_Osbourne_wish_had_gay_child_sodomy.htm, acessado em 02/01/2015.

YARBROUGH, Jeff, Rock Hudson: on Camera and off, *People*, August 12, 1985, disponível em http://www.people.com/people/archive/article/0,,20091477,00.html, acessado em 11/12/2014.

YORK, Harlan, The Effect of US v. Windsor on Immigration Law for Same-Sex Couples, *HY*, June 26 2013, disponível em https://immigrationlawnj.com/the-effect-of-us-v-windsor-on-immigration-law-for-same-sex-couples/, acessado em 16/06/2015.

ZAREMBO, Alan, Many researchers taking a different view of pedophilia, *Los Angeles Times*, 14 January 2013, disponível em http://articles.latimes.com/2013/jan/14/local/la-me-pedophiles-20130115, acessado em 16/03/2015.

ZH ENTRETENIMENTO, redação, Feliciano propõe boicote à Natura por patrocínio a novela com beijo gay, 23/03/2015, disponível em http://zh.clicrbs.com.br/rs/entretenimento/noticia/2015/03/feliciano-propoe-boicote-a-natura-por-patrocinio-a-novela-com-beijo-gay-4724414.html, acessado em 14/12/2014.

ZONGKER, Brett, Lockheed Martin ends gifts to Boy Scouts over ban on gay leaders, *The Dallas Morning News*, 19 December 2013, disponível em http://www.dallasnews.com/business/business-headlines/20131219-lockheed-martin-ends-gifts-to-boy-scouts-over-ban-on-gay-leaders.ece, acessado em 12/05/2015.

ZURUTUZA, Cristina, El Derecho como Garantia de los Derechos Sexuales y Reproductivos: Utopia o Estrategia?, *Mujeres Sanas, Ciudadanas Livres*, *Apud* SCALA, Jorge, A Ideologia de Gênero (tradução, Pe. Luiz Carlos Lodi da Cruz), Artpress, São Paulo, 2011.

Este livro foi impresso nas oficinas gráficas da Editora Vozes Ltda.,
Rua Frei Luís, 100 – Petrópolis, RJ.